出版的维度与跨度

于殿利 著

人民出版社

出版仿佛留影机，

为世界记录多彩的印记；

出版有如播种机，

为人类孕育智慧的生命；

出版就是发动机，

为社会创造变革的动力。

作者手记

于殿利，1964 年生，黑龙江五常人。

历史学博士。商务印书馆总经理，编审。第13 届全国政协委员。北京师范大学、中国传媒大学等兼职教授，博士生导师。文化名家暨全国宣传文化系统"四个一批"人才。享受国务院政府特殊津贴专家。

致力于亚述学、出版与文化研究。出版《巴比伦法的人本观——一个关于人本主义思想起源的研究》《古代美索不达米亚文明》《人性的启蒙时代——古代美索不达米亚的艺术与思想》《出版是什么》《阅读是一种责任》等著作、译作 10 余部；在《人民日报》《光明日报》《中国社会科学》等报刊发表论文 120 余篇。

目 录
CONTENTS

第一章

出版的维度

商品的道德性与图书的特殊性

在时下的出版产业和学术界，"图书是一种商品"这样的论断应该不会引起太大的争议了，然而回溯到20世纪90年代，说"图书是一种特殊商品"都需要勇气。图书确实是商品，因为它具有商品的一般属性，即与其他商品一样，都可以且必须以货币作为交换媒介实现买卖或交易。作为商品的图书也确实具有特殊性，这种特殊性决定了出版产业的特殊属性。这种特殊性必须为我们这些出版工作者所牢记，否则我们就有违背出版产业规律，把出版业带入歧途的风险。

商品因人的需求而产生，确切地说，人类需求的不是商品的物质形态本身，而是商品所具有的效用，各类商品的各种效用促进着人类躯体的发育和精神的成长，促进着社会和文明的进步，这就是商品道德性的根本体现。一切商品对个人成长有益，对人类进化有益，一方面要求产品本身的效用有益，另一方面要求生产或制造产品的方法至少无害，也就是说产生积极的社会效果，这是其存在和允许在社会上流通的前提。用出版行业的术语来表达就是，对任何商品而言，其"社会效益"都是其得以生产的前提。所谓的经济效益，是结果而不是目的，它因社会效益而存在，且为社会效益而存在。在这方面，作为商品的图书，并没有什么特殊性而言，也就是说，图书也必须符合商品的普遍特性即道德性。

图书作为商品确有其特殊性，它的特殊性体现为产品功能与社会效益的统一，换句话说，图书产品的功能和使用价值直接影响人、塑造人，影响社会精神与风尚；而一把水果刀的功能和使用价值仅仅在于削水果，并不直接塑造人的灵魂，并不直接影响社会风尚。因此，也可以说，图书作为商品的特殊性即是它突出的道德性体现，它为人类的道德进步而生，也为人类的道德进步而存在。作为读者和一般受众，了解和理解图书作为商品的特殊性，对于如何正确地选择和使用这种商品，也具有重要的意义，因为图书商品的特殊性，主要体现在其特殊的产品属性即使用价值上，图书产品的使用价值直接作用于读者。正因如此，在学术上深刻、系统地理解和阐释图书商品的这种特殊性，对于国家制定相应的出版产业政策具有重要的参考价值。

一、商品的道德性与企业的使命

商品是因人的需求而生的，是应人的需求而被制造出来的，因此，它天生就具有人性的特征，具有满足人类正常和健康需求，促进人类身体和人性健康发展的特征。人类有其优点，也有弱点，人性有积极的一面，也有消极的一面，人类生产和制造的商品，以及虽生自天然但用于买卖的商品，必须适应人类正常、健康的需求，必须促进人性积极方面的发展与进化。商品的这一人性特征，使其必然具有道德性，这是命令，是规定，是人类这一物种必须具有的天然命令与规定，否则人将不人。商品的人性和道德性特征在人类的另一制度设计的光照下，得到了更为明确的肯定和彰显。这一制度设计便是，人类只允许对人身体有益，对促进人类健康福祉有益的东西成为商品，在市场上自由买卖、自由流通；而对人身体有害，对人类的健康福祉有害的东西，则禁止自由买卖、自由流通。这是由于人们认识到，人类远不是完美的，人类是有缺陷的动物，人性是有弱点的，所谓自由的商品交换，也需要加以限制。

当今世界，受禁商品或服务（也是一种形式的商品）依受禁的程度和禁售范围至少可以归纳为以下几类。其一，是全世界各个国家都禁止销售的商品，即全球公认的公害物品，例如毒品等；其二，是由于对其危害的理解不同，有的国家禁止而又有的国家不禁止的，在有的国家和地区甚至还有发展出产业的，例如赌场和博彩业等；其三，针对其危害人群的差异，有的国家做出了禁售规定，而有的国家则没有，例如酒和网吧，有的国家有明确的法律规定，禁止向未成年人销售烈性酒，有的国家则明确规定，网吧服务不得向未成年人开放；其四，有的商品既可以用于对人类有益的方面，也可以用于有害的方面，如何禁止或如何管理，各个国家各有其法，其差异固然有理解方面的原因，但还可以追溯到文化差异或文化传统不同的根源上。有的国家可以自由地买卖、持有刀具、枪支等武器，有的国家则将其列为国家管控商品；其五，有的商品，例如烟草，对于其危害性没有得到科学的认定，或者说，没有得到普遍的认同，而该商品又受到许多人的喜爱，甚至成为一种让很多人离不开的生活方式，不同国家也给出了不同的态度。比如，虽然在法律上不便禁止生产和销售香烟，有的国家在销售和推广方面提出了条件性和要求性的法律约束，要求生产企业必须在商品的外包装上印上"吸烟有害健康"的明确标识，任何媒体不得为香烟产品做广告等。在整个人类文明发展史上，我们还应注意到另外一种现象，即在历史上有的时期被禁止的商品，在后来的历史时期可能变得开放，而在后来的历史时期，此前未被禁止的商品可能被列入禁产和禁售名单。综上可以看出，除了全人类公禁的商品之外，其他受禁止、管控和管理的商品，其特征和成因则呈现出了一定的差异性，这些差异主要是由国家或地区性差异、使用人群的差异、历史时间的差异和宗教文化传统差异等所导致的。说到底，这也是对于"道德"的概念和认知的差异性导致的结果，依然是商品的道德性的一种体现。

商品的人性和道德性特征，从根本上规定了生产和销售商品的企业的使命，即企业的使命不是为了赚钱，企业不能把赚钱设定为自己的目的，企业的使命只能是以产品的方式，以生产和销售产品的方式满足和促进人类的物质生存需求及精神进化需求，这是极其崇高的事业和职责，正是在不断满足和促进人类日益提高的物质和精神需求的过程中，企业以自己特有的方式创造着人类的物质文明和精神文明，或者说，规定着人类进化和文明演进的轨迹与方式。如果说需求是人类进化和文明演进的原始驱动力的话，那么发现、创造和满足需求的企业就是人类后天发明的文明发动机。企业这一人类社会重要的发动机，担负着商品经济运行的职责，成为商品经济正常运行的根本性保障，而商品经济则是人类社会和人类文明演进的根本方式。人类的生产与生活就是沿着需求与满足需求、生产与消费、发明与创造，以及以上过程的不断扩大与升级的道路循环往复前行，企业则日复一日、年复一年地创造着属于自己的神话，讲述着自己和社会继承与创造的故事。

　　企业的使命是企业存在的根本理由。企业的雏形可以追溯到遥远的古代，在公元前 18 世纪上半叶古巴比伦王国国王汉谟拉比统治时期（公元前 1792—前 1750 年），发布了迄今所知人类历史上第一部完整的成文法典——《汉谟拉比法典》。《汉谟拉比法典》第 99 条规定：如果一个人以银与另一人合伙，那么他们应当在神面前均分其利益。① 合伙经营可以看成是最早的公司或企业的雏形，《汉谟拉比法典》为此提供了最早的法律例证，也因此成为现代的公司制或企业制度的源头。如果说在古代，人们对企业和企业使命还没有清晰的认识的话，那么在现代社会，对此就有较为清晰的轨迹可循了，实际上现代企业制度和企业的使命，已经作为现代性的一部分，成为现代社会和现代文化最受关注的重要内容之一。在中国，1897 年商务印书馆的创立，标志着现代出版和现代文化的兴起，她为自己设定的"昌明教育　开启民智"的使命，不仅让自己"走上了一条有着明确的出版志愿和文化自觉的道路"②，还为中国现代社会和现代企业树立了楷模，昭示了企业存在的根本理由，警示着企业对自身责任要时刻保持着清醒的认识，其影响一直持续至今，商务印书馆亦成为中国出版业的品牌标杆。商务印书馆以现代企业制度展现出来的现代意识和企业文化，也成为其保持 120 余年基业长青的最重要原因之一。在开启现代社会、现代企业和现代文化的西方，一个个著名企业掷地有声的使命宣示，更是有效地注解了企业存在的理由和本质。例如，世界著名的计算机高科技公司惠普公司的使命

---

① 参见林志纯主编：《世界通史资料选辑（上古部分）》，商务印书馆 1985 年版，第 81 页。

② 范军、何国梅：《商务印书馆企业制度研究（1897—1949）》，华中师范大学出版社 2014 年版，第 1 页。

表述为，"为人类的发展和幸福做出技术贡献"。惠普的创始人之一戴维·帕卡德（David Packard）对员工这样讲道："我想讨论一下公司为什么存在的根本缘由。换句话说，我们在这里是为了什么？我想，很多人以为，公司的存在仅仅是为了赚钱，这是错误的。尽管这确实是公司存在的一个重要结果，但我们要深入下去，去发现我们存在的真正理由。通过调查，我们最终得出这样的结论，那就是，一群人联合起来，并以一种机构的形式存在，我们称之为公司；这样他们可以完成一些由一个人完成不了的事情——为社会做出贡献。这种说法虽然听起来显得陈腐过时，但它却是根本……你可以环顾周围（整个经营世界），并发现人们好像都对赚钱感兴趣，而没有其他兴趣，但其实深层的驱动力在很大程度上来自要做一些其他事情的渴望：创造一种产品，提供一种服务。概括而言，是要做一些有价值的事情。"这就是所谓的"惠普之道"。

由商品的道德性和企业的使命我们可以清晰地看到，任何产业和任何产品都是以满足个人和社会的需要为前提条件的，都是以促进个人和社会发展为其首要目标的，换句话说，对于任何产业和任何产品而言，满足社会需求或追求社会效益都是自己存在的根本理由，也自然成为其发展的原初动力。从这个意义上看，出版产业和图书产品更加符合这一规律。也可以说，出版产业和图书产品必须把社会效益放在首位，并不构成出版产业和图书产品的特殊性。把社会效益放在首位，仅仅是出版产业和图书产品符合并遵循着商业和商品的一般性规律的一个要件。

二、图书从知识到商品演化中的道德立场

图书不是从一诞生就作为商品而出现的，尽管在它还未出生之时，就注定有着旺盛的成为商品的需求动力，而且在一出世就已经显露出了这种需求。在人类文明进化史上，如果用现代出版理念从知识传播角度来追本溯源，图书成为商品大体上经历了三个发展阶段，即口头知识传播阶段、文本知识传播阶段和产品知识传播阶段。需要强调的是，无论在哪个阶段上，图书都鲜明地表明了其道德立场，表现出了鲜明的道德性。

相对于知识而言，图书是较晚出现的，尽管它所承载的内容属于精神范畴，它首先属于人类创造的物质形态，"书既是美轮美奂的物品，也是人类知识的载体"①。在图书这种后来成为人类伟大发明之物出现之前，人类的知识只能依靠口耳相传的方式得到传播。对人类而言，知识在某种程度上意味着生命，它是人类在地球上获得生存机会的重要手段，人类的五官四肢等在力量、速度等方面的天然缺陷，决定了其无法只靠这些在与其他动物及自然力的抗争中获得胜算。18 世纪中至 19 世纪初的德国著名语言学家和哲学家赫尔德在研究语言的起源时，揭示了这样一个道理，宇宙中的万物尤其是动物都至少有一种足以让其生存下来的能力，他把它称作本能，例如蜘蛛的织网能力、蜜蜂的筑巢能力、鸟的飞翔能力、鱼的潜水能力，各种野兽所独有的凶猛、力量、速度以及牙齿、爪子、眼睛、耳朵甚至鼻子和舌头等特殊能力等，

---

① ［英］戴维·芬克尔斯坦、阿利斯泰尔·麦克利里：《书史导论》，何朝晖译，商务印书馆 2012 年版，第 24 页。

唯独人在各方面的能力都很平庸，"就本能的强大和可靠而言，人远远比不上动物"①，"人赤裸裸地来到世上，他是一种缺乏本能的动物。就此看来，人可以说是世界上最可怜的生物"②。人类经验和知识的获得光靠一个人、一群人、一代人都还远远不够，处处是凶险，认识无止境，人类必须把难得的经验、知识和技术代代相传，不断积累得愈益强大，人类的生存能力才愈益强大，这是人性的天职。对此，人类的先贤们早有领悟，例如赫尔德就曾指出："如果每个人只为自己从事发明，无谓的重复劳动就会永无止境地延续下去，进行发明的知性便被剥夺了最宝贵的特质，即生长。"③从人类最根本的生存需求出发，知识是人类最重要的生存手段，是全人类共同创造、共同积累、共同传承，因此也必然是共同享用的生存手段。知识是把人类联结在一起的天然纽带，知识把人类结成了命运共同体。在文字出现之前，人类知识的相互传播主要依靠口耳相传，而在这一过程中，传播方和接受方都体现出了自发和自觉、积极和自愿甚至自乐自得的态度。这就是知识和知识传播天然的道德立场，这一立场在文字出现之后，自然传给了写作文本和图书产品。

文字出现之后，便成为人类传播知识的主要工具和手段，写作文本和图书便成为承载文字的主要形式。迄今所知，人类最早的文字是苏美尔人刻写在泥板上的楔形文字，考古学家发现了大量的楔形文字泥板文书，记载着苏美尔人生产和生活的状况。苏

---

① [德]J. G. 赫尔德：《论语言的起源》，姚小平译，商务印书馆2014年版，第20页。

② 同上书，第83页。

③ 同上书，第118页。

美尔人记载和传播知识主要是通过学校教育的方式进行的，公元前3000年左右，苏美尔便出现了学校，到公元前第3千纪中期，学校已遍及全苏美尔。学校被称为"爱读吧"（Edubba），苏美尔语意为"泥板书屋"。在苏美尔学校遗址中，出土了大量的泥板"教科书"，通过教科书可以看出课程设置大体分为基础语言课、专业技术课和文学创作课。美国著名苏美尔学家 S. N. 克莱默教授对苏美尔人的教育成就给予了极高的评价，他说："可以毫不夸张地说，如果没有生活在公元前第3千纪早期的苏美尔教师默默无闻的创造和努力，科学和知识要想取得今天这样的辉煌成就是难以想象的；文字和知识是从苏美尔传向全世界的。"[①]古代美索不达米亚出现了一些大大小小的图书馆，其中最著名的当属亚述国王亚述巴尼拔的图书馆，尤其是其中包含了许多"科学"泥板。由苏美尔人创造的、经阿卡德人发展的楔形文字体系，是比较复杂的文字体系，被称为"秘密宝藏"，一般人很难理解和掌握，它只是被一个职业阶层书吏所垄断，苏美尔人的学校也以培养书吏为主要目标，学生毕业后便走上了国家和神庙等大型机构的管理岗位上。学校学生的主要学习方法就是在泥板上刻写文本，这些文本有的用作教材，有的用作学生的练习本，这些文本可能只在学校范围内才有用武之地，由于文字不普及而难以在社会广泛传播。

比古代美索不达米亚文明稍晚的古希腊和古罗马文明，为通过文本和图书传播知识，提供了稍微多一点儿的证据，这些证据

---

① S. N. Kramer, The Sumerians, *Their History, Culture and Character*, Chicago: The University of Chicago Press, 1963, p.229.

甚至能让我们粗略地绘出图书如何变成为商品的路线草图。国际学者们的研究表明，在荷马生活的公元前9世纪，希腊就极可能有了文字记录，《荷马史诗》应该是用文字创作的，"很难想像，如此规模的诗作，如果不借助于书写文本，如何可以撰成"①，"理性的考据必然得出以下结论：《伊利亚特》和《奥德赛》是以文字书写的形式撰作的，而且有其抄写副本以便游吟者记诵同时控制其讹变"②。文本的出现，并不意味着知识通过文本销售来传播，这时的知识主要还是通过吟诵或朗读的方式来传播，一方面因为找人抄写副本不是一件容易的事，不可能有很多抄本用于销售；另一方面因为当时社会的识字率很低，没有很多人能够读得懂文本。这时期出现了"专业背诵者"，一般大众则是通过"专业背诵者"的讲述来获取知识。在古希腊，通过口头讲述来传播知识的传统，一直持续到柏拉图（公元前427—前347年）和亚里士多德（公元前384—前322年）时代。被誉为西方"史学之父"的希罗多德（约公元前484—前425年）的名篇《历史》（《希腊波斯战争史》），最初也主要是通过口头传诵来传播的。希罗多德的《历史》不仅文笔优美，而且充满了故事性，或者说全书就是由一个个的故事构成的，似乎就是专门供口头传诵用的。英国著名古典学家N. G. L. 哈蒙德指出："希罗多德在编织他的'故事'成为历史巨著方面也大大超过他的前辈。他的流畅的散文甚至经过翻译后也不失其难以比拟的透彻与迷人，这是最适于高声

---

① ［英］弗雷德里克·G. 凯尼恩：《古希腊罗马的图书与读者》，苏杰译，浙江大学出版社2012年版，第39页。

② 同上书，第43页。

朗读的长篇故事文体。他把他涉猎的范围扩及人类记忆之所及和已知世界的边缘，他撰写了自己搜寻所得的'故事'，也采用了前辈所写的有关个别地区的'故事'。"①根据史料记载，大约在公元前445年，希罗多德曾在雅典朗诵自己的这部作品。②

　　在柏拉图和亚里士多德时代之前，图书生产可能就已经存在了，毕竟从文本到图书仅有一步之遥，它们的密切程度有时甚至让人很难对两者做出区分。但希腊人阅读习惯的养成和图书馆的设立与普及，却要从伟大的哲学家亚里士多德时代开始。亚里士多德是古代百科全书式的人物，一生著述颇丰，"他的伟大编纂，无论是关于物理科学，还是关于政治建构，如果没有一批可供参考的藏书，是不可能完成的；而他的实践，树立了一个样板，其门人弟子如狄奥弗拉斯图和美侬等继其踵武，深刻地影响了希腊文学史的进程，可以毫不夸张地说，正是有了亚里士多德，希腊世界才由口头演示过渡到阅读的习惯"③。但是如果要说到这一时期的图书市场情况，或者说图书作为商品的市场表现，还没有足够的材料。研究者指出，"公元前五世纪末公元前四世纪初，图书在雅典大量存在，价廉易得。阅读的习惯正在发育中，但还没有非常牢固地建立"④。没有养成阅读习惯的社会，就意味着不可能有大的市场，而一个社会阅读习惯的养成受很多

① ［英］N. G. L.哈蒙德：《希腊史》（下册），朱龙华译，"汉译世界学术名著丛书"（纪念版·分科本），商务印书馆2017年版，第532页。

② 同上书，第534页。

③ ［英］弗雷德里克·G.凯尼恩：《古希腊罗马的图书与读者》，苏杰译，浙江大学出版社2012年版，第54页。

④ 同上。

因素的影响，在古代社会阅读的主客观条件都形成了重要的制约。尽管古希腊关于文本和图书传播的资料十分有限，但我们还是能够发现有价值的线索，即通过文本的口头传播，对听众和大众也是免费的，无论是作者还是吟诵者和讲述者，并不以营利为目的。

三、图书商品及其道德性变异

所谓的商品经济规律最主要的是供给与需求的规律，也就是通常所说的市场规律。当图书成为商品时，它表现出来的供给和需求规律主要并不是体现在经济关系方面，也就是说，作为主要供给方的创作者，其诉求并不在经济回报方面。在作者和读者的经济关系方面，我们看到的恰恰是生产者和顾客之间相反的经济关系。人是思想性动物，人具有表达和传播思想的愿望与需求，思想可以很好地显示其存在、价值和地位，人不是生而知之的，因此人必然具有学习和吸收他人思想的愿望与需求。费希特在《论学者的使命　人的使命》中谈到，人作为自由理性的生物相互之间有两个意向："首先是传授文化的意向，即用我们受到良好教育的方面来教育某个人的意向，尽可能使任何别人同我们自己、同我们之内更好的自我拉平的意向；其次是接受文化的意向，即从每个人身上用他受到良好教育，而我们却很欠缺修养的方面来教育我们自己的意向。"①有需求就有市场，通常意义上的需求指的是购买需求，也就是购买方的需求，但图书成为商品的需求动力最初不是来自购买方，而是来自作者或创作方，具体来说就是作者的表达和传播需求把图书向着商品的方向一步步地推进。这是图书这种商品的第一个特殊之处。另外的推手就是书商，书商在把图书变成为商品方面发挥了重要作用，因此在人类的知识传播方面发挥了重要作用，然而同时也正是书商，使图书这种道德的商品产生了变异。在图书成为商品及产生变异这方面，古罗马人的历史记载给予了我们一些珍贵的线索。

古罗马人对诗歌和演讲的喜爱，与希腊人是一脉相承的，这种喜爱成为拉丁文学取得辉煌成就的重要原因之一。另外的原因则在于其文学传播的方式——公众朗读，公众朗读几乎贯穿了整个罗马帝国时期，虽然不同时期的热闹程度不一。可以说，奥古斯都统治时期（公元前 28—公元 14 年）拉丁文学的"黄金时代"和尼禄统治时期（公元 54—68 年）的"第二个黄金时代"，都与公众朗读的兴盛有直接的关系。"公众朗读从一出现起就引起了罗马知识分子对它长期的迷恋，从而取代了文学作品的其他传播形式"②，"有文化的罗马人都成了写作狂，他们非常乐于看到自己的作品受到称赞，这也是对共和国时代父辈和先辈们演说成功的一种补偿"，"皇帝也不觉得自己当一名听众会有失身份：奥古斯都把真心、耐心地参加一次朗诵会看作自己的义务；人们

---

① [德]费希特：《论学者的使命　人的使命》，梁志学、沈真译，商务印书馆 2011 年版，第 28 页。

② [法]卡特琳娜·萨雷丝：《古罗马人的阅读》，张平、韩梅译，广西师范大学出版社 2005 年版，第 79 页。

为诺亚努斯的才华发出的阵阵欢呼声吸引了克劳狄，这位皇帝在朗诵会即将结束时忽然到场"[1]。拉丁文学的两个"黄金时代"，是与罗马皇帝的支持密不可分的。需要特别指出的是，尽管公众朗读对拉丁文学的繁荣起到了积极的作用，但仍然不能从市场或顾客的角度来理解其长久流行的原因，因为市场上并没有这样强劲的需求，往往需要作者自己去找听众，甚至花钱去雇人来听。据塔西佗在《关于演说家的对话》中记载，"巴绪斯（Bassus）用了整整一年时间加工润色一部作品，经过卑躬屈膝的请求，终于有人同意听他朗诵自己的作品，但代价太大了，巴绪斯得租一块地建成教堂，还要租凳子、分发讲义"[2]。具有讽刺意味的是，倒是存在一种市场，是被颠倒了的市场，据古罗马作家小普林尼（约公元61—约113年）记载，专门有人花钱从这种市场上雇人来鼓掌，罗马人把这种人称为"靠喝彩吃饭的人"，也就是以为人鼓掌谋生的人。小普林尼还说到了自己的两个刚刚17岁的小奴隶，为了3个古罗马银币的报酬加入了朱利大教堂"靠喝彩吃饭的人"的行列。[3]

　　在这种情况下，拉丁作家很难享有现代作者的稿酬收益，"古代人也很难设想从精神创作中谋取利益"[4]。非但如此，公众朗读在古罗马纯属于"公益事业"，古罗马的作家甚至还要倒贴钱。人们不愿意付费听书，可能有经济原因，但还有更为重要的社会

---

① ［法］卡特琳娜·萨雷丝：《古罗马人的阅读》，张平、韩梅译，广西师范大学出版社2005年版，第67页。

② 同上书，第68页。

③ 同上书，第69页。

④ 同上书，第65页。

观念方面的原因。古罗马著名政治家加图说："诗人这个职业，从前不受尊重；如果有人从事这种职业或沉湎于宴会，人便称他为游手好闲者。"① 在后来的罗马共和国时期，"社会把歌咏家和诗人与跳绳人和丑角等量齐观"，"若有人为金钱的缘故，不戴面具，径直现身舞台，就被认为无耻之尤"，甚而至于，"司风俗的官吏常宣布这类人不能服役于市民军，或在市民大会里投票"，"而且一切市内长官对于任何伶人都依法有权随时随地施以体罚和拘禁"②。既然没有经济利益的驱动，是什么东西让罗马有文化的人那么热衷于写作和朗诵呢？这便只能从精神方面去寻找动力，而这种动力也确实存在。法国思想家帕斯卡尔说："人显然是为思想而生的；这就是他全部的尊严和他全部的优越性；并且他全部的义务就是要像他所应该地那样去思想。"③ 帕斯卡尔还说，人是要追求幸福的，人要追求幸福，"他就必须使自己不朽"④，然而人的躯体又不可能不朽，人就只能追求精神不朽，文字和图书能让人的思想世代相传，达到精神或灵魂不朽。古罗马的拉丁作家明显地表现出了这种精神追求的倾向，他们不惜一切代价在公众面前朗诵自己的作品或诗篇，就是要赢得在公众和社会中的声誉，让自己声名远播。出身贫寒的诗人马提雅尔对一位富人这样说道："我承认我是而且一直都是个穷人，但全世界的人都在读我的作品，人们一看见我就会说：'就是他！'你是

① [德]特奥多尔·蒙森:《罗马史》(第一册)，李稼年译，商务印书馆2017年版，第485页。
② 同上。
③ [法]帕斯卡尔:《思想录》，何兆武译，商务印书馆2018年版，第82页。
④ 同上书，第90页。

不可能变成我这样的人的，而你那种人却是任何人都可以的。"①马提雅尔说自己的诗"享誉全世界"，自己的名字"在受罗马影响的所有城市和国家"都鼎鼎有名。"这种说法符合事实，马提雅尔的声誉的确超过议员、骑士、知识分子等这些罗马上流社会的主要成员。马提雅尔提到过一个路过巴黎的外国人，他向作家索要诗作想带回国，诗人这样说起那些他从未谋面的读者：'我的诗歌不光是让罗马人高兴的，我的书也不是专门写给无所事事的听众的。在国境附近寒冷的热特地区，我的作品被反复阅读，有人说，布列塔尼人还在背诵我的诗呢。'"②精神回报可能足够了，那么在经济方面，罗马作家们靠什么过活呢？出身富贵的作家靠自身的家财过活，出身贫寒的作家依靠资助过活，资助人和作家之间形成了保护人和门客一样的关系。在奥古斯都和尼禄的两个拉丁文学的"黄金时代"，同时也是文学资助的黄金时期，贺拉斯、维吉尔、苏埃托尼乌斯和马提雅尔等都是依靠资助进行创作的，最为著名的拉丁文学巨匠贺拉斯和维吉尔，"这两位作家文学创作的数量是和慷慨的资助人的帮助紧密相关的"③。

　　不管在口耳相传的图书传播方式下，听众是被动还是主动，作家们声名远播是不争的事实。这样的精神动力让他们发现了新的传播作品的方法，那就是作家让奴隶或友人帮助抄写原本，然后把抄好的副本送给作家认为值得送的人，包括在罗马和在罗马

---

① ［法］卡特琳娜·萨雷丝：《古罗马人的阅读》，张平、韩梅译，广西师范大学出版社2005年版，第96—97页。

② 同上书，第122—123页。

③ 同上书，第92页。

以外做官的友人，罗马皇帝也有一份自己愿意接受其赠书的作家名单。实际上，罗马人赠书的传统在共和国时期就开始了，赠书不仅是友谊和尊重的表示，而且"作家将自己的作品送到各类有文化的人士手中，大大促进了共有文化的形成，这对于由不同民族构成的罗马帝国的团结而言是必不可少的"①。另外，由于有传播的需求，作家自己找人抄写毕竟有很大的局限，便出现了职业抄写书商，他们雇人抄写然后销售，并出现了几代人从事抄书、卖书行业的书商世家。尽管拉丁作家们对通过书店销售自己作品的方法并不以为然，"因为这种商业行为有悖于文学艺术作品'无偿提供'的观念"②，但这种传播趋势是不可阻挡的，书店迅速发展起来。罗马的书店集中在热闹繁华的地区，街边的地摊儿也可以卖书，还出现了在门店张贴广告宣传的现象。在意大利和外省的书店，生意也很兴隆，形成了罗马和亚历山大城两个大的"书都"。"书店里的书价格相对较高，一本做工精致、大红封面、配有插图的豪华书的价格是 20 个古罗马银币，最普通的书价值 4 个古罗马银币。当时每亩小麦的平均价格是 2 到 4 个古罗马银币，这样算下来一本普通版本书的价钱大概是一个平民一周的口粮，而一本豪华版本的书则是他们一个月的口粮了。"③作者原稿和旧版书，往往价格就高得惊人了。作家们为自己作品的传播而高兴，书商们则为卖书赚钱而高兴。致富的书商也会向作者支付稿酬，但据马提雅尔说，他所获得的稿酬与书商获得的

---

① ［法］卡特琳娜·萨雷丝：《古罗马人的阅读》，张平、韩梅译，广西师范大学出版社 2005 年版，第 119 页。

② 同上书，第 113 页。

③ 同上书，第 126—127 页。

利润相比，实在是太微薄了。原则上，书商要征得作者同意才能制作和销售图书，但未经作者同意的情况较为普遍。另外，把著名作者的作品改为自己署名，以及盗用著名作者名义进行创作、生产和销售的情况，也并不少见。可以说，当图书成为商品之时，图书商品特性的变异就随之发生了，一直延续到文明的今天。

四、图书商品的管理特征

图书商品的道德性体现在其独特的价值功能方面，图书商品的价值功能本身就表现为社会效益。图书商品的社会效益简单来说就在于授业与养德，它从传播知识开始，同时培养技艺和德性，让人知书而后达理。读书养个人之德，养社会之德，养民族、国家之德。诚如中国纪传体史学的开创者司马迁在《太史公自序》中所说："伏羲至纯厚，作《易》《八卦》。尧舜之盛，《尚书》载之，礼乐作焉。汤武之隆，诗人歌之。《春秋》采善贬恶，推三代之德，褒周室，非独刺讥而已也。"① 他还说："先人有言：'自周公卒五百岁而有孔子。孔子卒后至于今五百岁，有能绍明世，正《易传》，继《春秋》，本《诗》《书》《礼》《乐》之际？'意在斯乎！意在斯乎！小子何敢让焉。"② 他以孔子的继承人自居，他撰写《史记》，就是要彰显《易传》和《春秋》等经典著作的

---

① 司马迁：《史记》第十册，中华书局 1982 年版，第 3299 页。
② 同上书，第 3296 页。

本意，使后人更好地立身行事，有益于世。在欧洲文艺复兴时期，"人文研究秉持这一观点，即知识是一种德性，使得人们凝聚于'社会'中，培养人们的同情心，通过教育使人文明"①。18世纪法国著名哲学家和语言学家孔狄亚克说："各种语言都表现着操这种语言的民族的性格。"② 也即是说，一个民族和国家的语言文字成果反映和塑造着其国民特性、国家形象和民族精神。孔狄亚克明确指出："语言就是每一民族的性格和特点的一幅真实写照。在这幅写照里，人们可以看到想象是怎样按照偏见和热情把观念结合起来的；在这幅写照里，人们也可以看到，在每一民族中，自然形成一种各不相同的精神，这种精神的差异随着民族与民族之间的交往接触的愈少而相应地愈多。"③ 鉴于汇集内容、传递思想、塑造精神的图书这种特殊的价值功能，古往今来各个国家重视图书都比重视其他商品尤甚，很多还把图书和图书内容纳入国家管理范畴。

如前所述，一般商品具有道德性，图书商品的功能价值本身就昭然了商品的道德性。然而道德是一种观念范畴，不同的个人、不同的社会、不同的民族、不同的国家，以及不同的历史时期，道德观念都会表现出差异性，对哪怕是同一本书所承载的内容也会有不同的理解、不同的解读，对其"社会效益"也会有不同的判断。因此，对图书内容思想性和"社会效益"的把控，便成为

---

① ［英］戴维·芬克尔斯坦、阿利斯泰尔·麦克利里：《书史导论》，何朝晖译，商务印书馆2012年版，第97页。

② ［法］孔狄亚克：《人类知识起源论》，洪洁求、洪丕柱译，商务印书馆2010年版，第259页。

③ 同上书，第272页。

古往今来任何社会和国家必须为之的事业。由于道德观念的差异，图书商品功能价值所具有的特殊性，使得不同图书乃至同一部图书在不同的时空和不同的人群中，呈现出了跌宕起伏的命运悲欢图景。对于违背人类道德原则的一般性产品，人类通过制度设计对其生产和流通进行了禁止、限制和管理，这种制度设计同样适合于图书这种特殊商品。纵观人类知识和思想传播史，我们也可以看出图书商品的管理层次。其一是各个国家都严格禁止的内容，包括宣扬暴力、淫秽、种族主义和种族歧视等；其二是各自国家严格禁止的内容，包括危及国家主权和领土完整、泄露国家机密，以及破坏民族团结等；其三是不同国家根据自己的实际，加以禁止的内容，例如违背社会习俗、风俗和礼俗等；其四是不同国家根据各自不同情况，规定需要严格管理的内容。根据内容的性质和用途，图书产品分为公开发行和内部发行，以及全球发行和国内发行等出版方式。可以说，从图书作为商品出现的那一天起，图书生产和销售的市场管理实践就开始了，一直持续至今，而且必将持续下去。历史留下的很多典型性案例资料，至今仍然具有启发意义。

早在口耳相传时代，对知识和内容的传播，就纳入了行政管理范围。在这方面，古希腊人和古罗马人为我们提供了一个个鲜活的案例。古希腊人最著名的案例，来自于他们最伟大的智者之一苏格拉底（公元前469—前399年）之死，这件事至今都成为人类之痛，而且将成为永远之痛。苏格拉底被号称当时世界最自由、最民主的雅典国家法庭判处并执行死刑，罪名之一是渎神，证据是"他不尊敬城邦所尊敬的诸神而且还引进了新神"①；罪名之二是毒害雅典青年，败坏雅典青年的思想，在这方面有很多证据，诸如，苏格拉底经常出现在公共场所，"他在早晨总往那里去散步并进行体育锻炼；当市场上人多起来的时候，总可以看到他在那里；在别的时候，凡是有人多的地方，多半他也会在那里；他常做演讲，凡喜欢的人都可以自由地听"②。另外的指控是，苏格拉底在公共场合的演讲和在私下里教授学生，传递和灌输的思想对青年是有害的，例如"他坚持认为，个人对于任何人类权威或法庭强制他走自己认为错误的途径，应不惜任何代价拒不服从"，他断言"个人的良心是至高无上的，是超越人类法律的"。③指控他的人说："他的的确确使得那些和他交往的人们轻视现行的律法，因为他说，'用豆子拈阄的办法来选举国家的领导人是非常愚蠢的，没有人愿意用豆子拈阄的办法来雇用一个舵手、或建筑师、或奏笛子的人、或任何其他行业的人，而在这些事上如果做错了的话，其危害是要比在管理国务方面发生错误轻得多'。"控诉说，"这一类言论激起了青年人对于现有的政府形式的不满，并使他们趋向于采取暴力行为"。④对苏格拉底指控的另一个证据，就更加有趣，内容是他经常朗诵《荷马史诗》中一段篇章，讲述奥德修斯如何在"遇到一个王爷或知名人物的时候，他就彬彬有礼地走到他跟前，站在旁边，劝阻他道：'先生，对您像对懦夫那样用威吓的口气是不妥当的。请您自己先坐下来，然后再让别的老百姓也坐

---

① ［古希腊］色诺芬：《回忆苏格拉底》，吴永泉译，商务印书馆 2017 年版，第 1 页。
② 同上书，第 4 页。
③ ［英］J. B. 伯里：《思想自由史》，周颖如译，商务印书馆 2014 年版，第 17 页。
④ ［古希腊］色诺芬：《回忆苏格拉底》，吴永泉译，商务印书馆 2017 年版，第 8 页。

下来吧。'……但在另一方面，当他见到一个普通人在吵嚷的时候，他就用杖打他并大声申诉他说，'你这个家伙，安安静静地坐下来，听听别人的劝告吧，他们比你强多了，不像你这个懦夫和弱者，无论是在战场作战，或是出谋献策，都不中用。'"①控诉者这样说："苏格拉底经常把这节诗解释成好像诗人的意思是赞成责打普通人民和劳动者。"②而实际上，"他所说的乃是那些既不能以言语又不能以行动对人有所裨益的人，不能够在必要时为军队、国家或人民服务的人，如果在无能之外，他们还傲慢不恭，就应当受到阻止，尽管他们非常富有"。③

　　在罗马帝国时期，拉丁文学第二个"黄金时代"提供了另一个有意义的案例。根据塔西佗的记载，公元62年，行政长官安提司提乌斯写了一些诽谤尼禄皇帝的诗篇，并且当他在欧司托里乌斯·司卡普拉家中晚餐时，又曾在很多参加晚餐的人们面前朗诵过。因此，他遭到了元老科苏提亚努斯·卡皮托的控诉，卡皮托控诉他犯了大逆不道罪，当选执政官建议免去他的行政长官职务，并依古法斩首。有元老替他求情说："过去许多不同的法律规定了各种惩罚办法，根据这些法律所作的判决既可以使审判官们不致蒙受残暴之名，又可以使时代不致蒙受耻辱之名。老实讲，如果没收他的财产并把他放逐到一个岛上去，他带着罪名生活得越是长久，他个人的痛苦便越会加深，而且人们还能够从他身上看

①　[古希腊] 色诺芬：《回忆苏格拉底》，吴永泉译，商务印书馆2017年版，第20—21页。
②　同上书，第21页。
③　同上。

到国家对他的宽大这样一个崇高的范例。"①这个没收财产、放逐海岛的提议，得到了多数元老的赞同，获得了元老院的通过。塔西佗记载说："不过执政官不敢正式公布元老院的决定，因此他写信给皇帝，向他陈述了元老院会议的意见。尼禄的情绪起初是有些害羞，又有些愤怒，但他终于一封回信说，'安提司提乌斯没有受到任何伤害就无缘无故地对皇帝讲出了最不能容忍的侮辱言词。元老院应当对这些严重的侮辱罪行给予相应的惩处。元老院理应规定一项同罪行的严重性相适应的惩处。虽然如此，既然他曾建议他们不要作出过分严厉的决定，因此他就不想干预他们的宽大措施。他们愿意怎样决定就怎样决定吧。他们甚至有把他赦免的自由'。"②结果，安提司提乌斯不可能不受到任何处罚，但他以被没收财产并放逐海岛而保住了性命。关于图书管理的典型案例，还可以举出很多，比如哥白尼、布鲁诺和伽利略等惊世骇俗的巨著及其作者本人的遭遇，揭示了新知识新思想传播的艰巨性，乔伊斯的《尤利西斯》极具戏剧性的命运，则深刻地揭示了图书管理的复杂性。

　　古希腊著名哲学家普罗泰戈拉有一句名言："人是万物的尺度，是存在的事物存在的尺度，也是不存在的事物不存在的尺度。"③图书的道德作用是如此之大，使得有史以来的社会组织和社会治理都高度重视它的制造和流通，努力将其引向有益于人类文明进

---

① [古罗马] 塔西佗：《塔西佗〈编年史〉》（下册），王以铸、崔妙因译，商务印书馆2017年版，第545—546页。
② 同上书，第546页。
③ [英] 罗素：《西方哲学史》（上卷），何兆武、李约瑟译，商务印书馆2009年版，第111页。

步的发展途径。中华民族有五千多年的文明历史，创造了灿烂的中华文明。过去几十年间，中国和国际社会发生了沧海桑田般的巨大变化，中国进入了社会主义文化建设的新阶段。在这样的历史时期，认清图书商品的实质，把握图书商品的规律，不忘出版人"昌明教育　开启民智"的初心，做好出版和文化工作，是时代赋予我们的使命。

供给侧结构性改革与出版高质量发展

习近平总书记在全国宣传思想工作会上明确提出，"要推动文化产业高质量发展，健全现代文化产业体系和市场体系，推动各类文化市场主体发展壮大，培育新型文化业态和文化消费模式，以高质量文化供给增强人们的文化获得感、幸福感。要坚定不移将文化体制改革引向深入，不断激发文化创新创造活力"，我们可以把它理解为供给侧结构性改革对文化产业提出的具体要求。作为出版工作者，我们有责任站在新时代党和国家事业发展全局的高度，深入思考如何实现高质量发展这一时代课题。而"以供给侧结构性改革促进高质量和创新性发展"则是我们对当前时代课题的一个具体的回应与思考。

改革开放40多年来，出版产业取得了丰硕的成果，近几年供给侧结构性改革的实践，又为出版和文化产业发展提供了新的动力。但是，我们还必须不断深入学习和理解供给侧结构性改革的精髓，并在这个过程中继续探索和实践，进一步思考如何在供给侧结构性改革新动力的推动下，实现高质量发展的新时期的新任务。我们认为，供给侧结构性改革的目的和指向，是高质量发展；创新性发展是深入贯彻落实供给侧结构性改革，促进高质量发展的最有利途径。

一、"供给侧"就是强调把握市场规律和本质

凡事都可且都需溯源，唯有探源才可知流变，明其轨迹，把握全貌，窥其本质。"供给侧"概念的源头，可以追溯到市场经济和经济学作为一门独立的学科产生之时。

1."供给侧"概念的起源及其理论演变

15世纪"新大陆"的发现开启了资本主义殖民的浪潮，一两百年商品经济和国际贸易的发展逐渐瓦解了封建制度和封建生产方式。到16—18世纪，最早的现代商人和企业家成为现代世界第一批经济学家，他们不仅从经济本身，更从社会体系和文明结构等角度研究国民财富的积累、本质和原因等，这门学问因此被称为"政治经济学"，它的最终建立以1776年亚当·斯密发表《国富论》为标志。

以托马斯·孟（1571—1641）为代表的重商主义者，多数为商人身份，他们认为国民财富的积累主要依靠国际贸易，财富的表现形式就是金银货币。国际贸易如何造成国民财富的积累？只有通过贸易顺差，因为顺差才能产生剩余，有了剩余才能有积累。他说："对外贸易是增加我们的财富和现金的通常手段，在这一点上我们必须时时谨守这一原则：在价值上，每年卖给外国人的货物，必须比我们消费他们的为多。"[①]如何才能保证顺差，只有通过政府干预，鼓励出口，限制进口。而政府如何干预，则须通

---

① ［英］托马斯·孟：《英国得自对外贸易的财富》，袁南宇译，商务印书馆2014年版，第5页。

过关税政策，即加收或提高进口关税。但是，这种主张的问题在于，如果所有国家都片面追求所谓的贸易顺差，交易便无法进行和实现，贸易和经济发展便走进了死胡同。因此，市场理论应运而生，达德利·诺思（1641—1691）是市场理论的鼻祖和早期主要代表之一。他主张自由贸易，反对政府干预，他说："阻碍贸易的法律，不论是关于对外贸易或是国内贸易，不论是关于货币或其他商品，都不是使一个民族富裕、使货币和资本充裕的要素。"[①]他还认为政府干预注定要失败，市场力会抵消国家的干预。[②]对此，他这样论述，"货币的来去和多少，会自行调节，并不需要政治家们帮忙"，"法律怎么可能阻止我用我乐意给予的东西去交换别人的东西呢？"[③]"我们可以费力筑篱去围杜鹃鸟，但这是徒劳的，因为从来也没有一个人是靠政策致富的；而和平、勤劳和自由却能促进贸易和财富，此外别无其他途径。"[④]现在有一种理念早已成为常识，即市场对货品的好与坏具有调节作用，那就是优胜劣汰的市场法则。市场是由需求和供给构成的，市场是一体两面的，两面即需求面和供给面。这有赖于诺思分辨出了多种市场力量，并把众多的市场力总体上归纳为"需求面"的力和"供给面"的力。此后的经济学关于市场的研究，也就基本沿着"需求"与"供给"这条主线展开，作为"供给侧"的生产也自然成为研究的主要内

---

① [英]托马斯·孟、尼古拉斯·巴尔本、达德利·诺思：《贸易论》（三种），顾为群、刘漠云、陈国雄、吴衡康译，商务印书馆2017年版，第124页。

② 参见[意]贾尼·瓦吉、[澳]彼得·格罗尼维根：《经济思想史——从重商主义到货币主义》（修订版），彭哲译，电子工业出版社2017年版，第26页。

③ [英]托马斯·孟、尼古拉斯·巴尔本、达德利·诺思：《贸易论》（三种），顾为群、刘漠云、陈国雄、吴衡康译，商务印书馆2017年版，第127页。

④ 同上书，第12页。

容。不仅如此，关于财富以及如何创造和积累财富的问题，也就顺藤摸瓜地追溯到了生产和劳动的源头。诺斯反对重商主义者把金银货币视为财富以及贸易是产生财富的原因的看法，认为"有些人由于勤奋和精明从地里生产出超过供应自己消费需要的果实，于是他们把剩余的东西留下来，这就是财产或财富"，"贸易不外是多余物品的交换"①，而"金银和用金银铸造的货币无非是衡量的尺度，有它们比没有它们更便于交易"②。英国皇家学会的创始人之一、被马克思称为"现代政治经济学的创始者"的威廉·配第（1623—1687）是劳动价值论最早和最重要的创始人，也是对马克思经济学思想产生影响的第一位最重要的人，他认为国民财富及其增长与生产密切相关，而与贸易关系不大，并提出劳动分工与剩余是创造财富和积累财富的方法。他的一句名言流传至今：土地为财富之母，劳动为财富之父。③被马克思称为"现代政治经济学的真正鼻祖"的法国重农学派，对重商主义更是给予了有力的批判，把生产提到了应有的位置，虽然他们只把农业看成是生产部门不免具有局限性，但其历史贡献功不可没。其创始人和代表人物是弗朗索瓦·魁奈（1694—1774），他的"《经济表》的主要启示就是……创造产出就能自动生成收入，而收入的支出使得进入下一个生产周期成为可能"，可以说，重农学派最早提出

---

① ［英］托马斯·孟、尼古拉斯·巴尔本、达德利·诺思：《贸易论》（三种），顾为群、刘漠云、陈国雄、吴衡康译，商务印书馆 2017 年版，第 106 页。

② 同上书，第 118 页。

③ ［英］威廉·配第：《配第经济著作选集》，陈冬野、马清槐、周锦如译，商务印书馆 2014 年版，第 63 页。

了"产出增加总会导致需求增加"的论断。[①] 这是强调生产和供给侧的核心观点，应该算是供给经济学的先驱。同样被誉为"政治经济学之父"的亚当·斯密（1723—1790）可以说是一位集大成者，他的标志性名著《国富论》给出了财富的定义，"真实财富"，"即是社会土地和劳动的年产物"[②]，其中"劳动的年产物"与现在的"国民生产总值"极为相近，"国民真实财富的大小，[③] 不取决于其总收入的大小，而取决于纯收入的大小"。亚当·斯密明确了财富不是贵金属而是劳动的创造物；财富是生产性活动的结果，而不是贸易的结果。他对魁奈提出的"政治经济学"概念大加赞扬，并在《国富论》中系统地论述了政治经济学体系。他更是借助自己在自然与社会科学领域的研究发现，把"无形的手"这一比喻说法用在了市场经济上，成为后世尽人皆知的著名概念。

总而言之，供给侧与需求侧是市场经济的一对概念，供给侧是市场的主动方，需求侧是市场的被动方，供给侧结构性改革就是强调回归市场本质，把握市场规律，抓住市场的主动权。

2. 改革就是主动调节供需矛盾，避免危机发生

改革是政府行为，是发挥政府作用的宏观调控的措施，是应对危机的政策调整或转型。改革可以分为被动改革和主动改革，被动改革是应付危机的手段，主动改革是预防危机的措施。我国

---

① ［美］理查德·H.芬克编：《供给经济学经典评读》，沈国华译，上海财经大学出版社2018年版，第117页。

② ［英］亚当·斯密：《国富论》（上卷），郭大力、王亚南译，商务印书馆2018年版，第3页。

③ 同上书，第270页。

正在推行的供给侧结构性改革，就是预防危机的主动改革。

所谓的市场法则或市场规律，归根结底就是需求与供给的矛盾统一规律。供给与需求相吻合、相一致时，市场就健康、繁荣，经济和社会发展就呈向好趋势；供给与需求不和谐，产生矛盾即一方面表现为有的产品"供不应求"，另一方面又表现为有的产品"供过于求"时，市场就畸形、衰退，经济和社会发展就呈危机趋势。早期市场理论认为，周期性的经济危机是市场经济的"正常"现象，不必为此担心。无序的自由竞争可以导致危机，自由竞争形成的垄断也可以导致危机，政府的错误干预还会加深危机。19世纪西方古典经济学领域最重要的代表人物是法国经济学家让·巴蒂斯特·萨伊（1767—1832），他自认为是"诠释斯密思想、使之现代化的人"[①]，他是第一个区分资本家和企业家不同职能的人。著名的"萨伊定律"，提出了"供给创造出它自身的需求"和"供给创造潜在的需求"[②]的主张，这一主张得到了詹姆斯·穆勒（1773—1836）和大卫·李嘉图（1772—1823）的支持，他们认为"所有潜在购买力都会作为消费者产品或生产者产品需求回到市场上"[③]。用萨伊自己的话来说就是，"生产给产品创造需求"[④]，"一种产物一经产出，从那时刻起就给价值与它相等的其他产品开辟了销路"[⑤]，他对此的解释是，"在以产品换钱、钱换

---

① [意]贾尼·瓦吉、[澳]彼得·格罗尼维根：《经济思想简史：从重商主义到货币主义》（修订版），彭哲译，电子工业出版社2017年版，第149页。

② [美]哈里·兰德雷斯、大卫·C.柯南德尔：《经济思想史》（第四版），周文译，人民邮电出版社2018年版，第161页。

③ 同上。

④ [法]萨伊：《政治经济学概论》，陈福生、陈振骅译，商务印书馆2010年版，第152页。

⑤ 同上书，第154页。

产品的两道交换过程中，货币只一瞬间起作用。当交易最后结束时，我们将发觉交易总是以一种货物交换另一种货物"。①萨伊进一步阐释："在一切社会，生产者越众多，产品越多样化，产品便销得越快、越多和越广泛"②，他以城乡关系举例说，"在巴黎、阿姆斯特丹和伦敦等处，虽然同业竞争激烈，但他却有可能把他的生意扩充到最大规模。理由非常明显，他的周围，都是使用各种各样方法从事大规模生产的人，这些人各以自己产品，换句话说，各以出卖自己产品所得的钱出来购买东西"，对于城市居民和乡村居民来说，"他们两者自己所生产的东西越多，就有能力向对方购买越多的东西"③。对于人们所关心的生产过剩以及由过剩造成的危机的问题，他的回答是，由于产业之间形成了相互的需求与生产的循环，"如果对生产不加干涉，一种生产很少会超过其他生产，一种产品也很少会便宜到与其他产品价格不相称的程度"，"除非存在某些激烈手段，除非发生某些特殊事件，如政治变动或自然灾害等，或除非政府当局愚昧无知或贪得无厌，否则一种产品供给不足而另一种产品充斥过剩的现象，绝不会永久继续存在"。④萨伊主张自由经济，极力反对政府干预，认为"政府的措施，无一不会在一定程度上影响到生产"⑤，"于是弊政层出不穷，灾祸紧随着原则而产生"⑥。他还强调，"生产者不但能知道人类

---

① [法]萨伊：《政治经济学概论》，陈福生、陈振骅译，商务印书馆 2010 年版，第 154 页。
② 同上书，第 157 页。
③ 同上书，第 158 页。
④ 同上书，第 156 页。
⑤ 同上书，第 165 页。
⑥ 同上书，第 166 页。

需要什么，而且能预知人类需要什么，这是他的多种才能的一个。他为着自己利益必须竭力培养这种才能"①。对于局部的过剩和短期危机，市场可以自行调节。萨伊定律被称为"供给第一性理论"，其"统治经济思想一直到第一次世界大战为止"②。实际上，解决供需矛盾和渡过危机难关的办法，既要靠市场的自我调节或修复功能，也要靠政府的适度干预，也就是说，"无形的手"和"有形的手"要双管齐下，才能发挥作用，收到实效。马克思对萨伊学说进行了科学的批判："危机之规则的反复，已经在事实上把萨伊之流的饶舌，指为空谈。那只在繁荣时期被使用；在危机时期，是要被放弃的。"③ 20 世纪二三十年代资本主义世界爆发经济大危机，萨伊定律遭到了批判和否定，随之兴起了凯恩斯主义，凯恩斯经济学开始占据主导地位。"凯恩斯提出了一个经济产出和就业几乎只取决于货币需求的理论。这种理论赋予我们凯恩斯定律——'需求创造供给'，或者更确切地说，'需求激活其自身的供给'。"④ 这以后，20 世纪 70 年代西方国家出现的"滞胀"危机，催生了西方供给学派和供给经济学，⑤ "供给学派对凯恩斯主义经济政策进行了批判，认为美国联邦政府几十年来通过动用货币和财政政策实施的需求管理导致了高通货膨胀、高失业和巨

---

① [法]萨伊：《政治经济学概论》，陈福生、陈振骅译，商务印书馆 2010 年版，第 168 页。

② [美]理查德·H. 芬克编：《供给经济学经典评读》，沈国华译，上海财经大学出版社 2018 年版，第 122 页。

③ [德]马克思：《剩余价值学说史》（第 3 卷），生活·读书·新知三联书店 1957 年版，第 604 页。

④ [美]理查德·H. 芬克编：《供给经济学经典评读》，沈国华译，上海财经大学出版社 2018 年版，第 166 页。

⑤ 同上书，第 149 页。

额预算赤字。造成这种失败的原因就是隐藏在这些政策背后的凯恩斯理论趋向于忽视（或至少不够重视）经济的'供给侧'。所以说，凯恩斯主义政策只关注刺激总需求，而忽视了生产率和经济增长等更加基本的因素。"供给学派提出了新的代表性理论"拉弗曲线"即"减税曲线"，强调供给会自动创造需求，应该从供给着手推动经济发展，而增加生产和供给的关键在于减税，减税可以提高人们储蓄、投资的能力和积极性。减税需要两个条件：一是削减政府开支，以平衡预算；二是限制货币发行量，稳定物价。关于提高和降低税率对于税收和生产的影响，是一个长期争论不休的问题，供给学派主张的减税也不是他们的首创和发明，正如阿瑟·B.拉弗所说："'调高税率会抑制市场部门的生产，因此，税率超过一定水平可能不利于税收增加'这个命题是经济学文献中一个历史悠久的问题。"[1] 因此，他强调："调低某个行业的税率必然会提高这个行业的税后利润率。在一个行业的税后回报率上涨以后，这个行业的活动就会增加，而税基就会扩大。这些推导应用于市场部门的生产就能显示，市场产出水平与市场产品税率负相关。"[2] 应该说，西方供给学派的思想明显地继承和发展了萨伊定律，它片面地强调了低税率对生产的刺激作用，又片面地强调了生产创造需求的作用，"只注重供给而忽视需求、只注重市场功能而忽视政府作用"[3]。供给可以创造需求，在一定的社会

---

[1]　[美]理查德·H.芬克编：《供给经济学经典评读》，沈国华译，上海财经大学出版社 2018年版，第172页。

[2]　同上书，第173页。

[3]　《习近平谈治国理政》（第二卷），外文出版社2017年版，第252页。

和历史条件下，尤其是在短缺经济的条件下是适用的，在人类历史的长河中，短缺经济的时代应该还是不短的，我国直到20世纪90年代后期才真正告别供不应求的短缺经济时代，产品开始供过于求，由卖方市场转为买方市场。实际上，在世界的管理学领域，直到20世纪80年代之前，以生产为核心的"以产定销"的管理理念仍占据主导地位，之后以市场为核心的新的市场营销理念才开始盛行。

　　综上即可发现，当前我国实行的供给侧结构性改革，是既具有学术眼光，又具有敏锐市场洞察力的、高瞻远瞩的战略性举措。其一，在处理市场调节和政府调控的关系方面，充满了哲学思维和辩证思维。"使市场在资源配置中起决定性作用、更好发挥政府作用，既是一个重大理论命题，又是一个重大实践命题。科学认识这一命题，准确把握其内涵，对全面深化改革、推动社会主义市场经济健康有序发展具有重大意义。在市场作用和政府作用的问题上，要讲辩证法、两点论，'看不见的手'和'看得见的手'都要用好，努力形成市场作用和政府作用有机统一、相互补充、相互协调、相互促进的格局，推动经济社会持续健康发展。"① 其二，它超越了一般市场理论，超越了解决危机的办法，是预防危机的战略性举措，具有前瞻性。其三，解决当前经济发展中的现实问题，具有很强的针对性，是提高经济质量和效率的战略性举措。其四，从供给侧入手，却要从需求和满足变化了的需求或新需求着眼，抓住了市场经济的本质和命脉，因为供需矛盾主要是供给方造成的，生产的主动权从来都掌握在供给方手中，供给侧结构性改革

---

① 《习近平谈治国理政》（第一卷），外文出版社2018年第2版，第116页。

是抓住要害、洞悉新需求和满足新需求，在生产方争取主动的战略性举措。所谓的去产能，不是我们真的产能过剩，而是无效产能过剩，要去的是无效产能；所谓的去库存，不是我们真的产品过剩，而是无效产品过剩，要去的是无效产品；所谓的降成本，一方面是降低直接成本，另一方面是通过减少甚至消灭无效供给来降低或摊薄总成本；所谓的补短板，就是补充未得到满足的需求。从这个意义上说，供给侧结构性改革就是高速度、高质量和高效率地满足需求，实现有效供给。

3.“结构性”反映时代之需

中国正处于深刻的社会变革之中，社会变革必然甚至首先要在经济中有所反应，经济是社会的晴雨表，经济必然随着社会变革而相应变化。反过来，经济变革又是社会变革最敏感的符号。供给侧结构性改革必须加上“结构性”的修饰和表达，即“供给侧结构性改革”，这也是中央反复强调的。供给侧结构性改革是国家的大政方针，是“既强调供给又关注需求，既突出发展社会生产力又注重完善生产关系，既发挥市场在资源配置中的决定性作用又更好发挥政府作用，既着眼当前又立足长远”①的，具有前瞻性和全局性的战略举措。其一，它是中国社会发展进入新时代的必然要求。新时代产生新需求，新需求寄望新供给。新需求不仅反映在具体消费者或某一消费群体的个性需求上，更反映在随着社会变革而带来的国家之需、民族之需和时代之需上。所以，它需要全局性的调整，需要结构性的调整。其二，调结构从主线

① 《习近平谈治国理政》（第二卷），外文出版社 2017 年版，第 252 页。

或直接目标上至少包括三大结构，即国民经济结构、产业结构和产品结构。其中国民经济结构体现的是国家之需、民族之需和时代之需的总体性战略设计；产业结构是服务于国民经济结构设计的战略布局；产品结构则是顺应经济和产业战略设计和战略布局，企业应该采取的战略执行措施。此外，从全局战略的观点出发，还涉及区域结构调整，以及支撑和发展动力结构的调整等。其三，供给侧结构性改革的总体目标具有前瞻性和全局性。供给侧结构性改革是转变经济发展方式，提高供给体系质量，实现高质量、高效率发展的必由之路。所谓的补短板，就是首先着眼于弥补全局性、结构性的需求缺陷，而不是把目光只聚焦于个人或某一群体的尚未得到满足的具体需求上，具体需求要在全局性和结构性需求框架内考虑和实现。只有这样，我们才能真正理解供给侧结构性改革的重点是，"增强供给结构对需求变化的适应性和灵活性，提高全要素生产率"①。

二、高质量发展是改革的必然要求和必由之路

党的十九大报告指出，目前我国社会的主要矛盾已经转变为人民日益增长的美好生活需要和不平衡不充分的发展之间的矛盾。这一科学判断明确指出了我国经济与社会未来发展的总体目标，也为出版和文化产业发展指出了新方向、提出了新任务。

---

① 《习近平谈治国理政》（第二卷），外文出版社 2017 年版，第 252 页。

如何在新方向的指引下，履行好新任务，是摆在我们面前的时代课题。无论是学术界还是产业界，都应该认真思考和回应这一时代课题。

1. 高质量是经济和社会发展的时代要求和必然结果

我们经历过凭票供应、一票难求的短缺经济时代，对于我们出版人来说，那是一段"幸福"的时光，那是一个"只要白纸印上黑字"就不愁卖的"书荒"年代。经过改革开放40多年的发展，我们不仅跨越了短缺经济时代，而且进入了世界第二大经济体的物质丰富的时代。可以说，我们实现了由"短缺"到"规模"的跨越，但达到了"规模"以后，质量便成为必然的新需求和新要求，这符合经济发展和社会发展的规律。另外，经过几十年的经济高速发展，一代代新人也茁壮成长起来，他们站在人类新的物质文明和精神发展的新起点上，无论对工作和生活自然有更美好的向往和更高的追求。对于广大消费者来说，只是"多"已经不能使其满足，"多"了之后还必须更好。"更好"至少包括以下几层含义：其一，需求的适配性或满足度更高；其二，产品质量的满意度更高；其三，减少浪费，少花钱多办事，办好事的效率更高，性价比更高。我国的经济发展正沿着既定的轨道前行，而人类社会和中国社会正发生着深刻的变革，这种变革在经济领域所反映出来的矛盾，就是既有的产品结构不能满足新的社会需求，满足新的社会需求的生产力没有得到有效的开发。因此，"供给侧结构性改革，重点是解放和发展社会生产力，用改革的办法推进结构调整，减少无效和低端供给，扩大有效和中高端供给，增强供给结构"①。事实证明，"我国不是需求不足，或没有需求，而是需求变了，供给的产品却没有变，质量、服务跟不上"②。对于出版行业来说，"有高原无高峰"就是这种供需矛盾的重要表现之一；我们的文化国际传播能力还较弱的现实与中国国际地位攀升的不相称，以及我国在出书规模上已经成为出版大国但还够不上出版强国的不协调，则反映的是在国家层面上的供需矛盾。所以，由规模性发展转向高质量发展，是供给侧结构性改革的必由之路，或者说，高质量发展是供给侧结构性改革的目标指向，也是供给侧结构性改革的必然结果。对于出版业来说，高质量发展既是贯彻落实供给侧结构性改革的精神，更是以此为契机破解产业发展难题的战略举措。

2. 高质量发展的具体内容

关于高质量发展，尽管每个产业有每个产业的规律，每个企业有每个企业的传统和特点，但总有一些共性的东西。对于出版行业来说，我们所追求的高质量发展，至少包括高品格、高品质和高效率这三个方面。

高品格的指向是内容的价值、思想和格调要高，要传播正能量，弘扬主旋律，要催人奋进，激励人向上，要把培养和淬炼人们的理想信念、道德品质和人格意志放在首位，这是决定出版物质量的基石。保证知识的科学性和准确性则是前提，虽然科学知识本身不存在健康不健康的问题，但传播的倾向性、传播的方式和方法，

---

① 《习近平谈治国理政》（第二卷），外文出版社 2017 年版，第 252 页。
② 同上书，第 253 页。

以及传播对象的恰当性与适当性等，则存在健康不健康的问题。可以说，迄今为止的一部人类文明史，归根结底就是一部思想史，人类的进化更多地体现的是思想和道德的进化，人类社会一次次的变革也是依靠一个个先进的新思想的传播与撬动，传播先进思想，用思想推动社会进步，也成为出版的重要功能和职责所在。能不能用图书承载和传播有益于促进社会进步的先进思想，也自然成为衡量出版产业能否实现高质量发展的重要标杆。

高品质的指向是文字编校质量和装帧设计质量与印刷装订质量要高。编校质量是内容质量的一个重要组成部分，也是出版机构和编辑价值的重要体现，来不得半点儿马虎。专业的编辑和校对队伍是内容思想高品格的重要保证，也是编校质量高品质的重要保证，编校队伍建设是出版工作时刻不能放松的重中之重。因此，取消校对部门和专业校对队伍，而把校对工作社会化的做法是存在隐忧的，对于这种情况必须加强管理和把关力度。装帧设计和印装质量的高品质，不是一味地"高举高打"，不是简单地将其与耀眼的"颜值"和极尽的"奢华"画等号，而是要追求适配度，适配度高就能产生和谐美，和谐美就是高品质的重要特质。不羡"颜值"追"气质"，不慕"奢华"求"匹配"。

高效率的指向是"质"与"量"的辩证关系，是"质"与"量"的辩证统一。即高质量发展不是不要规模，规模发展是高质量发展的重要组成部分。忽视质而片面追求量，会让我们失去命根子，只注重质而不顾量，会让我们失去机会和影响，品牌的厚度和高度既与质密切相关，又与量紧密相连。我们要达到的不只是品种规模的增长，而是在质的基础上的、高效率的规模增长。其核心就是追求实现两者之间平衡的最佳配比，它与人的效率、管理的效率和投入与产出的效率等，都是我们追求效率与效益相统一的关键点。如果说高品格和高品质要求有一支高素质的编校队伍的话，那么高效率则要求有一支具有经营意识的编辑队伍和具有高水平经营管理能力的出版经营管理队伍，对高水平的要求则可以概括为"政治过硬、本领高强"。

3. 供给侧结构性改革和高质量发展的责任指向具有一致性

人类为了生存，会有很多种需求，会产生很多种倾向，其中一种倾向就是"互通有无，物物交换，相互交易"，"这种倾向，为人类所共有，亦为人类所特有，在其他各种动物中是找不到的"①。亚当·斯密的这段话在一定程度上揭示了人类的一种天性，生存与进化的秘密，以及人类文明发展的秘密。人类生存与发展的秘密，揭示出人与人之间的相关性和相互依赖性，即人主要地是依靠他人的劳动而获得生存的机会的，他人的劳动是用自己的劳动交换而得的。另一方面，人的生存与进化的需求，又极大地促进和开发了人的创造性，这又体现在产品的生产与交换方面。从这个意义上说，人的需求以及满足需求的生产与交换，是人类社会发展的最重要动力。因此也可以说，商品经济是人类社会得以发展的最重要方式。在这方面，亚当·斯密同样给出了生动而具体的描绘："在一个政治修明的社会里，造成普及到最下层人民的那种普遍富裕情况的，是各行各业的产量由于分工而大增。各劳动者，除自身所需要的以外，还有大量产物可以出卖；同时，因为一切其

---

① ［英］亚当·斯密：《国富论》（上卷），郭大力、王亚南译，商务印书馆2018年版，第11页。

他劳动者的处境相同，各个人都能以自身生产的大量产物，换得其他劳动者生产的大量产物，换言之，都能换得其他劳动者大量产物的价格。别人所需的物品，他能与以充分供给；他自身所需的，别人亦能与以充分供给。于是，社会各阶级普遍富裕。"①

　　人类以产品的方式，以产品生产的方式，相互满足需求，以社会分工为基础的商品生产的责任，便落在了企业的头上，企业也便具有了天然的责任和使命，而获取利润是为了再生产和扩大再生产，为了促进劳动者——员工的利益，为了促进社会的公共利益，也自然成为顺理成章的事。人类的需求，从互通有无，到多种选择，再到更高的追求，最终都需要企业来完成来实现。随着时代的发展而满足不同时代人们和社会的需求，责任同样首先需要企业来担当。所以，供给侧结构性改革和高质量发展，其责任和使命最终指向了同一个目标，站在新时代新起点上的企业，要有这样的责任意识和使命意识。我们面临的变革，不是某一个领域或某一个行业，而是全面的、根本的、覆盖所有经济领域的结构性改革。而实现这一变革的责任主体，归根结底要落实到供给方，也就是作为经济主体的企业身上来。作为出版企业的我们，则必须解放思想，以创新能力破解时代课题，立足出版与文化，与其他行业和领域开展广泛合作，既在本行业寻找新突破的同时，也能为其他行业乃至总体的供给侧结构性改革和高质量发展提供属于出版和文化方面的助力。

————————————

① ［英］亚当·斯密：《国富论》（上卷），郭大力、王亚南译，商务印书馆 2018 年版，第 9 页。

三、以创新性发展实现高质量发展

供给侧结构性改革是高质量发展的根本保障，而实现供给侧结构性改革和高质量发展的具体路径和策略，则是创新性发展。新时代的新需求，呼唤新的产品内容，新的发展方式，新的技术支持，新的动力结构和新的人才体系，这也符合社会和经济发展的一般性规律。"从国际经验看，一个国家发展从根本上要靠供给侧推动，一次次科技和产业革命，带来一次次生产力提升，创造着难以想象的供给能力。当今时代，社会化大生产的突出特点，就是供给侧一旦实现了成功的颠覆性创新，市场就会以波澜壮阔的交易生成进行回应。"[①]具体来说，出版业供给侧结构性改革应当从内容创新、产品创新、业务模式创新和发展方式创新等多个层面予以推进，最终实现出版业的高质量发展和创新性发展。

1. 内容创新的三大方向

我们认识到，有效供给依赖对需求的准确判断，供给侧结构性改革不是从需求侧入手，而是从判断需求入手，满足需求入手，也就是从供给方找原因，从我们自身找原因。一个社会有一个社会的需求，不同的需求形成不同的时代浪潮，做出版一定要判断清楚自身处于怎样的时代浪潮之中。黑格尔说过，真正的创新是对时代所提出问题的回应。那些反映时代之需、文化之需和大众之需的课题，是出版最应思考、最应关注也最应回应的课题，它们标识着出版内容创新的根本方向。

---

① 《习近平谈治国理政》（第二卷），外文出版社 2017 年版，第 255 页。

　　文化供给是新时代的主要社会矛盾之一，图书出版的供需矛盾主要表现是，出版尚不能满足新时期文化建设的需要。从出版、教育和文化建设的新形势和新需求来判断，新时期我国急需三个方面的文化建设。基于这样的认识，我们需要从学术文化、大众文化和乡土文化三个方面来把握内容创新的基本方向。学术文化代表着一个国家和民族文化的高度，是一个国家和民族对于人类和世界发展的贡献值的重要体现。同时，学术文化在一定程度上代表着我们的世界观和价值观，决定着国家和民族在世界上的话语权，因此，我们要努力以学术文化出版筑就文化之巅，让中华文化在世界上享有应有的一席之地，其中建设具有中国特色的哲学社会科学体系为当前最迫切的任务；大众文化代表着一个国家和民族文化的广度和厚度，决定着国家和民族文化的基准和水平，并最终决定着一个国家和民族的竞争力，我国人口众多，正在努力实现从一个传统的农业国向现代化国家的转型，劳动力受教育的平均水平还不高，我们要以大众文化出版培育文化育人之本，担负起出版人"昌明教育，开启民智"的责任使命，为社会主义现代化建设奠定雄厚的基础；乡土文化代表着一个国家和民族文化的深度，决定着国家和民族的文化根脉，同时也决定着国家与民族的生命力。我们在人类文明经工业化而现代化的传统轨道上前行，要时刻注重乡土文化的保护与建设，不能让现代化的浪潮吞噬了我们的乡土文化之根。我们要以乡土文化出版滋养文化之根，让中华文化之根越扎越深，让中华文化源远流长，传播久远。志存高远的学术文化建设，立足发展的大众文化建设，以及培根固土的乡土文化建设，是我们出版人对当代中国社会发展主题应有的回应。

2. 产品创新的三个维度

社会作为一个复杂的有机体，组成它的人是多样的，每个人的社会地位、生活经历、文化素质、学习需求都不尽相同。社会生活的复杂性和人的社会属性的多样化，决定了人们文化消费需求的多样性。因此，针对不同需求的产品创新，是当下出版业进行供给侧结构性改革的最重要方向，也是最关键的切入点。出版业要在研究读者需求和消费市场的基础上，提供不同内容资源，满足不同地域、不同层次、不同群体、不同年龄读者的阅读需求。

当前，在国民阅读指数本就不高，网络和手机等新载体主要承担信息浏览功能的现实条件下，发现和挖掘新的阅读驱动力，是推动出版业发展以及让出版业适应中国社会发展需要的重要一环。而创新产品形态，则是挖掘这一驱动的关键手段。在内容资源的维护和开发层面，需要打破固有的思维定式，让编辑思路更开阔、更灵活、更主动，更面向读者需求。首先，同样的内容可以开发出不同的产品，面向不同的读者。以商务印书馆的著名品牌"汉译世界学术名著丛书"为例，"汉译名著"的平装本、分科本、珍藏本等不同版本的开发，以纸张、开本、装帧设计的不同，分别对应、服务于普通阅读、学术研究和收藏等不同的需求层面，在高端学术经典这个细分市场中，基本可以覆盖各个需求范围，各个版本都成为常销产品，互不干扰，这样就实现了以较低的编辑生产成本，转化为多形态产品从而进一步提高经营效率的目的。其次，把同样的内容应用到融合出版领域。例如，"汉译名著"不仅推出了 Kindle 版和其他版本形式的电子书和听书，还有支持主题检索的数据库、名家导读，以及相关课程开发等。最后，把内容资源用于文创产品的开发。以商务印书馆的文津阁《四库全书》

的开发为例，商务印书馆根据这一独特的内容资源不仅推出了举世瞩目的原大原色原样复制工程及《楚辞》《御选唐宋诗醇》《四库全书图典》和《四库全书艺术典》等相关各种主题图书，还推出了《茶典》《四库全书记事》和"笺谱雅集"等等各种系列的文创产品，使传统内容与现代工艺和现代理念结合，打造吸引青年读者的传统文化产品，取得了较好的经济效益和社会效益。

3. 业务模式创新的三大途径

面对新知识、新技术和新需求，出版业态已经发生了根本性的变化，创新业务模式和发展方式是内容生产者必须适时交出的答卷。针对传统出版的业务流程，我们可以发现业务模式创新的三大途径。

一是编辑的工作模式创新。编辑要从传统的单纯选题策划和内容加工的模式走向以内容为中心的多维度产品开发模式上来。新模式至少包括三个层面的经营理念创新，即从提供单一品种的图书到提供以专业数据库为支撑的内容体系；从提供产品到提供以大数据为支撑的知识服务；超越知识服务以上的思维能力培养。因为在高科技智能化发展的新时代，我们必须警惕机器的高智能化给人们带来的思维懒惰和智商退化，这严重违背科技进步的初衷，所以我们要清醒地认识到，知识服务不是目的而是手段，是以大量知识获取的便利性来促进思维能力的手段。

二是生产流程的模式创新。传统出版的流程虽然强调编辑的统合作用，但毕竟编印发是三个独立存在和运行的部门，在媒体融合环境下，必须更加强调编印发一体化管理，因为内容策划和技术制作与产品销售是很难像传统出版那样截然分开的，它们的一体化程度更高，因此要求把内容编辑、技术编辑和营销编辑整合进一个经营团队中。这是现在国外媒体融合走在前面的出版机构通行的做法，值得我们中国出版业学习借鉴。

三是营销模式创新。在文化发展的新时代，我们倡导的营销模式创新，其重点是出版机构从提供产品到提供服务，提供阅读服务和文化服务。在传统业务模式中，图书产品在卖场（实体店和网店）陈列等待读者选购是主要方式，今天，面对真实的阅读需求和盲目的可供产品，我们必须把传统的产品销售理念，转化到文化服务上来。也就是说，传统的陈列与选购的方式已经不能适应读者的需要了，我们必须在认真研究阅读需求的基础上，为读者提供各种形式的阅读服务。尤其是在全民阅读已经上升为国策的背景下，无论是集体组织还是个体读者都迫切需要阅读指导甚至直接服务，出版界必须适应这一新时代的新需求，以营销模式创新来满足这一新需求。

4. 发展方式创新的三位一体之路

出版业多年的改革发展实践告诉我们，聚焦主业、适度多元是出版企业既保持自身本色和地位，又不失自身使命和发展良机的重要战略。作为出版企业，聚焦主业自不必多说，关键在于多元，我们认为，所谓的多元，只能是以内容为核心与出发点的多元，是以媒体融合发展为动力和途径的多元，是不宜跨越文化产业范围之外的多元。有鉴于此，我们思考出版业发展方式的创新，面临和需要闯出三条新路，这三条新路都通向一个目标。

一是经营方式的创新。要把传统的以选题为中心的思路转到以内容为中心上来。具体说是要把传统上一个选题对应一种图书或产品的做法，转到一个内容或多个聚合内容开发多种形态的产品和知识服务上来。这不仅意味着理念的改变，更是做法或实践的改变，因此要求整个企业在体制机制甚至在投资战略上都做出与之相匹配和协调的调整。

二是体制机制的创新。传统出版有固定的运行模式，有成熟的出版队伍，有自身的编印发绩效考核体系，而新的业务发展方式已经突破了传统出版的范围，这是传统的新闻、出版、广播和电视之间的界限越来越模糊的发展趋势决定的，也是新技术、新媒体和新的文化产业发展趋势决定的。传统出版的体制机制必定不能适应这种跨界发展的新出版模式，跨界发展的新模式必然呼唤体制机制的新模式，否则无法解决技术人才与出版的融合，无法解决工作方式的不兼容，无法解决绩效考核体系的不一致等一系列问题。在出版业的体制机制创新方面，实际难度比想象的难度要大，操作难度比理论上的难度要大，这要求出版企业和行业主管部门乃至国家其他相关制定政策的部门，要群策群力，尤其要立足于实践，在实践中找出真问题，在实践中找出破解问题的真方法。

三是投资战略创新。传统的出版业可以说是小产业、大影响，产业规模和经济贡献不是我们所追求的终极目标，良好的社会效益才是我们的生命之本。但在新时代，在文化供给矛盾突出的今天，没有规模发展也很难称得上真正的高质量发展，而在规模发展方面，传统图书制造的小本生意已经很难创造出更大的规模效益，以内容为核心，向媒体融合发展，向以内容为基础的文化产业进军已成为必然选择。传统的出版业必须认真考虑以前我们并不擅长的投资管理，要把我们擅长的传统图书投资的产品核算，进一步延伸到媒体融合和文化产业投资上来。在具体投资战略方面，出版业面临着由单纯投资产品向收购品牌、技术和资产与业务合一的投资方向转化，这比从零起步投资建设品牌、技术和基础设施更加高效。

　　总之，供给侧结构性改革对于出版业乃至文化产业，好似提供了一面镜子和一把重锤，它照出了问题所在，也锤炼出了解决问题的钥匙。供给侧结构性改革的立意在于促进经济高质量发展，创新性发展是高质量发展的重要路径。出版业要立足于创新，以创新创造有效供给，以创新带动产业升级，以创新满足和引领新的消费需求。出版业的核心是内容，内容创新是出版业的生命线，以供给侧结构性改革促进内容创新、产品创新、业务模式创新和发展方式创新，破解产业难题，是顺应时代和中国经济与社会发展的大势所趋，是我们义不容辞的职责与使命。

出版构建国家知识体系

习近平总书记在党的十九大报告中指出："中国特色社会主义文化，源自于中华民族五千多年文明历史所孕育的中华优秀传统文化，熔铸于党领导人民在革命、建设、改革中创造的革命文化和社会主义先进文化，植根于中国特色社会主义伟大实践。"

主题出版作为中国特色社会主义文化的一部分，对于构建国家知识体系至关重要。"知识就是力量"这句话不仅适用于个人，也适用于国家和民族的发展。主题出版将成为国家知识体系的重要组成部分，有可能成为中国贡献给世界的独特智慧。主题出版已成为越来越重要的市场，也成为国家之需、民族之需和时代之需。

16—17世纪的英国思想家弗朗西斯·培根在现代社会形成之际，就发出了"知识就是力量"的断言。知识不仅是个人的力量，更是民族国家的力量，是推动国家这架庞大、复杂机器健康、持久运转的力量。

一

西方历史学家认为，苏格兰、英国和欧洲大陆成为最新知识或新科学以及现代大学的发源地，这使它们最早迈入了现代社会，最早确立了新的资本主义的生产方式，并把这种生产方式自然地转化成民族国家的经济发展方式以及国家治理方式。现代知识的开始，就是文化启蒙的开始，现代知识的传播归根结底就是书籍的传播，以及依赖于书籍的学校教育尤其是大学教育的普及。"出版文化的飞跃式发展""与启蒙思想的支持和传播有着紧密的联系，出版业的发展在某种程度上是整个欧洲启蒙运动的共有特征。"①

实际上，自15世纪中期以来，贯穿全欧洲的书籍贸易就已经形成了许多共同的特点，书籍成为"国际性的商品交易""带来[民族]性的阅读"。苏格兰和英国是书籍普及和学校教育普及最早[的]国家，所以它们成为现代世界文明的起点。没有人能够否认，[英]国在18世纪是启蒙运动的先锋……与欧洲大陆相比，英国的印刷和出版业受到的约束较少，由此产生了意义深远的效果。因此，18世纪在英国发生的印刷业革命或称"出版社革命""出版物革命"不是偶然的，英国除了涌现出大量的出版社外，还出现了其他诸多现象，如"读者群体的数量扩张、读者类型多样化，出现了各种为人们提供阅读便利的机构，比如书店、不同类型的图书馆（例如会员图书馆、流通租借图书馆、教会图书馆、咖啡屋图书馆）、阅读俱乐部的成立和个人藏书的盛行"，"到处都可以看到书籍"，"阅读成为这个民族大部分人的第二天性"②。

现代新知识是以新科学的出现和新学科的形成为显著标志的，学术出版成为现代学术体系和知识体系的重要组成部分。现代新

---

① [美]理查德·B.谢尔：《启蒙与出版：苏格兰作家和18世纪英国、爱尔兰、美国的出版商》，启蒙编译所译，复旦大学出版社2010年版，第4页。

② 同上书，第4—5页。

知识体系的形成和逐渐完善是与科学"新发现"超越古代和中世纪神学的意识，新的学科摆脱古代和中世纪神学的束缚，从而更多地获得自由、人文的发展相伴而生的。培根和笛卡尔等在英国和法国开启了新的科学和哲学，斯宾诺莎则成为17世纪"典型资本主义国家"理性主义的先驱。恩格斯在《自然辩证法》一书的"历史导论"之"导言"中指出："当时的哲学博得的最高荣誉就是：它没有被同时代的自然知识的狭隘状况引入迷途，它——从斯宾诺莎一直到伟大的法国唯物主义者——坚持从世界本身来说明世界，并把细节的证明留给未来的自然科学。"①斯宾诺莎的新思想、新世界观和阐释的新知识不是偶然的，因为尼德兰是人类社会新型的资本主义生产关系的最早发源地之一。

二

说起新知识和新科学的兴起和传播，法国自然是重中之重的核心之一。人们自然会联想到启蒙运动时期一部规模巨大、耗时很长，堪称奇迹的百科全书的出版。百科全书是18世纪法国启蒙思想家狄德罗、达朗贝尔和伏尔泰等发起、规划、编撰和出版的，它是启蒙运动的象征和标志，是向旧制度宣战的知识武器，是"有史以来最伟大的《百科全书》，人类所知晓的一切事情的概要、

---

① 《马克思恩格斯选集》第4卷，人民出版社1995年版，第265—266页。

曾经有过的最有用的著作以及一部自身就是一座图书馆的书"[①]。对于《百科全书》的具体影响及其意义和价值,学者们也进行了深入的研究。1789年以后,《百科全书》的出版者和销售者更加明确地"把它当作一部表现了国家在对知识的理解力和领悟力方面的卓越性的书来销售"[②]。

德国的启蒙思想家们在现代学科发展方面也做出了突出的贡献,他们的著书立说活动对后世的学科和学术发展产生了重要的影响。一位现代学者这样评论:"一种对于学问的全新观念在德意志境内演化了出来,从根本上塑造了现代世界。"[③]恩斯特·卡西尔说过,18世纪普鲁士最根本的"精神力量"是温克尔曼、赫尔德和康德。德国现代学术的起源,是与古希腊文化的又一次复兴以及古典学作为独立学科的发展紧密相连的,从而开启了人文主义学术的新方向。

三

中国现代出版业及其催生的现代文化的兴起,标志和促进着中国的现代化进程和现代社会的形成。在这方面,标志着中国现代出版事业发端的商务印书馆,无疑最具代表性,学者们对此的研究成果也最为丰富。首先,商务印书馆通过新式教科书的出版,

---

① [美]罗伯特·达恩顿:《启蒙运动的生意——〈百科全书〉出版史(1775—1800)》,叶桐、顾杭译,生活·读书·新知三联书店2005年版,第448页。

② 同上书,第532页。

③ [英]彼得·沃森:《德国天才》1,张弢、孟钟捷译,商务印书馆2016年版,第148页。

开启了中国教育现代化的进程。中国传统的教育中只有《百家姓》《三字经》《千字文》和《千家诗》之类的所谓蒙学读物，以及专供科举考试之用的图书，商务印书馆应新时代的新式教育之需，开始编撰、出版最新教科书，最新教科书不仅包括传统的儒学，还包括西方的现代科学内容。最新教科书体现现代教育理念，服务现代教育宗旨，奠基现代学科体系，成为普及现代教育、传播现代文化的重要力量。其次，商务印书馆促进了中国传统学问向现代学术的转型。研究者认为，商务印书馆"为清末民初中国学术现代转型作出过巨大贡献，并成为这一过程中的标志性事件之一"①。例如，商务印书馆在现代学术和学科理念下实施的"整理国故"出版活动，不仅使自己成为中国近代古籍整理出版的最大机构，出版了影响后世的《百衲本二十四史》等，还为"国学"建立起现代学术范式。商务印书馆策划、出版的"中国文化史丛书"等更是成为"新史学"的标志性成果，奠定了"新史学"的文化史方向。再如，商务印书馆引进"西学"的大量成果，加之出版的一百四五十种现代期刊杂志，奠基了中国现代学术。商务出版的汉译世界学术名著丛书严格按照西方现代学科分类，翻译的都是各学科的经典著作。学者们给出了这样的评价，商务印书馆成为"输入现代性西学、建设新学，引领知识人走向现代学术的绝对出版重镇"②。

时代是思想之母，实践是理论之源。新的时期，主题出版作为中国特色社会主义文化的一部分，对于构建国家知识体系至关

---

① 黄兴涛、胡文生：《论戊戌维新时期中国学术现代转型的整体萌发——兼谈清末民初学术转型的内涵和动力问题》，《清史研究》2005年第4期，第45页。

② 同上。

重要。主题出版有可能成为中国贡献给世界的独特智慧。主题出版是责任也是市场机遇。主题出版已成为越来越重要的市场，也成为国家之需、民族之需和时代之需。出版社若要获得发展的机会，就要让主题出版发挥市场效应，遵守市场规律，按市场规律办事，让普通老百姓成为主题出版的读者，出版社也要按一般读者需求开发产品。

媒体融合的三个阶段

做出版要顺势而为，"顺潮流左右应付"是商务印书馆120余年发展的要义。今天我们要顺应的大势，一是人类社会在经历了前农业文明、农业文明、工业文明之后，正向新型的信息时代迈进；二是中国社会在经历了百年现代化进程后，正在步入文化发展的新时代；三是中国出版业在深化文化体制改革的大背景下，正步入市场化新时代。尤其是信息化时代的媒体融合，是摆在出版业面前的最重要的时代课题之一，媒体融合在经历了风雨彩虹和大浪淘沙之后，正进入新的发展阶段。

一、媒体融合的三个阶段

大体上说，媒体融合经历了三个发展阶段，每个发展阶段都与我们对内容和技术关系的认识密切相关，每一次认识的升华，都催生着媒体融合的新特点，这些新特点标志着媒体融合进入新阶段。

在近年来我国出版业的发展过程中，知识内容与技术革新的关系以及行业对两者的认识，历经了三个阶段。

第一个阶段，是数字化浪潮初来之时，有人认为"数字出版将取代传统出版"的时期。在这个阶段当中，新技术携带者"悍然"闯入出版业，他们以技术为撬动，凭着资本的力量和市场的嗅觉，意欲对传统出版取而代之。传统出版业受到数字出版大潮的惊吓，毫无心理准备和现实应对之策，一时显得不知所措，内容和技术被放置在了两个针锋相对的对立面上，许多传统出版人和不明就里之人曾发出过"出版要变成夕阳产业"的悲观论调。出版业一时陷入了混乱之中。其一是新媒体凭借新技术，企图低价甚至无成本地获取传统出版的内容资源，面对核心资源面临被掠夺的危险，传统出版业自然不能将作为"命根子"的内容资源拱手相让；其二是传统出版不甘坐以待毙，为了不被时代淘汰，仓促上阵，简单地对内容进行所谓的"数字化"；其三是拥有新技术的新媒体，为了占领市场，向受众提供了海量的、未加选择的，甚至有些是侵权或粗制滥造的"假知识"、"伪内容"。在这个发展阶段，充斥着概念先行、野蛮生长甚至彼此的"敌意"。

第二个阶段，经过一段时间的洗淘和思索，无论是传统出版还是数字出版，都开始较为理性地面对内容和技术的辩证关系。这时出版业开始提出"内容为王"的概念，认为内容是核心，技术是手段，内容为体，技术为用，并开始与新技术合作，数字出版也由最初的混乱逐渐归于理性和秩序。自 2012 年起，中国出版呈现出两个明显的变化：一是数字出版与传统出版曾经一度的对立局面，向着以内容为核心的合作出版转型；二是转企改制之初一度过热的"经济指标"退回到其原本的位置，文化价值上升到其应有的地位。

但是，从根本上说，此刻无论是传统出版业还是数字出版业，都还未走向真正的融合，新技术只作为内容的一种表现形式和工具出现。两种业态的合作方式在本质上与传统的纸质出版和印刷业的合作方式并无区别，仅仅是一方提供内容，一方提供委托加工或外包服务，生产方式并未发生根本变化。

第三个阶段，是真正的媒体融合时代，是从出版融合到融合出版的全媒体阶段。在这个阶段当中，"出版"已经是一个大的概念，以内容为核心，产品提供的方式从传统的纸质出版，到电子书，到专业的数据库，到定制化的知识服务平台，全面覆盖、无所不包。在这一阶段，人工智能进入出版领域是最重要的，甚至可能是划时代的事件，它使媒体融合凸显了两个新的特征。

一是技术已经不再是单纯的手段和工具，已经成为内容的一部分。海量的知识，在经过碎片化、数据化之后，成为可供选择和加工的专业数据库，基于这个数据库和不同读者层面的需求，内容提供商运用适合的技术或平台，使产品呈现不同的表现形式。它们也许是纸质书，也许是导读本，也许是 Kindle 版，也许是网页版，也许是有声读物，也有可能是定期推送的服务型数据库……技术革新不仅带来了产品呈现方式的变化，而且满足了不同阅读方式的需求，产生了不同的阅读感受和体验。而出版恰恰是影响力经济，同样内容的不同表现形式已经对读者产生了不同的影响，让读者有了不同的感受和体验。

二是新技术正在创造着新的内容和新的知识。AI 技术已经具有了超越大数据的特征，也就是自我深度学习的能力，技术本身开始创造新知识和新内容。例如基于人工智能的对数据库的提炼和整合，在对用户信息分析基础上产生的不同形式的服务包、定向推送等，通俗地讲，在这一个阶段，内容和技术经历了对抗—融合—再造业态的过程，才真正逐渐实现了"你已经不是你，我也不是我；你就是我，我就是你；你中有我，我中有你”的新境界。

　　媒体融合的这两个新特征带来的是生产方式的变革，原来“外包”或委托加工的方式已经不能适应新的需求，必然被内容—技术一体化的生产方式所取代。这要求我们必须熟悉技术，成为技术的主人。

二、警惕“互联网＋”陷阱，走自主融合发展之路

　　在新的历史时期，传统出版业还应具有这样的危机思维和危机意识，那就是要警惕“互联网＋”的陷阱。的确，互联网带来了创新驱动，“互联网＋”创造了新价值，这正是互联网得以生存的理由，也是其魅力所在。但是，我们也必须清醒地认识到，互联网不能取代其他产业而成为一种“唯一”的存在，出版业也不能被“互联网＋”所裹挟，仅仅成为加号后面的省略号。在互联网时代，传统出版产业要走自主融合之路，要让内容和数字技术形成真正的有机体，不仅要继续聚拢和创新内容资源，更要让技术为我们创造出新的内容资源。必须建设自己的专业化、规范化数字知识服务平台。

　　这里面有三个关键点：其一，立足于独特的内容。与公共平台相比，属于出版自己的平台最有利、最有优势的特点在于内容。正是内容使出版的平台价值高于公共平台的价值。其二，追求有价值的“海量”。以专业、系统和科学的“海量”去搏非专业的、非系统的甚至不科学的泛“海量”，也就是在专业、系统和科学的基础上达到“海量”，这是我们独特的生存和发展之道。其三，

延伸业务模式。以内容聚合为磁铁，尝试延揽广告。与公共平台的不同之处是：专业平台是先内容而后广告，而公共平台是先广告而后内容。

警惕"互联网+"陷阱，避免出版产业被边缘化甚至沦为互联网的附庸，是我们出版人应有的战略意识、危机意识和责任意识。

三、努力再造一个数字的、科技的和智能的新出版

在信息社会的大背景下，在媒体融合的新形势下，出版人应该有新的更高的理想，即再造一个数字的、科技的和智能的新出版。

数字的、科技的和智能的新出版应该具有三个层面的追求：其一，在价值维度上——实现从纸质图书到全媒体检索，到知识服务的完善；其二，在产业维度上——实现从传统出版企业到全媒体企业，再到平台企业的完善；其三，在历史维度上——在继续光大传统出版的基础上，再造一个数字的、科技的和智能的新出版。

为此，要进行流程再造，建立一个全媒体的生产运营平台，从内容的集聚、分析、共享、编辑、生产、推广等多方面完成出版全流程的融合创新。然后以全媒体生产运营平台为支撑，建设具有自身特色和优势的专业知识服务平台。全媒体生产运营平台，旨在推进编辑方式、生产方式、营销方式的变革，以技术改造、流程再造和数字资源库建设等为基础，搭建国际化、专业化、集编印发功能于一体的新型数字网络运营平台。

全媒体生产运营平台应以三方面建设为基础。

在编辑方面，是内容资源数据库的建设。一是以企业自身资源为基础，聚合国内外相关学科和专业研究成果，形成专门的资料数据库。运营平台应包括内容资源管理系统、多形态内容发布系统、数据库集群、基于大数据的全媒体内容运营系统以及电商门户。二是建立数字系统编辑编纂平台，改变传统的一人一稿手工加工的图书编辑加工方式。

在生产方面，是建立全媒体生产和制作基地。一是建立数据加工中心，把众多的内容资源数字化，把数字资源数据化；二是建设录音、录像中心，为全媒体生产提供制作保障，有的出版社已经按照省级电视台的标准建立起了演播厅、监控室和制作室一体化的工作环境；三是结合 AR（增强现实）、VR（虚拟现实）、MR（混合现实）、AI（人工智能）等新技术，集合自有优势，建设一系列贴合新技术的社群化经营模式。

在营销方面，建立检索与查询、听书与讲书、名家课堂等多种形式的知识付费方式。

以全媒体生产运营平台为基础和支撑，通过精细化、精准化的专业知识服务定位，构建一个与自身现有出版优势高度匹配的融合出版体系，既是现实的需要，也具有极大的可能性和可行性。

媒体融合与出版究竟有什么关系？

　　媒体融合与出版究竟有什么关系？这是一个需要思考或弄清楚的问题，却也是很少有人认真思考的问题。数字化大潮的声浪无所不在，出版已不由自主地被卷入其中，出版人来不及思考或容不得思考，就仓促上阵了。从数字出版开始到媒体融合等一系列新概念的诞生，出版人也未及仔细分辨和消化理解，拿来便用了。结果在用的过程中，困难重重，甚至四处碰壁。致使无论是数字出版还是媒体融合，总是雷声大雨点小，或者是喊声震天，效果甚微。梳理一下媒体融合与出版的关系，或许不仅有助于实践的突破和良好效果的产生，还能为学术建设提供借鉴和参考。

一、出版媒体属性特征的形成

　　图书因其具有阅读的功能和流通的特性而具有了传播媒介的属性，但传播媒介与媒体还不能完全画等号，媒体通常是与新闻相关联的，可以说，媒体就是新闻媒体的简称。这也昭示了媒体的功能和属性，主要在于发布新闻。新闻发布和知识传播既有联系，又有区别，联系在于两者都具有传播或传媒的特性，区别则在于传播的内容不同和对传播时效性的要求不同。热点新闻容易形成一时的舆论热点，并具有引导舆论的作用，但它也很容易、很快被更新的新闻和热点所淹没或取代，并因被淹没或取代而失效；而图书既然不像新闻那样追求速度和时效，它便具有了长期的稳定性和影响力。世界著名传播学大师、加拿大的哈罗德·伊尼斯指出了图书媒介与新闻媒体的这种区别，他说："书籍是思想长期钻研的成果，具有稳定作用。但是，期刊和报纸的增长却破坏了书籍的稳定作用。"①

　　自新的数字传播技术催生新媒体以来，新闻发布和知识传播在传播的内容和传播的时效性方面存在的截然差别，正在往一起靠近。这让我们越来越强烈地感受到，出版正在形成新的特征，即越来越具有媒体的特征和属性。以下三个方面的表征比较突出。

1. 新的数字传播技术正在制造全息社会

　　新的数字传播技术正在制造新的全息社会，在全息社会形态下，信息无处不在，信息正在既以新闻的形式出现，很快又能转化成深度、详细，且可以传之久远的知识。也就是说，新的数字传播技术正在缩小图书媒介和新闻媒体之间的差别。《习近平新时代中国特色社会主义思想学习纲要》中有一段话指出："伴随着信息社会不断发展，新兴媒体影响越来越大。特别是出现了全程媒体、全息媒体、全员媒体、全效媒体，信息无处不在、无所不及、无人不用，导致舆论生态、媒体格局、传播方式发生深刻

---

① [加]哈罗德·伊尼斯：《传播的偏向》（中文修订版），何道宽译，中国传媒大学出版社 2015 年版，第 116 页。

变化。"①这段话中有很多新的概念和新的提法，极富启发性。在新技术条件下，要强调和看到变化，就是全程、全息、全员、全效。现在中国已经进入到了一个信息社会，所有承载信息的媒介都具有了更多的媒体特征，出版原来是最接近媒体的，它本身就是媒介，本身就具有传播功能。在全息社会环境下，任何媒体、任何传播方式所传播的任何内容，都有可能形成新闻热点，甚至都有可能被制造成新闻热点，互联网出版也同样具有这样的特征。所以，在互联网出版环境下，我们必须加深对新媒体规律的认识和研究，必须遵循新媒体规律，按新媒体规律办事。

2. 新的数字传播技术促使图书媒介与新闻媒体开始了融合

传统上说图书也是一种媒介，但媒介不同于媒体，传统上媒体主要指的是报纸、广播电台、电视台，这是传统媒体，现在出现了新媒体、互联网。仅就图书具有传播特性而言，本质上还不能说它是媒体，为什么呢？最传统的对媒体报道的要求也就是新闻的最主要特征，一是快速，二是真实。而这两方面，与传统的图书出版有很大差异。

新媒体新闻在保持时效性的方面，比传统媒体更加快速、便捷，而且也更加注重深度报道。实际上，与一本本图书相比，网络空间具有更大的容量，可以包容更多的内容，而这恰恰是传统纸质图书的局限；而传统图书在保持内容的系统性和深度的基础上，通过新媒体而具有了快速、广泛传播的优点。这一点很重要，

---

① 中共中央宣传部：《习近平新时代中国特色社会主义思想学习纲要》，学习出版社、人民出版社 2019 年版，第 152 页。

因为在社会急剧变化、信息爆炸的时代，现在知识更新的速度比以往任何时代都更快，出版提速是时代发展的必然要求。新技术、新媒体的出现，恰恰可以满足新出版提速的需求。因此，媒体融合，便与出版产生了联系。

传统的出版相对来说对时间和速度的要求，与媒体或新闻相比没有那么高。但出版讲究的是"慢工出细活儿"和积累与传世，内容以书的形式呈现，在事实、求真、科学性、准确性、系统性和权威性方面，提出了更高的要求。那么，跟以往的传统相比，出版怎么就具有更多的媒体特性了呢？借助于互联网的数字传播技术，图书的内容传播速度不仅大大提高，提高到与新闻发布同样的水准，而且还具有更多的现场感和体验感等。而阅读其实就是一种体验，不同的表现和传播形式，就具有不同的读者体验。

3. 在新媒体情境下，互联网出版的媒体舆论作用更加突出

在互联网环境下，出版出现了新的变化：一个是我们传统的读者发生了变化，读者读我们纸质书的时候还是读者，读网上各种产品的时候更多地变成了受众。读者和受众有本质区别，读者有自主性，可以自主选择；受众是被动接受。当你打开手机和网络，你想要或不想要的东西全都一股脑地推送给你，你检索一条信息，第二次打开网页类似的信息就会扑面而来。媒体还有一个最重要功能，就是可以引导用户，可以制造出很多数据积累，向受众表明"这是一种趋势"，让信息接收者也跟着从众。从众心理是人性的一个特征，有时也是一个弱点：当更多的人开始关注一件事的时候，你即使没有看清楚，也会跟着说"好"或"不好"！而且，

会有一种"这么好的东西怎么能缺了我"的心理。尽管这一类的信息只是过眼烟云，但它在当时就是具有引导作用，能够牵着受众走。出版也要转变传统思路，主动推介，做一点"抢人眼球"的事，否则，新书刚上架没有多久，后面的信息就把你更新掉了，或者还没有上架就直接排在第N层了，这是不行的。我们党从革命时代一直到现在的社会主义建设和改革阶段，一直重视舆论工作。实际上国家治理最重要的内容之一就是要掌握舆论工具，所以从媒体、新媒体、媒体融合的角度，舆论引导和舆论掌控是摆在我们面前的新课题、新任务。图书内容由于借助于互联网更快速、更广泛地传播，也具有了舆论引导的价值。因此从这个意义上我们也可以说，出版正形成一个新的特征，那就是越来越具有媒体特征。

二、媒体融合的难点及其破解

传统出版在媒体融合过程当中遇到很多困难，克服这些困难是推动出版继续前行的关键。

1. 困难首先来自于人员，复合型人才难得

再造一个新出版，再造一个新流程，再造一个新业务，就意味着需要新人，而由于企业发展的限制，还有体制机制方面的限制，出版业不可能一夜之间复制出同样多的从业人员，但是我们不能停止追求的脚步，这就给我们提出了一个非常难的题目——人员。且不说传统的编辑、传统的生产、传统的营销人员能不能适应新

业务的发展需求，这是另外一个话题。先从人员本身来说，传统出版业的编印发人员都是满负荷运转，新的数字业务开拓，人从哪里来？这就是摆在我们面前的人员难题。

人员的问题，必须从自身寻求解决之道。从根本上来说，传统的编辑、传统的生产人员加新的技术人员还必须要实现有机融合，传统编辑现在必须能够顺应这样一种形势。传统出版早就强调"编印发一体化"，对编辑的要求就是，编辑不能只注重编辑内容，还要了解印装工艺，还要了解纸张材料的特性，甚至价格，还要懂得营销的特征、营销的群体，还要能够撰写营销策划案及与营销部门一道实施策划案等。现在出版产业的发展又给我们提出了新要求，只是编印发一体化已经不够了，在此基础上，还要成为全媒体出版的编辑。就是传统编辑要善于把一个内容做成多种技术能给我们呈现出来的产品形态，来满足读者新的需求，或者以新的方式传播。编辑转型为全媒体型编辑，加上适当地引进新人才以及外包合作的新模式，就可以在很大程度上解决编辑人手不足的难题，从而解决给传统出版社造成沉重人力负担的问题。技术人员是不能够从现在的编辑当中产生的，所以必须要采取"自我培养＋合作引进"的方式。不仅是出版产业，全世界所有的产业，所有的企业发展史告诉我们，任何企业、任何产业都不一定非要自己具备技术，技术是科技人员的事，科技人员发明新技术以后，企业以货币的方式，以知识付费的方式就可以获取技术的使用权，在这方面全世界所有产业都是一样的，当然也存在企业自主创新技术的情况。

另一方面，我们也要知道，我们至少需要一部分懂得技术的人员从事新技术生产经营和管理工作，不一定是直接开发技术，至少要懂得利用新技术开发和进行管理。就像我们传统的出版部门，所有传统出版部门都得有人熟悉印厂的工艺流程和纸张材料，都得有点懂行的人，但是并不是要亲自去造纸，亲自去操作机器，懂得技术和原理就能实行有效管理。

2. 机制的难题

我们知道以新技术为主要驱动的新业务把我们带进了一个新的生态、新的业态，它既不是我们传统的生产方式，也不是我们传统的工作方式，最重要的是更不能采用我们传统的绩效考核方式。在很大程度上，技术带着我们进入到了 IT 产业。IT 产业人员的工作方式，IT 产业人员的激励方式，包括他们的薪酬标准，与我们传统出版业目前采用的方式和标准有非常大的差异。这就给我们提出了又一个新的难题。

机制的问题，必须用创新的方法去破解。机制问题必须依靠新的公司化运营的方式解决。在传统出版的生产方式，尤其是绩效考核方式基础上寻求突破和创新，可以说势在必行，进而能够集中寻找办法去破解人才引进难的问题，绩效考核难的问题，工资总额"戴帽"等一系列的问题。

3. 经验的难题

中国现代出版拥有 120 多年的经验，但是面对新媒体和新技术所形成的新的技术特点、新的产业规律、新的消费需求变化、新的产品形式，这一切我们都没有经验，这也是摆在我们面前最重要的难题。众所周知，出版最核心的技能靠的是经验的积累，我们出版最核心的人员是编辑，编辑最核心的技能是长期积累起来的专业能力，在这个方面我们面临着新的经验短缺问题的考验。

经验的问题，其实是个具有相对性的问题。我们有传统出版的经验，新媒体只是用新技术给我们提供新的展现形式而已，出版的规律没有发生本质性变化，出版还是出版，我们只要把握住这个，就能够把握住新形势下的新变化，就能够在很大程度上弥补我们经验的不足，否则如果我们一味去追求新的经验、新的体验，就有可能由于缺乏传统出版经验而导致在这个领域里面同样不能有大作为。我们需要建立起这种意识，还要建立起对自己的信心。

4. 资源的难题

现在一说到新媒体、新技术，人们就会说到"大数据"，任何一个出版社，以商务印书馆为例，倾122年之力出版的图书只有5万多种，哪来的大数据？任何一个出版机构靠自身都不可能制造出像现在互联网所谓的"大数据"。另外，我们传统的作译者还是只习惯、只擅长做传统的创作，我们的编辑还只习惯于把传统内容制造成单一的纸质图书，所以面对媒体融合，我们存在着三个方面资源的不匹配。现在这一切都要求我们动脑筋，动用智慧，以巧妙的四两拨千斤的方式尽可能去解决，不能动傻力。

资源的问题，也不是绝对性的问题。其实要说到大数据，全行业都面临着资源窘境。每家出版社实际上都有自己的优势，有的已经做得非常好了，做得好的经验就是充分挖掘自己独特的内容资源，做深、做透，就做出特色了，做出特色就意味着做出竞争力了。所以，在这方面既要看到大数据给传统出版业造成的资源方面的困惑，同时又要树立信心。当然，对于传统出版行业外的新媒体竞争者，我们不但要给予足够的重视，更要向人家学习，学习人家的长处，甚至探索合作的可能。

三、媒体融合，融合什么？

根据一般的理解，同一内容用不同的媒体呈现，采用不同的表现形式，或者说不仅把内容做成传统的纸质书，还借助于互联网或移动终端等多种媒体形式进行传播，就是媒体融合。这样的理解应该也不错，但在推进媒体融合的进程中，传统的出版机构遇到的问题要复杂得多，澄清和解决这些问题，就等于用实践回答了媒体融合融什么的问题。

1. 人员融合

在新的出版生态面前，传统出版社缺乏技术人员，甚至还缺乏编辑人员，一般的理解认为把编辑人员和技术人员加在一起就是融合了，如果只是这么简单相加，永远都融合不了。从本质上来说这是两个物种，我们通常说技术男（女）、IT 男（女）、理工男（女），他（她）们和其他文科生不是一种思维方式，如果两个仅仅是互相利用、互为工具的关系，永远不可能融在一起。我们提倡人员融合，怎么融？是人自己跟自己融，传统的编辑要有互联网思维，要懂技术，不需要传统编辑去发明技术、创造技术，甚至不需要传统编辑去应用和操作技术，只需要懂得技术原理，懂得技术能给产品或内容创造什么新价值，就自然会知道哪些内容会生出怎样的魅力来。如果对这些新技术不闻、不问、不理，那内容就永远只会趴在纸上，永远跳不出纸外去，所以我们这里要求的是编辑向技术方面、向技术意识和技术知识方面去学习，编辑把内容和技术融于自己一身，懂得技术能为自己做什么。编辑想到了用新技术创造新价值，就会有专门的技术人员帮助去实现，这一点很重要，但是编辑想不到就没人知道帮助编辑怎么做。所以，自己和自己融合就要求编辑从传统型编辑向全媒体型编辑转型，全媒体编辑意味着编辑应该具有互联网思维和懂得技术支持原理，并利用技术为产品设计和开发服务。

另一部分人就是我们要倚重的技术人员，他们也需要自己和自己融合。如果技术人员仅仅满足于懂技术懂开发，而对所接触的内容和传统出版社独特的内容与资源永远都不闻不问，等着传统编辑给自己提供，一味地要求编辑给自己做什么，他们就永远也成为不了优秀的技术人员，优秀的技术人员一定是懂内容的。理解出版社的内容，理解可以用这些内容做什么，这样才能让自身的技术和编辑实现真正的互相启发、互相启迪。只有这样，一个人实现自己和自己的融合，编辑向技术融合，技术向内容方面努力融合，最终才能实现真正的融合。否则，两边只是互为工具，互为利用，永远产生不了真正的融合。所以，这里产生一个新的概念，叫"技术编辑"，技术编辑被认为是新的数字出版、全媒体出版或融合出版当中的重要组成部分。

有鉴于此，我们说，第一个媒体融合是人员融合，内容编辑与技术编辑的融合，首先是每类人自己和自己的融合，然后是两类人互相影响的融合。另外，还要把营销编辑融合进来，内容编辑要懂营销，技术编辑也要懂营销，营销是所有编辑的重要工作内容。

2. 技术融合

传统上说到融合马上想到的是技术和内容的融合，现在这种说法要升级了。内容是内容，技术本身也是内容，技术也在创造新内容。这几年我已经反复说过，技术不是单纯的工具和呈现形式，我们图书产品具有体验式功能，不同的技术、不同的材料、不同的方式，都会产生不同产品的形式，并因而产生不同的体验。技术本身还在创造新知识，这来自于人工智能等技术所具有的深度学习功能，可以根据自身的理解把不同的信息不断重新组合，从而创造出新知识。技术融合最根本性的标志是技术自己的融合，是各种技术，包括传统的印装技术，包括现在各种视听产品的技术，要能够在一种产品或者确切说在一个内容方面实现多种技术支撑，一方面可以产生出不同的产品形态；另一方面同一产品形式可以有多重体验或学习功能。

传统出版业必须不断学习，科技史不是简单的技术史，更是思想史。懂得一点科技道理，我相信对编辑人员和技术人员是大有好处的。社会上还有现成的技术公司给传统出版业服务，对它们来说这也是大市场，传统出版业要善于利用它们，就必须首先做到懂得和了解它们，了解如何利用它们的各种技术。所以，技术融合不是单纯的技术和内容的融合，而是各种技术融合在一起。

3. 产品融合

出版社传统上只会把内容做一个选题，然后出版一本书或一种书，有的一种书有不同开本，还算有几个产品。现在不够了，要能够把一个内容利用各种不同技术转化成各种不同的产品，这就是产品融合。以内容为核心、为出发点的多种产品聚合，这个内容才可以实现价值最大化。在这方面我们可以有传统图书，各种各样的开本形式，面对的是各种不同读者的不同需求，不同需求指的是书不只是用来读的，书除了阅读之外还有其他很多种功能。在媒体融合时代，传统出版社要善于利用技术把内容价值最大化地呈现和传播，不仅要开发各种数字产品，还要有基于内容的文创产品。文创产品的核心价值不仅在功能价值，功能价值是起步、是起点、是基础，文创产品首先应该具备功能价值，至少买一个东西要有用处，这是前提。然而文化价值和情感价值才是文创产品的核心价值。

所谓新时代，是一个新的文化时代，文化时代要产生文化效益。在这个新时代里，文化将成为人的重要社会标识，作为文化方式的阅读也将是这个时代中每个人重要的社会标识。出版本身是内容产品和一切文化产品的源头，所有其他的文化产品都是以图书内容为核心、为出发点，才衍生出来的。迪士尼是最典型的从图书产品出发，衍生出众多的文化产品，进而形成文化品牌的范例。目前，大部分传统的出版社还是只习惯于把内容做成纸质书，虽然现在已经开始做成了电子书、数字产品，但文创产品还少有涉足，最多是初步涉足，这是最大的吃亏、最大的缺位，出版社开发文创产品，不仅是市场的需要，更是自身发展的需要。

从数字产品到文创产品，真正的产品是从有形转化到无形，从无形又转化到有形。在媒体融合时代，无论我们出版什么类型的书，最后都要进行设计，有的看似无形却有形；但是到知识服务的阶段，产品又变得无形了。那么多的内容聚合在一起，读者需要什么，根据其需要临时产生解决方案，就是无形的。从无形也可以再到有形，当读者需要具体的内容时，我们可以做成具体的书或提供一个具体的解决方案。从本质上来说，人是物质的人，物质的人还是需要有形的物质或有形的方式，面对无形的产品心里总是觉得不踏实，这可能源于人是工具型动物的原始本性。知识服务方面，从有形到无形，从无形到定制服务让它有形，无限的需求，无限的想象力，可以无限地满足。

知识服务不是终点。知识服务仅仅是开始，掌握知识不是根本目的，要让知识转化成智慧，知识能够转化成人们认识自然、改造自然、变革社会的能力。不是所有信息都是知识，有用的信息才是知识；不是所有知识都能成为智慧，只有有用的知识才能让人产生智慧。人们只有善于利用和使用知识，让它成为改造世界的工具的时候，它才变成智慧。当知识服务引入人工智能的时候，这个知识服务就可能会走向它的反面。当人工智能给人提供全方位服务的时候，人就不用思考，甚至不会思考了。所以，基于互联网的知识服务平台，要超越知识服务本身，要具有受众能够参与和创造的功能，带给人们无限的思维力和创造力。激发人们的思想力和创造力，是知识服务的目标和目的，这是一种理念，同时也必然是一种需求。

四、媒体融合，怎么融合？

当今人类文明、人类社会、中国社会进入到了一个新时代，这个新时代最重要的标志，从科技革命角度来说就是新的技术革命，新的技术引领了新的知识创造、新的知识传播和新的文化建设。媒体怎么融合，就是要求我们具体怎么去做。

1. 顺应新媒体规律，主动利用新技术，再造新出版

《习近平新时代中国特色社会主义思想学习纲要》要求我们，"全面把握媒体融合发展的趋势和规律，推动媒体融合向纵深发展。要坚持一体化发展方向，实现各种媒介资源、生产要素有效整合，实现信息内容、技术应用、平台终端、管理手段共融共通，打造一批具有强大影响力、竞争力的新型主流媒体。坚持移动优先策略，让主流媒体借助移动传播，牢牢占据舆论引导、思想引领、文化传承、服务人民的传播制高点。探索将人工智能运用在新闻采集、生产、分发、接收、反馈中，全面提高舆论引导能力"①。可以看出，总书记对媒体融合向纵深发展的要求，从新闻、媒体、传播到思想引领、文化传承和服务人民，一直延伸到我们的出版——我们的出版就是在做文化传承、服务人民这样一个伟大的事业，所以面对和利用新的信息技术，提升我们的传播力和引领力，是新时代对我们提出的新要求，也是新时代的新需求。

在这里我还愿意援引一位经济学家关于技术如何引领人类文明，技术如何创造新需求的理论："物质生产技术制约着一切社会制度的形式，社会制度的一切变化都是生产技术变化的结果。历史是技术变化的附带现象；工具史便是人类史"②，"需求方

① 中共中央宣传部：《习近平新时代中国特色社会主义思想学习纲要》，学习出版社、人民出版社 2019 年版，第 152 页。

② [英] 莱昂内尔·罗宾斯：《经济科学的性质和意义》，朱泱译，商务印书馆 2016 年版，第 42 页。

面不会自己发生自动的变化，无论发生什么变化，最终都可归因于供给的技术条件发生的变化"①。我们通常说技术是手段、是工具，有了技术我们要善于利用技术，这还不够，要充分认识到最广大的受众——消费者，在新技术产生之前是不知道、不懂得新技术会给他们带来什么新价值的，所以人们不会自动产生新的需求，还会沿用习惯的老的东西、老的物件、老的产品、老的技术给其带来的价值。最可贵的是另一部分人——企业家，他们把新技术应用到了生产领域里面，与科学家实现了完美的结合和对接，然后新技术才能够转而创造新的生产力，进而改造旧世界，创造新世界，成为推动文明发展的有力的武器和工具。当我们已经面临着新技术和新工具的时候，最聪明的做法就是顺应、适应，理解和挖掘新技术能给我们的产业、我们的顾客、我们的读者带来什么样的新价值，这些新价值很大程度上有赖于我们的主动性——我们主动的创造性，因为这些应用产生之前读者是不知道的。

当技术已经进入到了一个新时代，已经进入到了可以变革这个世界的时候，我们传统的产品、传统的生产方式、传统的思维方式就必须随之更新，这就叫与时俱进。如果我们不能随着新技术的更新而更新我们的思想，更新我们的产品设计理念，更新我们的产品创造形式，从而满足甚至创造新的需求，我们就会落伍。这是时代的呼唤，这是出版人义不容辞的责任。时代呼唤新的出版企业家，呼唤企业家的创新精神。

---

① [英]莱昂内尔·罗宾斯：《经济科学的性质和意义》，朱泱译，商务印书馆2016年版，第43页。

2. 遵循新媒体所带来的新产业规律

在新媒体环境下，没有新的精神和新的想法，还是按照传统思维是行不通的，因为新媒体让出版具有了新的产业特性。比如，新媒体需要有现场感，这是传统图书所不具备的。媒体就是现场，就是群言，谁都可以表达，知识创造也随之进入了新阶段，人人都可以成为知识生产者和创造者。与以往知识创造的环境不同，过去什么人有资格写书，什么人有资格获得出版权？必须是"知识分子"，这在当时是非常高尚、严格和高贵的。互联网时代，谁都可以成为知识的创造者、传播者或"贩卖者"。

所以，我们既要了解和熟知这些特性，又要避免被它绑架，不能失去我们的"命根子"。我们要保持作为传统出版者所追求的真实性、科学性和权威性，同时，我们还要快速，还要实现互动性。我们的编辑要参与其中，要把互动之中有价值的东西直接转化成数据，这就是鼓励所有的参与者，即传统所说的读者、现在所说的受众，最后也成为知识系统的生产者和创造者，他们与我们一起建设我们的知识库。这体现出互联网的特征，我们应该认识到，传统的知识分子和知识阶层垄断知识生产和创造的局面现在正在被改变，人人都是作者，人人同时也都是读者和受众，所以在互联网知识服务平台里面必须要有这样的理念和设计，让人们有创造的机会和空间，这样它才会有生命力。

3. 遵循以内容和编辑为核心的新出版规律

以内容和编辑为核心，这本身是出版规律，要把这个出版规律移嫁到全媒体出版当中来，这就是新出版规律。

　　传统出版最重要的一个概念，叫选题策划，媒体也用选题策划这个概念。以内容和编辑为核心的新出版规律，要求从选题策划延伸到产品策划。选题策划的源头在编辑，从编印发一体化的编辑转型为全媒体编辑，内容资源除了出书，还将制作成各种可能和可行的数字产品，甚至文创产品。我们讲，谁策划，谁就一直负责到底，直到产品上线。谁策划，最后产品的绩效就归结到谁。所以，应有的思路不是再造一个新的编辑部门，跟传统的编辑全然分开，跟传统部门全然分开，而是以传统的编辑和编辑部为依托，进行全媒体出版。如果全部分开，那么永远都不会实现融合，永远都是一种分裂的状况。这其中有一点可能和传统出版有所不同，传统的选题策划出来之后，需要约稿，进行稿件三审，编辑加工三审等等，媒体融合这一程序有可能被简化。当你策划一个课程、请了一位名家授课，他可能最多给你一个提纲，让他事先准备好稿子是很难的。专家授课后，编辑的功能和价值就体现出来了，编辑要对他讲的内容进行质量把关，落实三审制，这一点绝对不能放松。新媒体出版的三审制体现在这里，三审制不能省，内容质量要求不能降低。

　　另外一个选题和产品策划源就是技术部门。由于上面我们已经强调了要求技术人员向编辑内容融合发展，我们鼓励技术人员在了解内容的情况下，提出新的产品创意，真正实现融合，传统编辑的选题策划和技术编辑的选题策划应该是同等的。

　　接下来的问题是，技术编辑策划选题由他们自己负责生产制作，甚至上线销售，内容编辑策划选题也得由这些技术编辑进行生产和制作，那技术编辑策划这些选题的效益归他，内容编辑策划的选题如果与技术编辑一点关系没有，技术编辑不就会优先制作、生产自己策划的选题了吗？这就提出了绩效考核方面的平衡考核办法。无论是谁策划的选题，大家共享绩效，根据投入的劳动，设立绩效比例分配标准，让大家都有积极性。同时还要保证在所有场合和统计口径下，所有统计数据都是真实的，这也是在进行制度创新，新的流程设计方面要做的，一句话就是鼓励创新，鼓励内容资源，鼓励选题转化成不同的产品形式，所有人都是创造者、生产者，所有人都是它的享有者。这就是我所说的遵循以内容和编辑为核心的新出版规律的内容。

4.三级产品策略

经过长期的实践摸索，传统出版媒体融合的三级产品策略，逐渐清晰起来。第一级是电子书，第二级是专业数据库，第三级是知识服务平台。电子书是出发点，就目前的市场境况而言，电子书并不是主要的销售形式，或销售收入的主要来源，甚至如果只停留在这个产品上都收不回成本，就可以不做，但是它是出发点，没有这个数据化的过程，就没有接下来更高级的专业数据库和知识服务平台建设。电子书要求纸电同步出版，纸电同步出版则要求数字传播权利和纸质书传播权利同步获取，传统出版社的编辑部门和版权部门必须强化这样的意识，现在版权签署必须要求全媒体出版的权利，包括数字传播权，甚至文创产品的开发权。我相信，没有作者会抵制自己的产品以各种形式进行价值传播，更没有作者会抵制在传播过程中给他带来的经济效益，只要协商好。在新的全媒体出版形式下，作者与出版社之间的合作模式也可以根据不同情况而有所不同，这也是一种创新。任何一个数字资源、内容资源，如果能做成一个或多个好的产品，就可以不拘泥于传统版税的稿酬支付方式，甚至可以采取内容创造价值以后与作者利润分成的方式来实现。作者提供原始的内容资源，出版社来提供编辑加工和平台传播，可以商议分成形式。内容是关键，判断好的内容更关键，判断好的内容，不仅要求对内容要有鉴别力，还要求对技术及其表现形式与效果等要有掌控力和想象力。电子书、专业数据库和知识服务平台构成了全媒体出版的三级产品形式，这三级产品形式的根基在于传统出版的内容资源，但也不能被传统的内容资源所束缚，还要大胆地吸纳更广泛的社会资源。既要本着务实的精神，也要本着开放的态度。

从工具书到知识服务

处在大数据和人工智能的时代，传统的工具书就必须提升到新的知识服务层面。在辞书领域，一谈到知识服务，人们就会想到电子词典、网络词典和工具书数字化，但网络词典和工具书数字化不等于知识服务，因为从根本上来说，传统的工具书编纂理念、编纂方法及所呈现出来的成果，都有很大的局限性，与知识服务的需求和要求相差太远。

知识服务跟传统工具书的编纂完全不是一回事，更不是把传统的工具书搬到网上就实现了知识服务。首先是理念上的不同。我们编工具书通常也做市场调研，但主要还是自己设置体系，确立收词原则、释词方法等等一系列符合规范性的东西，主动权还在我们编者手里。而知识服务是完全不同的，虽然也做市场调查，但不知道对方需要什么，主动权不在我们手里。所以我们必须要根据每一个读者和用户的需求去组织我们的知识，提供服务。其次是编纂方法不同。对于传统工具书而言，我们是主动创作，读者则是被动接受。在知识服务环境下，虽然强调了我们的服务意识，但读者已经不是被动地接受了，读者也参与其中，他们也是创作者，共创共享，从理念到实践，这是最大的不同。其三是呈现的成果不同。传统工具书（不含专业辞书）都是从语文的角度来解词释义，而知识服务则不限于此，因为词语不只是简单地具有语词意义，用古罗马著名思想家和演说家西塞罗的话来说，词语是事物的符号，而事物是立体性的多方存在，仅从语词角度是无法对事物进行全面描绘的，甚至仅从语词角度都无法抓住事物的本质。

为什么说，知识服务既是理念也是实践？因为我们用现有编工具书的方法或者是现有的工具书的存量来提供知识服务是不够的，我们只能把众多的工具书拼在一起供人查询，比如一个词，《新华字典》怎么解释，《现代汉语词典》怎么解释，《辞海》怎么解释，最终把这些所有的解释归结到一起而已。然后归结到一起之后才发现，大同而小异，能够查到的意思都有，查不到的，这本没有其他的也多半没有。所以从实践上来说，这促使着我们面对知识服务时，必须要从理念到实践彻底改变传统工具书编纂和出版。

为什么要提倡从工具书到知识服务？下面我从三个方面来谈些粗浅的认识。

一、应对网络词典丛生的需要

1. 网络词典的优势

首先说说网络词典的优势是什么。我觉得有两个大优势。

第一，海量词汇。我们纸质的工具书，如正在编纂的《现代汉语大词典》，目标是收词 15.5 万条，也可能有突破，但不会突破太多。我国国内最大的英语词典之一，如陆谷孙先生主编的《英汉大词典》，收词约 20 万条。与线上提供的各种所谓的"词霸"

相比，传统工具书中这些大部头词典的收词和规模，还是无法望其项背的。

第二，免费获取。网络词典受欢迎的一个重要原因，就是免费获取。为此我们还总遭受道德的考量，包括有一次我在央视做节目，读者直接就问，你们的词典为什么不免费？我说知识也是一种劳动创造，而且可能是更复杂、更高级、更耗成本的劳动创造，如果大家不支持知识付费，知识就不能创造出来！没有人创造知识，对整个人类就是一种灾难。现代人应该树立现代的观念，用自己的劳动价值去换取他人的劳动价值，而不是总企图不劳而获，免费获取。《新华字典》（第 11 版）APP 上线时，人们对它的强大学习功能赞不绝口，但其 40 元的零售价，却引发了热点式的讨论。

2. 网络词典的劣势

对于任何事物而言，所谓的优势和劣势，几乎都是相伴而生的。网络词典的所谓优势，也伴随着它的三大劣势。

第一，内容缺乏科学性、准确性，杂乱无章。这就是所谓的"海量"的结果之一，各种东西拼凑在一起，不像我们传统的辞书专家们编得那么成体系。不成系统的东西、杂乱的信息，甚至缺乏准确性，更不具有科学性，不能叫知识；只有成系统的、科学的、有用的信息才能叫知识，而且才能心安理得地传授给一代一代人。我们说现在网上的很多信息不具备这样的特点，为什么？他们不是在做知识生产、知识创造和知识传播，他们是以"知识"做钓饵，进行赚钱活动，这也是他们走不远，而我们还能存活的原因。

第二，功能单一，仅供查询。这离我们需要的知识服务就差得非常远了。我们传统的工具书也一样，只能够查询。但是要面向知识服务，仅供查询是不够的。传统上通常是把字词典分为查考型和规范型。无论是查考型还是规范型，虽然它们很重要，满足了读者对工具书的需求，但是不能满足知识服务的要求。所以我们要做知识服务的话，就会有多种多样的内容，要有知识链和知识树，这是我们的优势，这是网络词典所不具备的。因为它们不生产知识，它们只是拼凑，甚至是抢夺和抄袭。

第三，拼凑的辞书是没有思想性的。而思想性是辞书编纂的要义，是辞书文化性的核心，也是传统辞书出版的命根子。近年来，辞书界开始强调用辞书来凝固"集体记忆"，这体现了辞书编纂的一个新思想。一个同样的事情，不同的人、不同的国家、不同的民族有不同的记忆，这就是说，辞书在面对同样事物的时候是会有不同的理解和不同的阐释的，这就是我们说的思想性。胡编、堆起来的辞书是没有这个意识的。

所以这里有一个概念，希望我们做编辑的人能够记住，叫"信息守门人"或"知识守门人"。这是现代新文化著名史学家彼得·伯克在他的《知识社会史》里边所提出来的。[①]我认为编辑就是最大的、最重要的"知识守门人"。还有我们的专家和学者，他们不仅仅是守门人，还是把第一道关的创作者，编辑是又一道守门人。没有这道关卡的守门人，就没有这些辞书。同样一个事物，无论是自然的事物，还是社会历史的事物，都可以有多种不同的解释。所以现在大家讲，我们的学术建构、我们面临文化竞争的时候，

---

① 参见［英］彼得·伯克：《知识社会史》（下卷），汪一帆、赵博囡译，浙江大学出版社 2017 年版，第 99 页。

最大的问题来自于什么？话语权缺失。话语权缺失就是我们知识体系的建构出了问题。我们的知识体系建构要反映我们自身的世界观和价值观，以及我们自身的社会发展。所以，工具书编纂在这些方面要重新树立起这样的意识，要树立起思想性这个意识，而这是网络词典所不具备的。

3. 应对策略

面对来自外部、汗牛充栋的网络词典，无论是就其所谓优势给我们造成的冲击，还是就其劣势所造成的不良社会影响而言，我们传统的辞书出版界都有必要，也有责任采取相应的策略进行应对。

第一，以专业海量来搏泛海量。我们可以在专业领域科学性、严谨性、准确性、系统性的基础上，扩大我们的收词，这是首个必经之路。网络上的所谓海量，无法做到传统辞书专家惯常所做的，全用专业的态度、专业的知识、专业的技能去解释。而专家和专业，恰恰就是我们的强项。关键在于我们要加大专业的范围、收词的范围、解词的范围，要用专业的海量去搏这个泛海量。一个一个领域的专业海量集合在一起之后，那就是巨大的海量。而那些完全不足信的泛海量，就变得仅仅是应一时手头之急查一下而已，不足征信，不足引用，因为它们不能作为科学知识传播。这就是我们应有的策略。

第二，用知识服务去搏简单查询。知识服务要提供知识窗、知识树和知识链，这需要大量的专业知识创造，耗时、耗力、耗人、耗财，这是急功近利的网络词典无法做到的。就算基于传统工具书去做简单的知识服务，也是网络词典难以企及的。以《现代汉语词典》（第 7 版）APP 为例，它的一个重要特点就是突出了学习性和学习功能。比如，在传统的据词查义基础上，这款 APP 提供了更为强大的同义词、近义词和反义词的比较、辨析功能；在查阅过程中，如果在任何地方遇到不认识、不理解的字词，只要点击它，就直接进入到其查询页面，非常便捷；此外，还设置了成语接龙和自定义学习文件夹等。

第三，以持续增值服务搏一次性查询。当庞大的专业数据库建起来后，不是只提供一次性的查询、一次性的服务，而是要提供持续的增值服务。即使不断有新版，原来在纸质图书里被删除的旧词，作为历史资料，仍旧可以保留在数据库里。因为我们看的书不只是反映现代社会的，还反映过往历史、社会发展阶段的，甚至还有反映人类其他文明的。传统的纸质辞书，受篇幅所限，注定要与时俱进，不断修订，不断增删，这是符合辞书编纂规律和社会发展需要的，但历史数据库建设和在此基础上提供的知识服务，是符合新时期辞书发展规律和社会发展需要的。这是新时代给我们提出的新任务，我们传统辞书出版人责无旁贷，也是别人无法"旁贷"的。

二、传统词典价值创新的需要

传统词典最重要的出发点是从语词解释语词，尽管我们很努力地去阐释它的社会价值，阐释它在其他专业里的意义和内容，但这毕竟不是我们的专业所长，我们编来编去还是善于从现代语言学的角度、现代辞书编纂学的角度给它进行语词式的定义。这就使知识服务面临一个难题。尽管语言学家们经常强调，所有知识都是用语文作为工具在阅读的，但我要强调的是另一个方面，即前面所提到的，所有的词汇都不只是语词的存在。西塞罗说，词语是事物的符号，任何一个词语反映的都是一个事物，所以我们解词，从词语解释词语的时候，就不一定能够揭示出这个事物的本质性存在。这是一个问题。19世纪末20世纪初的德国著名诗人斯蒂芬·格奥尔格在其诗篇《词语》的最后一句说："词语破碎处，无物可存在。"①海德格尔的名著《在通向语言的途中》，这本书几乎就是在研究这一句话。所以我接下来想说的是，我们传统词典价值创新要向知识服务努力，就是要突破语词这样的一个界限，而进入到事物之中，进入到事物的本质之中。

1. 把语词释义引向深入

　　传统词典在语词的释义方面也有不够的地方，仅从语词解释词的角度来说，还可以有再深化的地方。需要特别指出的是，我在本文中所举的例子都出自《新华字典》《现代汉语词典》《辞海》《牛津高阶英汉双解词典》等权威辞书，我没有任何对这些辞书不敬或者认为不好的意思。大家知道这些辞书都是一座座的高峰，甚至可以说是没有办法超越的。我只是想说，从知识服务的角度来说，传统辞书的这些解释还需要进一步再扩展、再深入。

　　比如说"褥子"这个词的解释：

　　《新华字典》（第11版）：装着棉絮铺在床上的东西。

　　《现代汉语词典》（第7版）：睡觉时垫在身体下面的东西，用棉

---

① ［德］海德格尔：《在通向语言的途中》，孙周兴译，商务印书馆2010年版，第150页。

花做成，也有用兽皮等制成的。

《辞海》：坐卧时垫身的用具。

限于篇幅，《新华字典》的解释简单，没有"床上用品"这样定性的语言，但也指出了功能"铺在床上"和材料"装着棉絮"等关键要素；《现代汉语词典》的释义又增加了"睡觉时垫在身体下面"等详细功用，但仍然用"东西"这样泛的概念，而缺乏具体、确切的定性表达；最不能理解的是《辞海》，本来作为具有百科特征的辞书，其释义应该更全面，但却只有简单的八个字，而且抛开"褥子"这个词，人们根本无法从释义中联想到这个东西是褥子，它只描述了一个简单的功能"坐卧时垫身"，而"坐卧时垫身的用具"还有许多，且"坐时垫身"的解释明显不合适，坐在身下的不叫"褥子"。无论"褥"这个字在古代是否用于坐，但现代的"褥子"只用于"卧"，且与床或具有床的功用的东西相关。《辞海》的释义还缺少了制作材料之类的内容。仅就"褥子"这个例词而言，我们在解释这个事物的时候，至少要考虑到它的材料、工序，甚至制作流程、功能、效用等，这在很多方面是不能缺的。而《新华字典》《现代汉语词典》和《辞海》等的解释，可以说都难令人满意。就功能而言，三部权威的工具书都指出了"垫身"的功能，却没有一部进一步指出垫身是为了"保暖"或"柔软舒适"的效用，而这恰恰是"褥子"的主要功能，"垫身"只是表象，如果只用来垫身，还可以用其他东西，比如为了凉爽的功效，垫身就不能用褥子，而要用"凉席"；就工艺而言，只有《新华字典》给出了"装着棉絮"的解释，但仍缺失最为关键的信息，即外面要用棉布或其他可缝制材料做成里面可以装填充物的东西，然后里面才可以均匀地排布上棉絮之类的材料，最后用针线把外面的布料和里面的填充材料缝制在一起；就产品品相而言，"褥子"还与床以及用作床功用的东西的形状和大小尺寸等相关，例如圆形的就不能叫"褥子"，叫椅垫，或蒲团以及靠背垫，太小的可能用作"枕垫"等。

再比如说"走、跑、跳"。什么是"走"？这些辞书从语词的角度、行动的角度解释都是对的：一个人有两条腿，两条腿不能同时离地，要交叉前行叫"走"；四条腿的动物也是一样的，至少是两条腿和两条腿交叉，不能四条腿同时腾空离地的，这叫"走"。"跑"是什么？就是两条腿可以同时离地快速前行。所以我们看到世界竞走锦标赛，裁判员给某个运动员出示黄牌和红牌的依据是两条脚有没有同时离地，有同时离地的就不叫"竞走"，他判定你是"跑"。关于"跳"，《现代汉语词典》（第7版）的解释最准确。无论是"走"、"跑"还是"跳"，各权威词典都是侧重于"行动"，而无暇顾及其他丰富的含义。

我再说说"颠儿"。从走路的姿势和语词的角度来说，几乎没有办法描绘它。我们通常用到这个词的时候，表示的是什么？这个人的精神状态、精神面貌，重点是这个。比如我们在说"跑"的时候，《现代汉语词典》和《辞海》都说，"跑"有的时候不一定意味着跑，有的时候它也是走，比如"会还没开完他就跑了"，也经常说"会还没有开完他就颠儿了"。这个时候的"跑"和"颠儿"表达的都是一种情感，描述的是人的神态、状态和意愿，他不愿意开这个会了，没等开完他就先走了。这里的"颠儿"还有"偷偷地走"的意思，不告知、不请假。所以仅仅是从两条腿还是四条腿离不离地的角度来说，或是向上还是向前的方向，是没有办法解释的。另外，"跑跑颠颠"和"蹦蹦跳跳"描绘的就更是情境、情感和状态了。所以，辞书中的"颠儿、走、跑、跳"都是从语言学角度对动作本身的阐释，没有办法表达神态和情感状态。这些提醒我们在做知识服务的时候，注意这些词之间的差异和辨析，能够把它真正的意义，尤其是在语词之外的意义解释出来，但我们传统的工具书由于篇幅有限，可能容纳不了。

再举一个例子。阅读从来没有像现在这样引起全社会的广泛关注，但关于什么是阅读，阅读的本质是什么，在学术上也存在着模糊的认识。这也引发了我的好奇。什么是"阅读"？《现代汉语词典》说看书报等并领会其内容。《辞海》没有收"阅读"条，却收了"阅读框"和"阅读卫生"。我们只好向古人求助。许慎的《说文解字》："读，诵书也"；"诵，讽也"；"讽，诵也"。① 郑玄及后代名家的注解释了，"倍文曰讽"，那个"倍"通"背诵"的"背"。"以声节之曰诵。"② 所以，朗诵是要有韵律、有节奏地发声的。接下来在《说文解字·竹部》里边又看到了"籀，读书也"③。"籀"是什么？段玉裁的注里解释，"盖籀、抽古通用"。"籀"和"抽"两个字互训，古代是通的。所以就知道了"籀"是"抽"的意思。那"抽"又是什么？是"抽绎其义蕴至于无穷，是之谓读"④。由此我可以抽绎出阅读本来有三层含义。第一，诵也，就是有节奏地朗读、朗诵。第二，背文也，就是把文字要背下来。第三，

---

① 许慎：《说文解字》【一】，汤可敬译注，中华书局《中华经典名著·全本 全注 全译丛书》，2018 年版，第 473 页。

② 同上。

③ 许慎：《说文解字》【二】，汤可敬译注，中华书局《中华经典名著·全本 全注 全译丛书》，2018 年版，第 921 页。

④ 许慎：《说文解字》【一】，汤可敬译注，中华书局《中华经典名著·全本 全注 全译丛书》，2018 年版，第 473 页。

要不断地思考领会其意蕴，不是看完一遍就完了。所以一次领会还不够，不是说你懂了它就行了，还要不断地去发现它的意义、去思考，没有止境。现在我们还有人批评读书不过脑、不走心的现象，说的就是光念不行，不背，不记，不领会记忆，不思考不行。真正的阅读是什么？接触能够促发思考的文字才能叫阅读。阅读的真谛在于促进思维和思想，积累知识是促进思维和思考的前提。

2. 突破语词释义的藩篱

这里我选三个例子。

一个是"兴趣"，interest。权威工具书的解释如下：

《现代汉语词典》（第 7 版）：喜好的情绪。

《辞海》（第 6 版）：注意与探究某种事物或从事某种活动的积极态度与倾向。表现为个体对某种事物或某项活动的选择性态度和积极的情绪反应。是个体需要和社会实践相结合的产物。

《牛津高阶英汉双解词典》（第 9 版）："the feeling that you have when you want to know or learn more about sb/sth."。

这三部中外权威工具书对"兴趣"的解释，都集中在了人对于事物的情绪、情感和态度方面，这体现了语言学家和辞书编纂家典型的视角。

从社会科学家、哲学家的角度来说，"兴趣"是什么呢？美国著名的哲学家、文学家乔治·桑塔亚那讲了这么一段话："某些东西之所以有趣，那是因为我们关心它们；之所以重要，是因为我们需要它们。如果我们对所感觉的那个世界毫无兴趣，我们就会对它闭上眼睛；如果我们的理智并不帮助我们的情感，而是偷懒地让幻想自由奔驰，那么，我们甚至会怀疑二加二是否还会等于四。"① 然后接下来说，"当理智是活生生的和强有力的时候，它会给那些有可能成功的兴趣爱好以勇气和特权，而削弱或泯灭其他那些看起来注定要失败的兴趣爱好。"②

接下来我们看 interest。海德格尔在《什么叫思想？》里，特别强调了 interest，他做了拉丁语词根的追溯，是 inter + esse。inter 是"进入到……当中去"，转化成介词之后就变成了"在……之中"。esse 是一个拉丁词，就是具体事物本身，哲学上翻译成"存在"，③ 就是具体事物的存在。所以真正的兴趣，在海德格尔看来是什么？是进入到事物当中去，是行动。他说："兴—趣的意思是：处于事物当中，在事物之间，置身于某个事物的中心并且高于这个事物。"④ 光说对什么有兴趣，浮光掠影的，走马观花的不叫兴趣；进入到里面去，进入到实践当中去，才叫兴趣。海德格尔针对的是当时人人都说自己喜欢哲学却没有人去思想的现象，他说这就不是有兴趣，真正对哲学有兴趣就是要思想，思想了，才叫有兴趣。所以"兴趣"是什么？第一，它是一种情感，但不能仅仅停留在娱乐层面，必须附着意义和价值。人本身就是一种价值性的存在，如果没有价值，人没有必要更没有理由活在这个地球上。所以人所有的兴趣，包括娱乐也是一样的，都不仅仅是为了娱乐。娱乐是一种手段。第二，兴趣不是天生就有的，而是后天培养的，

---

① ［美］乔治·桑塔亚那：《人性与价值》，陈海明、仲霞、乐爱国译，商务印书馆 2016 年版，第 3 页。

② 同上书，第 5 页。

③ 参见［德］海德格尔：《什么叫思想？》，孙周兴译，孙周兴、王庆节主编《海德格尔文集》，商务印书馆 2017 年版，第 7 页。

④ 同上。

它需要理智来帮助培养，如果失去理智，兴趣就会信马由缰，会让我们毁掉本来可以很美好的东西，甚至毁掉原本已建立的认知和秩序。第三，真正的兴趣意味着行动和实践，进入事物之中，对事物的喜好，如果只停留在口头上或情绪上，而不付诸行动，就不能算是真正的兴趣。比如说，真正的足球迷是要喜欢踢足球，并且经常到场上去踢，而不喜欢踢只喜欢看的球迷，不能说对足球有兴趣，只能说对看足球比赛感兴趣，甚至有的人还只喜欢看电视转播，而从来不走进球场看现场比赛。

第二个是"品牌"。《现代汉语词典》说是产品的牌子。《辞海》是采用了旧式的管理学家对品牌的解释，除了牌子之外，它还指企业能够辨识的标识。但是就近二三十年来的企业管理实践来说，品牌不是仅停留在牌子上的，而是必须与价值连在一起的。当你说到麦当劳的时候，你就一定要知道它的价值是什么，这个是它的品牌之核心。所以真正的"品牌"的最新概念是，"产品或生产企业在消费者心里的记忆，或者在消费者心中留下来的印象"，它是隐藏在牌子背后的价值。所以品牌不属于企业，品牌属于消费者，属于顾客，他认你你就有，他不认你你就没有。从管理学角度看，"品牌＝品质＋招牌"。所谓的"品质"就是产品内在和外在的质量，"质量"是指产品达到合格标准前提下的自然等级，"品"还含有道德评价；所谓的"招牌"，就是自己用以区别于别人的独特之处。从品牌战略的角度来说，就是"差异化"。品牌有高低之分，无贵贱之别。

最后一个例词"家"。看看权威语文辞书如何解释：

《现代汉语词典》：掌握某种专门学识或从事某种专门活动的人。举例有科学家、艺术家、野心家和阴谋家等。

《辞海》：经营某种行业，掌握某种专门学识、技能或从事某种专门活动的人。如：商家；行家；专家；科学家。

应该说，《现代汉语词典》和《辞海》都没有把"家"在这个义项上的核心或本质特征揭示出来，其他辞书虽然我未曾查考，我相信同样如此。这里面最大的问题在于，专门从事某种活动的人不一定能成为"家"。农民工每天都在建筑队里搬砖、建筑房屋，但不能说他就是建筑家。能够成为"家"的关键因素是什么？不在于是否"专门"，否则就无法理解有的人可以身兼多种"家"的称号，而是另有原因。第一，无论干好事还是干坏事，只要从事某种活动并达到一定的水准和成就，才能称为"家"。干好事的我们都称之为科学家、歌唱家等，干坏事的称之为野心家、阴谋家等，但是必须得达到一定的水准或者取得一定的成就。第二，这水准和成就必须被社会公认才行。达到一定的水准是指没有规定，不一定能量化。比如，歌唱家不是以唱多少首歌为标准，而是以所唱的歌的影响为标准。酒吧里的歌手即使一晚上可以唱100首歌，她也不一定成为歌唱家，但是郭兰英的一首《我的祖国》影响了那么多年，影响了一代又一代人，她就是歌唱家。第三，"家"是别人对自己的称呼，本人不能自己称呼，尤其是用在尊称或表示敬意的时候。我两次在电视里看到，钱学森先生接受采访的时候，都说"我作为科技工作者"，他从来都不说"我作为一个科学家"怎么怎么样，因为不管成就多大，"科学家"也得别人说。我们在媒体上经常看到在采访时有人说"我作为××家××家"之类的，这些都是错误的。另外，《辞海》还把商家和科学家等一并拿来举例，也是不恰当的。诸如"商家""厂家"称呼之类的"家"，与"科学家"和"歌唱家"等称呼的"家"，根本就不是一个意思，商家指的不是人。"商家"等不一定具有专门性，或专门从事某种行业，有的综合性大商场或大型超市，也叫"商家"，所销售的商品五花八门；在零售行业里，它们也不一定非要达到一定水平或具有一定影响，只要是从事销售或生产的企业，就都可以称为"商家"或"厂家"。

3. 用法错误与词义辨析

我们传统的辞书里面很少有词义辨析和用法提示等内容，而诸如"聆听"这样的词经常会被错用。在很多高级的会议上，甚至是很高层面的学术会议上，经常能够听到演讲者以"谢谢聆听"作为结束语，或者在其最后一页PPT上，只有醒目的四个大字："谢谢聆听！"这样的用词错误，是非常普遍的现象，应该引起我们辞书工作者和出版机构注意和重视。

"聆"和"听"是互训的，"聆"就是"听"，"听"就是"聆"，这个词原本是没有情感的。但是语言学中有一个"语义偏移"的现象，给了我一个启示。这个词在实践过程中语义开始偏移了，偏移到什么地方了？汉代王充《论衡·自纪》里面就开始讲了："观读之者，晓然若盲之开目，聆然若聋之通耳。"这句话的意思是，当我从我的耳朵获悉到一个信息之后，我就好像盲人突然开目睁开了双眼一样，又像聋人突然开耳可以听到了一样。在这里，本来中性、没有情感只作"听"的"聆"，具有了情感，具有了"自谦"的意蕴。因此，"聆听"有仔细倾听并清楚知道、细致了解而得到教益的意思，其中通过认真听而受教，既表达了一种恭敬的态度，也表达了自己肯定能够听并有所获从而对讲者的称赞甚至崇拜之情。所以这个话就只能自己说，你不能跟别人说："你听我的话，你是不是像瞎子一样眼睛睁开了？"这不能说。那么接下来这个词的语义就开始往这儿偏了，它变成了一个听者自谦的词，属于"表敬"语。你看"聆教"也好，"聆取"也好，"聆听"也好，都是从自身的角度出发去听别人讲的。无论你多么牛，你也不能对人家说"谢谢聆听"，只能说"我非常有幸聆听您的教诲"。

　　接下来再说有点儿争议的"会师"。《现代汉语词典》《辞海》《汉语大词典》对它的解释都没有问题，但是隐含的一个事情没有说出来，这就造成了用法的错误，全都乱用了。这个词隐含的事情是在一个团队或一个组织内的分支从不同的方向或地方聚到一起叫"会师"，不属于一个团队或组织的不能叫"会师"。我们经常会看到错误的用法，比如"林丹和李宗伟又一次会师决赛"，他俩是对手，不能会师。那么"自己人"和"自己人"就可以会师吗？我们看到了丁宁和王曼昱在中国公开赛会师，这个可以。中国公开赛也是有外国选手参加的，它是国际赛事，她们同为中国选手参赛，所以是可以会师的。会师就是胜利会师了，她俩进入决赛之后还要再打，能叫会师吗？这事我不知道了，交给语言学家去讨论吧。然而她俩参加全国锦标赛，就不能叫会师了，因为她们是代表不同的省市参赛。

　　报纸、广播等媒体和日常生活中人们用错"粗犷"的频率很高，随处可以听到 cūkuàng，其实应该是 cūguǎng。这么高频率出错的，在词典中应该标注出来。但如果所有可能出错之处都标注，我们原来的词典篇幅就又不够了，因此就又得借助于数字技术所提供的知识服务了，知识服务能够满足这个需求。

　　最后再举一个"愉快"和"高兴"的例子。我们通常解释"愉快"的时候是高兴，解释"高兴"的时候又说愉快。然后人家问到底啥是"愉快"，啥是"高兴"？"愉快"是两个竖心旁，重在内心体验，不一定能够感染别人；"高兴"是一种外在的表现，是外露的情绪，是可以感染别人的。二者是可以区分开的。但我们的解释通常都是互相解释的，所以这就造成了缺陷。因此在辨析这一块，我们的知识服务大有可为。

三、专业知识服务与技术创新的需要

中国辞书学会的业务范围不仅仅包括语词词典，还要包括各学科的专业辞书。那么，各项专科的知识辞书就是我们中国辞书事业发展的薄弱环节。多年来我也一直在呼吁，我们也尽可能身体力行地做，但是收效不大，其中有很复杂的原因。比如，语文辞书专家不熟悉各学科的专业知识，他们只懂得辞书编纂的方法和辞书编纂规律性的东西，这远远不够；专业学者在专业领域有很深的研究，但是不会编词典，不懂得辞书编纂的方法和规律；这两者之间相互学习、取长补短需要长效机制，而学界尚没有建立起这种长效机制；学界和相关主管部门对辞书编纂抱有偏见，致使辞书编纂不被纳入学术成果考量范围，很少有学者尤其是专业学者愿意投入到辞书编纂事业中来。就连语文辞书的专家队伍建设，都令人堪忧。早在一百余年前，《辞源》的编纂者就发出了"一国之文化，常与其辞书相比例，国无辞书，无文化可言"的呐喊，中国辞书学会也以此为自己的座右铭，希望它能在新时代激发起我国辞书事业新的发展，尤其是尽快弥补专业辞书编纂、出版的短板。希望媒体融合时代的知识服务，能够为新时代的辞书创新，提供新的、更加强大的动力。

另外，在媒体融合的新时代，我们寄望于技术创新，也寄望于内容创新与技术创新相互激励，共同成长。技术创造大数据，提供历史资料数据服务。新技术使知识综合化，提供释义的文化延伸服务。新技术创造新知识，提供定制知识服务。新技术创造新形式，新形式创造新价值。

总的说来，知识服务是时代的呼唤，传统的辞书编纂距离知识服务的要求和需求，还差得很远，我们还需要做很多、很艰苦甚至长期的努力。《新华字典》《现代汉语词典》和《牛津高阶英汉双解词典》等中外品牌辞书的 APP，已经具有了标志性的意义，中国辞书的知识服务已经拉开了序幕，只要辞书人努力，未来就值得期待。

出版智库建设要处理好三个关系

近年来，我国出版科研水平不断提高，在出版业发展中的作用日益显著，但是，随着形势发展，出版智库建设跟不上、不适应的问题也越来越突出。为此，中国新闻出版研究院举办了"2015全国出版学术研讨会"，邀请出版协会领导、出版发行集团和企业老总、高校和科研单位的专家学者等，就新形势下出版智库建设的相关问题进行广泛、深入的研讨，力图通过产学研用多方互动，相互合作，共同携手推动出版智库建设取得更大进展，以促进出版业科研和技术研发水平的提高。这是一个非常有意义的学术研讨会，大家共同思考有关智库的话题，不仅集思广益汇集了很多有价值的见解，而且相互启发，促进了学术思维和思想的发展。

中国新闻出版研究院与其他出版机构最大的不同是属于学术研究机构，要想成为一个有质量的智库，我觉得要秉承它的学术性和科学性，而不能成为一个衙门或者其他的行政机关，这是研究院的立身之本。要坚持学术性与科学性，就必须坚持批判精神和反思精神，如果只会唱赞歌，那就不是真实的，所有的科学性、学术性都来自于反思。当然，也不能随着大众的批判一起呼喊，被非专业的众声所绑架，要有独立的思辨精神。

我们作为国家的智库，最低要求也要关注到行业和行业发展的战略层面，而不仅是纠结于具体的细节问题。所谓的战略发展，就是关系到行业和产业发展的前途，乃至于国家和民族的命运。作为智库，我个人理解，要立身于学术性、科学性，坚持批判精神和反思精神，同时要把战略意识、忧患意识摆在重要的位置上。

能够坚持这几个要素，需要处理好三个关系：

第一，热捧与冷思的关系。对于任何一个问题，作为智库都不能只会热捧，而是要做冷思考。比如说"互联网+"，"互联网+"到底能"+"到什么程度？中国人知道凡事讲一个度，失度就没有科学性，过度就是陷阱。所以我愿意将"互联网+"和互联网陷阱并提。一谈到"互联网+"就会讲用户思维，甚至是互联网思维、互联网文化、互联网思想，我觉得这就夸张了。互联网并没有产生新的思想，所谓的用户思维、客户至上，早在多少年前管理学家就已经提出来了，个性化需求、定制化服务都已经实行很多年，这就是用户思维。互联网在这方面并没有提出新的思想，它提供的不过是把管理学家和营销学家不能解决的信息不对称的问题在互联网上最大程度地解决了，所以才会最大程度上解决了供与需之间的矛盾，给这个社会带来了新价值，它本身并没有提供新思维。而在以前没有互联网的时候，一直到现在也是一样，全社会所有的商品流通环节都是信息互联，只不过是信息不对称的程度大和小而已，互联网只是在一定程度上解决了这个问题，所以才会产生一些新的商业模式。

也许我们可以相信，人类在地球上已经没有任何生物可以战胜他，能够战胜人类的只有人类自己，人类可能正在用一种自己特有的智慧方式给自己挖一个很大的坑，然后自己跳进去再给自己埋上，我认为互联网就有这样的趋势。所以，对于互联网，我们要冷思考。

第一个方面，秩序在沦陷。互联网正在摧毁人类既有的秩序，商业秩序、法律秩序和社会伦理秩序。这还不是最可怕的，最可怕的是新秩序没有建成、没法建成，这不是一个国家、一个民族的问题，而是全人类的问题。它摧毁了原来既有的商业秩序，大家知道商品经济的发展和商业文明已经构成人类独特的生存方式，人类就是靠着生产物品满足人类需求而促使文明向前发展，而这一切都来自于秩序，没有秩序一切无从谈起。

第二个方面，互联网正在摧毁阅读、思维这样一种构成人类独特的生存方式和生存能力的一种本能，就是思想力和思维能力。18世纪德国著名哲学家赫尔德讲过一句话：上帝对人很不公平，赋予人这种生物的各项器官都很平庸，但也没有那么不公平，就是给了人类一个大脑，人类靠大脑、记忆能力产生的思维力、思想力得以统治地球。互联网所倡导的一切东西，为的是刺激人们的阅读兴趣，让人们寓教于乐，这恰恰违背了思考的基本特性，人要沉下去才能思考。我愿意引用尼采说过的一句话，凡事如果需要刺激才能激起人们的兴趣的话，其生命力一定是薄弱和不能持久的。阅读也一样，如果需要靠声光电刺激阅读，阅读和对阅读的兴趣不会有持久性。不同类型的产品、不同题材有不同的表现形式，商品经济的规律仅此而已。如果仅仅靠我们所说的媒体融合等各种各样的方式，无论什么样的题材都靠这个，甚至从幼儿园开始，拉开全面的运动，才能激起孩子的兴趣，这是一件危险的事，对思维和思想力将产生不利的影响。

第三个方面，互联网带来了真假难辨的信息。对是与非、对与错和真与假的考量，实际上是对人性和道德性的考量，而道德性是人类区别于动物的根本特性，也是人类这种高尚物种存在的根本标志。道德滑坡已经对人类生存的根基构成了现实的威胁，所以对互联网信息的真实性加强管理必须上升到战略高度。

第二，理论和实践的关系。我们千万别把自己关在书斋里，智库应该是开放性的，有专家、学者提供文本研究，同时更要制度化地进行多领域专家参加的头脑风暴。问题意识都来自于实践而不来自于书斋。产业发展最关键的问题来自于实践，需要通过理论和实践相结合，依靠社会和大众的力量来解决。通常我们所说的领导力，就是把多人的智慧集中在一起，一个人、一个机构的力量总是有限的。

第三，把握好事实与宣传的关系。不能让宣传绑架事实、扭曲事实。这些年来我们在产业里可以说身受其害。作为研究机构，一定不能只为了一时的宣传而不顾事实提供虚假的信息，当然我也相信中国新闻出版研究院会严格操守学术规范，以严谨的学风建好智库。否则，别说智库，连普通新闻工作者的操守和学术机构的立身之本都没有了。

第二章
文化的跨度

文化自信与出版强国

习近平总书记在党的十九大报告中指出："文化是一个国家、一个民族的灵魂。文化兴国运兴，文化强民族强。没有高度的文化自信，没有文化的繁荣兴盛，就没有中华民族伟大复兴。要坚持中国特色社会主义文化发展道路，激发全民族文化创新创造活力，建设社会主义文化强国。"进一步强调了只有坚持文化自信、坚定文化自信，才能弘扬社会主义新时代的先进文化，才能实现中华民族伟大复兴的中国梦。同时，也进一步明确了中国文化人和出版人在新时代的新使命，即坚定文化自信，建设出版强国，并以出版强国的建设实践践行出版人的强国使命。

人类文明的发展历程表明，文化强国的先行基础是打造出版强国。而出版可以强国，既有理论基础更有实践依据。其中文化自信不仅是由出版大国向出版强国迈进的关键，更是出版实现其强国价值功能的关键。也即是说，出版之强国价值功能的实现，其前提首先是建设出版强国，弱小的出版是无法担起出版强国的重任的，而建设一个出版强国高度依赖文化自信，这是由文化进而是出版的民族性与世界性之双重属性决定的。

在人类历史上，不同时期不同的国家都会涌现出一些有识之士，认识到或提出"教育兴国""文化兴国"或"科技兴国"之类的理念或思想，并把它们付诸实践。实际上，真正把这些理念或思想当作战略或国策，并一以贯之地贯彻执行的国家，也确实跻身为世界强国之列了。教育、文化和科技与出版都有着相辅相成、密不可分的联系，这可算作出版活动和出版产业与其他产业相比的独到之处。其他产业多半都是享有或借助教育、文化和科技的成果促进自身的发展，出版产业自然也不例外，甚至更依赖于这三者以及其他事业和产业的发展，但出版产业还有着另一面，即成为教育、文化和科技等发展的手段和工具。也就是说，出版活动和出版产业是教育、文化和科技发展的基础，离开了出版这一重要的传播和交流媒介，教育、文化和科技的发展将受到极大的限制。不仅如此，出版本身还是一种重要的教育方式、文化内容和科技形态，是一种影响更广泛、更持久的教育方式；是一种最重要的文化活动，甚至是其他文化活动和文化产业内容资源最重要的源头；也是科技知识的载体和播散器。因此，教育、文化和科技兴国或强国，追其源头便可得到出版强国的逻辑结果，出版强国绝不是痴人说梦。

特别值得一提的是，在人类文明发展史上，出版强国有着伟大的历史实践和成功范例，我们的出版先辈们一直不遗余力地付出了努力，我们现代的出版人应该沿着先辈的足迹，为实现出版强国的价值追求和理想继续不懈前行。

一、出版强国的人类历史实践

一个人在世上安身立命之本有二：其一是健康的身体体魄；其二是健全的精神灵魂。身体体魄标志着人作为一种生物性的存在；而精神灵魂则标志着人这个物种的种属性存在，且是一个与他人不一样的人的存在。与此相类似，现代民族国家之立也有两个根基：其一是经济根基，其二是文化根基。经济根基强壮的是民族国家的肌体，文化根基强健的则是民族国家的灵魂。经济决定着民族国家的物质性客观存在，文化决定着民族国家的特质性本我存在。换言之，是文化建立起人类社会一个个民族国家，是文化把一个个民族国家与他者同类区别开来。另一方面，文化的被同化和消失即意味着民族的消失和民族国家的消泯。历史实践表明，在现代民族国家的建立和形成过程中，迄今为止，以传播文化、发展文化、弘扬文化为其职责和使命的出版活动发挥的作用是重要的，更是不可替代的。

现代民族国家的形成是人类历史上最重要的时代之一，这个时代是从 15 世纪下半叶开始的，这一时期，旧的世界的界限被打破了，现代的欧洲民族和现代的资产阶级社会发展起来了。恩格斯概括说，这是一个需要巨人而且产生了巨人的时代。而成就这些巨人的则是记载着他们所创造的新科学、新知识和新文化的一部部出版物。正是这些巨人及他们的创作打造了一个崭新的世界。这些伟大的名字包括但丁、达·芬奇、丢勒、马基雅维利、布鲁诺、哥白尼、牛顿、林奈、莱布尼茨和开普勒等。他们及后继者培根、笛卡尔、亚当·斯密、休谟、狄德罗、伏尔泰、卢梭、莱辛、歌德、席勒、康德和托马斯·潘恩等的出版巨著，"给资产阶级的现代统治打下基础"。并非巧合的是，这些巨人很多既是思想家、科学家、发明家和学者，同时也是出版家和出版活动家。这是因为在当时，所有的研究成果、思想智慧和发明创造都需要借助图书和报刊的形式公之于众，进而才能实现交流和传播。当时的情形是，一方面较少有现成的出版机构可资利用，另一方面出版者也缺乏出版所需要的内容资源。两者合为一体，你中有我，我中有你，便成为很自然的事情。

到 15 世纪中期，图书贸易已经贯穿全欧洲，书籍成为"国际性的商品交易"，"带来国际性的阅读"。① 以英国为例，苏格兰和英国是书籍普及和学校教育普及最早的国家，所以它们成为现代世界文明的起点。17—18 世纪的意大利、苏格兰、英国和欧洲大陆之所以成为最新知识或新科学以及现代大学的发源地，也是由于"出版文化的飞跃式发展"②。书籍的广泛传播，以及依赖于书籍的学校教育尤其是大学教育的普及，使这些国家最早迈入了现代社会，最早确立了新的资本主义的生产方式，并把这种生产方式自然地转化成民族国家的经济发展方式，以及国家治理方式。它们的移民还将这种生产方式、经济发展方式带到了美洲大陆，并在那里创立了更新的国家治理方式，创立了与欧洲既有相似性又完全不同的全新的国家形态。其中最为典型的事例是 18 世纪给英国社会带来了翻天覆地变化的印刷业革命或称"出版社革命""出版物革命"，在这场革命性变革中，读书改变了人民的知识结构和思想观念，"读者群体的数量扩张、读者类型多样化，出现了各种为人们提供阅读便利的机构，比如书店、不同类型的图书馆（例如会员图书馆、流通租借图书馆、教会图书馆、咖啡屋图书馆）、阅读俱乐部的成立和个人藏书的盛行"，"到处都可以看

---

① ［美］理查德·B. 谢尔：《启蒙与出版：苏格兰作家和 18 世纪英国、爱尔兰、美国的出版商》，启蒙编译所译，复旦大学出版社 2010 年版，第 9 页。

② 同上书，第 4 页。

到书籍"。① "在物质消费和商业文明发展的初期，书籍在英国人社会生活中的地位远远超过了其他国家"，② "阅读成为这个民族大部分人的第二天性"③。

其他国家如法国、德国和新兴的美国也不甘落后、紧随而来。以传播新知识和新文化为目标的启蒙运动，从一开始就与出版活动如《百科全书》的出版等紧密地结合在一起，并酿成了对人类命运产生深远影响的法国大革命；现代德国的崛起是以许多影响人类至今的现代学科的兴起和抱有现代使命的大学之普及为主要知识和文化动力的，文化作为动力促使古典学、语言学、哲学、心理学和伦理学等学科最终摆脱神学的束缚，而奠定了现代科学的学科基础，这些充满科学与理性光芒的学科又为柏林大学等现代新型大学注入了新的活力。欧洲启蒙运动的种子一经传播到新大陆，便结出了一个新兴国家的果实。而出版活动及其出版物则担当了催生这个新兴国家的"燃媒"。

在中国向现代社会转型时期，也存在着类似的情形。19世纪末20世纪初，一大批智识人士如张元济、夏瑞芳、高梦旦、胡愈之、邹韬奋、叶圣陶、徐伯昕、黄洛峰、华应申，以及章锡琛、陆费伯鸿、汪原放、张静庐、夏丏尊等投身出版，正所谓"维新同志，皆以编译书报为开发中国急务"④，他们也都是各个学科领域学问造诣很深的学者、科学家和文学家；同时期的梁启超、李大钊、陈独秀、

---

① [美]理查德·B.谢尔：《启蒙与出版：苏格兰作家和18世纪英国、爱尔兰、美国的出版商》，启蒙编译所译，复旦大学出版社2010年版，第3页。

② 同上书，第5页。

③ 同上书，第3页。

④ 《商务印书馆九十年》，商务印书馆1987年版，第9—10页。

严复和胡适等大家学者也都不同程度地参与和介入了新闻出版领域。他们以双重甚至多重身份，不约而同地选择以出版作为报效国家、强国强种的事业。诚如创办过文化生活出版社和平明出版社的巴金所说："我们工作，只是为了替我们国家、我们民族做一点文化积累的事情。"[①]他们以出版作为传播科学进步思想的载体，表明从事出版传播的愿望是"希冀这种知识散播到民间之后，能够发生强烈的力量，来延续我们已经到了生死关头的民族寿命，复兴我们日渐衰败的中华文化"[②]。他们自始至终将出版事业与国家兴亡、民族命运连接在一起，以出版作为工具和手段传播现代知识，建设现代文化，用现代知识、思想和技术形塑了中国现代社会。

二、文化自信、出版勃兴与中国现代社会的形成

中国现代出版业及其催生的现代文化的兴起，标志和促进着中国的现代化进程和现代社会的形成。19世纪末20世纪初，积贫积弱的中国内忧外患，为挽救民族颓势，向西方学习成为潮流。一时间，既有保守势力抱残守缺，对新知识、新科技、新文化视而不见，一概排斥，拒绝引进；又有部分接受了西方文化教育的激进派由于不了解传统文化，对传统文化采取全盘否定态度，以革新为名要斩断传统文化的根脉。在这样的历史转型期，中国现

---

① 巴金：《真话集》，《随想录》第三集，人民文学出版社1986年版，第137页。
② 《中国科学化运动协会发起旨趣书》，《科学的中国》1933年第1期。

代出版人挽狂澜于既倒，扶大厦之将倾，他们怀揣教育救国、学术报国的理想，以"昌明教育、开启民智"为使命，以高度的文化自觉和自信，为强国梦而不懈努力。民智为强国之首要，文盲之国断无建设强大国家的可能，而教育则是开启民智最重要的手段，出版作为教育的孪生姊妹，与教育的发展密不可分。中国现代出版业以开启现代企业和经济制度为起点，在推动现代教育制度，奠基现代学术体系，传播现代知识、文化与思想等诸多方面，充实和丰富了中国人的精神世界，建立起文化自信的堡垒和基石，铸就了中国现代文明的范式。

　　中国现代出版业以现代企业制度，开启了社会制度现代化的大门，新型的经济制度和企业制度为现代社会的形成和发展提供了新的动力。现代文明社会最重要的运行保障就是现代化的社会制度，而经济制度和企业运行机制是最重要的现代社会制度，它在某种程度上决定着其他制度。中国现代出版业几乎从一诞生就确立了现代企业制度，以走在时代前端的新型的经济形式，为中国现代企业的滥觞树立了成功的范式。1897 年创立的商务印书馆标志着中国现代出版业的开端，它就是以股份制的形式呱呱坠地的。1901 年第一次增资扩股，更名为"商务印书馆股份有限公司"；1903 年的第二次股份制改造，更是石破天惊的开创之举，不仅引进外资、开创了中外合资企业之先河，还建立和完善了现代企业制度，即股东大会、董事会和监事会制度，股东大会推荐董事和监事，董事会推举董事长、任命总经理等。20 世纪初，上海一地的出版业不仅成为传播现代社会思想理念的重要机构，还借此成为实体经济的先驱。至 1906 年，加入上海书业同业公会的民营出版企业就有商务印书馆、启文社、彪蒙书室、开明书店、新智社、时中书局、点石斋书局、会文学社、有正书局、文明书局、广智书局等二十余家。①这些出版机构借助新型印刷设备和印刷技术，更多的是采取现代企业经营和管理模式，使出版业成为当时经济效益较高的实业门类，涌现出一批取得巨大成功的出版业经营者如夏瑞芳、张元济、王云五、陆费逵、章锡琛等。同时，对于引进先进设备和技术以及先进的经营和管理方式来促进民族出版业的进步，进而提高国民文明程度、强国强种，当时的出版人有着明确的期待与诉求。1902 年刊登在《大陆报》的一则广告即说："自欧洲印刷机器之学兴，世界文明生一大变革。由是观之，机器印刷之关系其重大可知矣。中国近时渐有用机器印刷者，然简陋者多，精美者少，未足以为组织文明之具也。夫印刷之巧拙，即代表其国文明程度之阶级。泰西诸国注意于印刷之改良，倍加郑重，故所成之图画书籍精工无匹，而出版愈多，文明之程度愈增，国势亦因之以强。"②中国现代出版业的勃兴，以及对推动中国现代社会形成所发挥的重要作用，与发生在 18 世纪欧洲的"出版、印刷大爆发"对推动欧洲现代社会形成所发挥的作用，是一脉相承的。以现代经济制度和现代企业制度为引擎的出版业，不仅为中国现代民族企业提供了成功的商业经营模式，更以其强大的动力与魅力吸引了最优秀的人才与内容。商务印书馆即以这种新型的企业制度，以世界的眼光，以民族国家兴亡的家国情怀，以传播知识与文化的方式，广纳海内外贤才，在 20 世纪二三十年代成就了亚洲第一、世界前三的中国文化企业品牌。

---

① 张静庐：《中国现代出版史料》丁编，中华书局 1959 年版，第 384 页。
② 宋原放、李白坚：《中国出版史》，中国书籍出版社 1991 年版，第 184 页。

　　中国现代出版业以人的现代化为目标，推动了中国教育的现代化。现代化的根本在于人的现代化，换句话说，现代社会的建立依赖现代化的新人。而人的现代化，需要通过现代化的教育来实现。面对这样的时代课题，出版人又一次走在了最前面。通过编撰和出版新式教科书，中国现代出版的先驱们将救亡图存的强国梦寄托于教育兴国的实践活动中，开启了中国教育现代化的进程，培养了一代代用现代知识和思想武装的文化新人。张元济在加入商务印书馆之初即与夏瑞芳盟约"吾辈当以扶助教育为己任"①，并有诗云："昌明教育平生愿，故向书林努力来。"②20年代即投身出版的叶圣陶认为"编辑工作也是教育工作"，胡适也说"得着一个商务印书馆比得什么学校更重要"。中国现代出版人正是由于自觉地将出版与教育结合，以出版服务教育，以出版应用于教育，才使得强国理念有了安身立命的基础和实施的途径。中国传统的教育中只有《百家姓》《三字经》《千字文》和《千家诗》之类的所谓蒙学读物，以及专供科举考试之用的图书，为开启现代国人教育，商务印书馆于20世纪初即开始编撰、出版最新教科书，成为中国最早的教育革新的思想发源地和实践基地。商务版最新教科书不仅包括传统的儒学，还参照西方现代学科的分类，融入西方的现代科学的内容。最新教科书体现现代教育理念，服务现代教育宗旨，奠基现代学科体系，成为普及现代教育、传播现代思想文化的重要力量。除了基础教育之外，商务印书馆1932年编撰出版的《大学丛书》，成为在中国大学教授的第一套

---

① 张元济：《东方图书馆概况·缘起》，《商务印书馆九十五年》，商务印书馆1992年版，第21页。

② 1952年作《别商务印书馆同人》诗。

中国本土教材，从而取代了外文教材，这一点意义尤其重大。在商务印书馆主持过《教育杂志》，后来创办中华书局的陆费逵也将教育强国的愿望与出版事业紧密结合，他在其主持制定的《中华书局宣言》中宣称："教育得逞，则民智开，民德进，民体强，而国势盛矣。""立国根本，在于教育，教育根本，实在教科书，教育不革命，国基终无由巩固，教科书不革命，教育目的终不能达到也。"以此为宗旨，他把改良教科书作为书局重要的出版方向，明确提出："我们书业虽然是较小的行业，但是与国家社会的关系，却比任何行业为大。我们希望国家进步，不能不希望教育进步。我们希望教育进步，不能不希望书业进步。"①除了商务印书馆和中华书局以外，当时较大规模的出版机构，如世界书局、大东书局和开明书店等都致力于教科书的开发和商业运作，也因此都成为较为成功的出版企业。

工具书是无言的老师，工具书在扶助教育、记录和传承民族文化方面发挥着不可替代的作用。商务印书馆开现代汉语工具书之先河，自建馆之初即开始，并持续至今的有关汉语语言辞书的出版，最能体现出版人抱持教育救国理念的文化自觉和自信，也是中国现代出版积极努力保留民族文化之根，弘扬民族文化之魂，传播中华文化精神的佐证。中国现代出版诞生之时，正值殖民统治和殖民文化风靡世界，中华民族面临亡国灭种的危难之际。正是意识到思想文化的接续和传承对于一个国家和民族的重要性，商务印书馆的出版前辈陆尔奎等人振聋发聩地提出了"国无辞书，

---

①　陆费逵：《书业商会 20 周年纪念册·序》，《书业商会 20 周年纪念册》，中华书局 1924 年版。

无文化之可言"的警示，急切地呼吁："一国之文化，常与其辞书相比例。吾国博物院图书馆未能遍设，所以充补知识者，莫急于此。"①商务印书馆开启了以《辞源》为代表的旨在接续中华文脉的汉语语言工具书的出版。1912 年出版第一部现代语文字典《新字典》，1915 年出版我国第一部具有百科性质的大型现代语文辞书《辞源》。自主发明的《四角号码字典》及四角号码查字法，体现了商务人对普及教育、传播文化的独特贡献。商务还出版了许多具有首创性的专业辞典，《植物学大辞典》《动物学大辞典》《中国人名大辞典》《中国古今地名大辞典》等，为当时的民众搭建了通往现代知识世界的桥梁。其后，中华书局也出版了《中华大字典》《实用大字典》《辞海》等，这些辞书的出版为中华民族语言文化的探根寻脉、继承延续、弘扬发展做出了突出贡献。

　　在先辈出版家们看来，出版本身就是一种教育活动，甚至是更为重要的教育活动。正如张元济所说："出版之事可以提携多数国民，似比教育少数英才为尤要。"现代民族国家拥有两大根基，即经济根基和文化根基，出版在构筑民族国家文化根基方面发挥着不可替代的作用。每个民族国家都有相应的知识体系作为重要的文化支撑，现代学术奠定着现代社会的知识体系，换言之，学术的现代化决定着知识和文化的现代化，决定着现代知识体系的建立。中国出版业始终与学界同行，与时代同声，与学界共同肩负着学术现代化的使命。中国传统学问向现代学术的转型充分体现了中国现代出版人和学人的文化自觉和自信，把出版人和学

---

① 陆尔奎：《〈辞源〉说略》，引自《商务印书馆九十五年》，商务印书馆 1992 年版，第 161 页。

人凝聚在一起的商务印书馆，无疑最具代表性。研究者认为，商务印书馆"为清末民初中国学术现代转型作出过巨大贡献，并成为这一过程中的标志性事件之一"①。1898 年出版的《马氏文通》是中国第一部现代意义上的语言学学术著作，它也拉开了中国学术现代化的序幕。商务印书馆在现代学术和学科理念下实施的"整理国故"出版活动，不仅使自己成为中国近代古籍整理出版的最大机构，出版了影响后世的《四部丛刊》和《百衲本二十四史》等，还为"国学"建立起现代学术范式。商务印书馆策划、出版的"中国文化史丛书"等更是成为"新史学"的标志性成果，奠定了"新史学"的文化史方向。同期，中华书局也出版了《四部备要》《古今图书集成》，世界书局则推出《国学名著丛刊》，开明书店出版了《二十五史》及其补编，亚东图书馆出版了标点古典小说系列，这种在当时形成的竞争的出版态势，促进了传统文化的现代化学术转型，大大增强了对于中国传统文化的传播力。

梁启超曾说"今日之中国欲为自强，第一策，当以译书为第一义"（《读〈日本书目志〉书后》），这也成为当时有志于救国图强的出版人的共识。当时的出版人引进"西学"的大量成果，编辑出版数以百计的现代期刊杂志，一方面引进了现代的知识和思想，另一方面也奠基了中国现代学术。西学翻译之初，重在自然科学和应用科技，直至 20 世纪初，现代出版人将社会科学和人文科学作为引进重要方面，全面系统地引进以文、史、哲、政、经、法为统领的人文社会科学体系，为中国现代学科体系的建立，提

---

① 黄兴涛、胡文生：《论戊戌维新时期中国学术现代转型的整体萌发——兼谈清末民初学术转型的内涵和动力问题》，《清史研究》2005 年第 4 期，第 45 页。

供了重要参照，奠定了重要基础。例如，商务印书馆开启的汉译世界学术名著丛书系列，严格按照西方现代学科分类，翻译的都是各学科的经典著作。对此，学者们评价商务印书馆是"输入现代性西学、建设新学，引领知识人走向现代学术的绝对出版重镇"①。

　　一部人类社会发展史，归根结底就是用思想推动社会变革与进步的历史。思想的传播恰是出版的价值与功能所在，现代出版业的发展也确实担当了这一重任。西方现代资本主义社会的形成遵循了这样的轨迹，中国现代社会的形成也同样遵循了这样的轨迹。在戊戌变法失败的高压形势下，商务印书馆依然出版了"戊戌六君子"之一谭嗣同反抗封建制度的名篇《仁学》。《天演论》和《茶花女》等西方思想和文学名著的出版，更是极大地激荡了中国社会。据记载，严复的《天演论》出版之后"不上几年，便风行到全国，竟作了中学生的读物了。……几年之中，这种思想像野火一样，延烧着许多少年的心和血。'天演''物竞''淘汰''天择'等等术语，渐渐成了报纸文章的熟语，渐渐成了一班爱国志士的'口头禅'"②。《茶花女》等以平民为主人公的小说，将现代民主思想潜移默化地在中国大众读者中传播，对颠覆旧的封建文化同样起到了重要作用。出版活动所进行的现代知识和思想观念的传播，成为了孙中山所领导的资产阶级革命的启路者。诚如维新人士蒋智由《卢骚》一诗所说："力填平等路，血灌自由花。文字收功日，全球革命潮。"孙中山也盛赞 1903 年上海大同书局印行的邹容《革命军》所起到的革命宣传作用"功效真不可胜量"。

---

① 黄兴涛、胡文生：《论戊戌维新时期中国学术现代转型的整体萌发——兼谈清末民初学术转型的内涵和动力问题》，《清史研究》2005 年第 4 期，第 45 页。

② 胡适：《四十自述》，浙江文艺出版社 2019 年版，第 63 页。

直到 1917—1919 年期间，孙中山在《建国方略》中再次提到："《革命军》一书，为排满最激烈之言论，华侨极为欢迎；其开导华侨风气，为力者大。"①

但是，孙中山领导的资产阶级民主革命并没有真正为现代中国解决出路问题。另一种在中国生根、开花、结果的现代思想即马克思主义思想理论，最终促成了中国社会翻天覆地的变革，即以马克思主义为指导的中国共产党，领导中国人民建立了新型的社会主义制度。在中国现代出版人传播人类进步思想的早期，马克思主义经典哲学思想作为文明进步的思想武器被引入中国，并对处于探索强国之途、进步之路的现代中国人起到了思想启蒙的重大作用。五四新文化运动的先驱陈独秀主编《新青年》，李大钊等主编《少年中国》《新社会》，他们都是最早利用书报刊提倡民主与科学，传播马克思主义思想的集革命家和出版家为一身的进步思想先锋。早年的毛泽东也充分认识到出版对于社会变革的重要性，在他创办的《湘江评论》创刊宣言中阐述说："浩浩荡荡的新思潮业已奔腾澎湃于湘江两岸了！顺他的生，逆他的死。如何承受他？如何传播他？如何研究他？如何施行他？这是我们全体湘人最切最要的大问题，即是'湘江'出世最切最要的大任务。"周恩来也曾创办《天津学生联合会日刊》。1921 年李达创办于上海的人民出版社是中国共产党最早的出版机构。出版了一系列如《共产党宣言》《俄国共产党党纲》《列宁传》《资本论入门》等有关马克思主义的丛书。在马克思主义传入中国和中国共产党创建过程中，商务印书馆作为当时最有影响的文化出版机构也做

---

① 孙中山：《复某友人函》，《孙中山全集》第一卷，中华书局 1985 年版，第 228 页。

出了积极的贡献。在 20 世纪初，商务印书馆主办的《东方杂志》很早就有翻译和介绍社会主义和共产主义的文章，并连载日本著名社会主义运动活动家幸德秋水所写的《社会主义神髓》等著作。1919 年至 1922 年间，中国共产党筹建和创建初期，商务印书馆出版传播马克思主义的书籍达到 20 余种，这些书籍包括马克思的《价值价格与利润》，陈溥贤翻译的《马克思经济学说》，瞿秋白的《新俄国游记》等。1943 年商务印书馆出版了陈瘦石翻译的《共产党宣言》完整本，除陈望道较早的译本外，这是 1949 年以前《共产党宣言》6 个版本中唯一由非共产党人翻译、在国统区出版发行的版本。中国共产党的早期领导人陈独秀、李达等都是商务印书馆的外聘编辑。中国共产党最早的党员之一沈雁冰，也就是作家茅盾，于 1916 年至 1926 年在商务印书馆工作，从普通编辑到《小说月报》杂志主编一共工作了 10 年。一大批进步文化名人如鲁迅、郑振铎、叶圣陶、冰心、巴金、老舍、丁玲都和《小说月报》保持着密切关系并发表作品。这一时期，亚东图书馆在 1922 年出版了鼓吹革命的《独秀文存》，泰东书局、光华书局、现代书局、湖风书局、北新书局等也都成为当时左翼进步思想借以传播的工具。在五卅惨案发生后，胡愈之、郑振铎在《东方杂志》和《小说月报》辟出专刊，并创办《公理日报》，揭露帝国主义罪行，张元济、高梦旦、王云五等各捐出一百元作为其办报经费，甚至引发了租界当局对《东方杂志》主办者商务印书馆的起诉。

孙中山在《致海外国民党同志函》中高度评价了中国现代出版在促进中国现代社会变革和推动中国思想文化进步方面的作用，他说："新文化运动，在我国今日，诚思想界空前之大变动。推其原始，不过由于出版之一二觉悟者从事提倡，遂至舆论放大异彩，学潮弥漫全国，人皆激发天良，誓死为爱国之运动。"[1]

在中国现代化社会的形成过程中，出版人以其卓越的实践活动传播思想、传承文化、教育民众、奠基学术，既推动了古老中国驶入现代世界主航道的进程，又保证了她在行进过程中对自身优秀文化传统的延续和继承，更以其所传播的先进思想不断促进中国社会的变革，并最终促成了中国独特的社会发展道路。

三、从出版强国到出版"强"国

文化自信是建设出版强国的重要和必备条件，这是由出版的本质性特征与其价值功能决定的，任何一个国家的出版都是以保存、弘扬和传播自己的民族或本土文化为基本核心的，所以如果没有文化自信，出版活动便无从谈起，自然无法建设一个出版强国，更无法实现用出版来强国的理想。从文化自信的角度和层面来审视出版，从出版大国向出版强国迈进，我们至少还应在三个方向上保持清醒的头脑，拥有明确的目标，真抓实干，继续努力。

1. 不妄自菲薄，不崇洋媚外，坚定弘扬中华文化的目标

在我看来，用中华文化的传播托起中国出版，让中国出版进一步弘扬中国文化，是当前我们建设出版强国和文化强国所面临的双重任务。能否很好地完成这双重任务，直接关系着能否建成一个出版强国和文化强国。

---

[1]　《孙中山全集》第五卷，中华书局1985年版，第210页。

以汉语语言文化为核心，包括方言文化和少数民族文化在内的中华优秀传统文化，标志着中华民族独特的知识体系，代表着中华民族独特的世界观和价值观，体现着中华民族独特的认知和智慧。中华民族独特的知识体系、认知智慧以及世界观和价值观，在中国社会转型和现代社会形成过程中，在一次次风涛荡激中，成功地抵御了外来文化的侵袭，化解了近代以来中华文化沦为殖民文化的危机。同时，中华文化以中华民族迅速发展、日益强大的势头和时机，越来越显示出其独特的魅力与活力。

中国特色社会主义道路以及建立在其基础之上的中国特色社会主义文化，越来越引起世界的关注。中国区别于现代资本主义生产方式和资本主义文化方式，走自主发展之路，自主创新之路，不仅体现中华民族的独特智慧，更是中华民族对人类现代文明的独特贡献。主题出版是中国出版最重要的资源，做好主题出版是挖掘中国文化资源，探究中国智慧，进而建设中国特色社会主义文化的关键所在，因此是中国出版所面临任务的重中之重。让主题出版成为中国国家知识体系建设的重要组成部分，并成为贡献于人类文明发展的中国智慧的重要内容，主题出版的学术化、市场化、大众化和国际化是重要的努力和发展方向。只有学术化，才能保证主题出版的学理性，因此才能使其成为人类知识的重要组成部分而被世界认可和接受；只有市场化，才能保证其活力和持久性，需求是资源挖掘和产品持续发展的真正动力；只有大众化和国际化，才能保证主题出版作为中国智慧和人类知识重要组成部分影响的广泛性。

中华文化在人类文明发展进程中，曾经做出过重要的贡献，无论是四大发明还是古丝绸之路，都在促进经济发展和文化交流等方面名留青史。正处于伟大复兴进程中的中华民族，在当今全球互通的新的历史时期，更有条件和理由为人类文明的发展做出新的更大的贡献。因此，中国图书的海外传播或称"走出去"，是中国出版面临的又一个重要时代使命。让中华民族为人类文明与文化发展做出独特和更为重要的贡献，让中华民族的文明成果和文化为人类所共享，是中国出版和文化"走出去"的最终目的和愿望。中华优秀传统文化的独特性，中国特色社会主义伟大实践的独特性，以及中华民族实现伟大复兴中国梦的决心和信心，有理由让世人相信，中华民族能够担当起这个伟大的责任。近几年来，在"一带一路"倡议大方向指引下，中国图书在国家的大力支持下，加快了"走出去"步伐，取得了显著成果。以外文出版社出版的多语种《习近平谈治国理政》和新世界出版社出版的《历史的轨迹——中国共产党为什么能》等为代表的中国特色社会主义文化图书，以商务印书馆出版的80个语种的《汉语图解词典》为代表的语言工具书，以中华书局出版的几十个语种的《于丹〈论语心得〉》为代表的中国传统文化图书，以及以长江文艺出版社出版的《狼图腾》为代表的当代文学作品等，都产生了重要影响。

2. 不妄自尊大，不盲目排外，吸收借鉴人类先进文化成果

几千年的中华民族发展史已经和反复证明了，凡是我们勇于张开双臂拥抱世界的时候，我们就会无比强大，我们就会成为世界性的国家；反之，凡是我们闭关锁国、夜郎自大的时候，我们就会由盛变衰。这是由文化的特性所决定的。文化的活力和生命力恰恰在于其开放性和交往性，任何封闭的文化都会因吸收不到更多的营养，以及感受不到更多的压力和竞争，而逐渐丧失活力

与动力，最后自我衰败。

在中国近代社会转型和现代社会形成过程中，外来先进的文化产生过重要的作用，这一点是不能否认的。来自西方的先进思想和科学技术，即德先生和赛先生对摧毁旧的封建思想和落后的封建制度，起到了瓦解其存在和统治基础的作用。现代教育制度的建立，使现代文化和现代科学知识得以迅速在中国传播开来，并逐步惠及普通大众，使在19世纪末还处于文盲国度的中华民族逐渐摘掉了套在脑袋上的"东亚病夫"的"紧箍咒"。现代学科体系和学术体系的建立，使中国传统学术走上了现代化的道路，从根本上对传统文化起到了强筋壮骨的作用。

另一种发源于欧洲的先进思想和先进文化，即马克思主义学说，经过十月革命后传到了中国，结出了人类现代文明史上最伟大的成果之一。中国共产党将马克思主义与中国革命的具体实践相结合，领导中国人民经过几十年艰苦卓绝的革命斗争，推翻了三座大山，建立了社会主义的新中国——中华人民共和国。改革开放给中国特色的社会主义中国注入了新的活力，中国在各个方面取得了举世瞩目的成绩，马克思主义中国化结出了更为丰硕的成果，世界第二大经济体为人民生活提供了坚实、可靠的保证，中国道路和中国模式在世界范围内受到学界和政界广泛研究，中华文化正在进一步在世界范围内扩大影响。一个以世界胸怀拥抱世界的中国，正在受到世界多数人民的欢迎。

在人类文明现代化的进程中，应该承认，中国是一个后发的国家，后发国家虽然具有先天不足的劣势，但也拥有后发的某些优势，只有充分利用这些后发的优势，才能最终把优势转化为胜势。后发优势可以列举出很多，在我看来最重要的表现有两点。其一是起点高，是站在人类文明的最新制高点上，可以避免多走弯路，但前提是愿意和善于学习，只有虚心学习，学习别人的先进成果，才能掌握制高点，并使之成为自己进一步前行的基础；其二是吸取别人的教训，同样可以少走弯路，甚至避免不必要的错误和损失。人类天生就是学习的动物，用存在主义大师海德格尔的话来说，人是万物中的继承者和学习者。如果说世界上有捷径可走的话，学习别人的长处，不再重复别人已经走过的错路，便是一条捷径，而且是人类必须遵循的捷径。这是人类贵为人类之处。

　　站在今天的历史时间节点上，我们也必须保持着清醒的头脑，必须清醒地认识到，我们还存在着两大基础性薄弱环节，即我们在很多领域尤其是高端的科技领域还远没有达到世界的顶峰，有的领域甚至还处于落后的状态；我们的文化影响力虽然取得了长足的进步，但在世界上还基本处于亚文化圈内。这就要求我们必须坚持改革开放的基本国策，继续保持虚怀若谷的心态，向科技先进发达者学习，继续发扬艰苦奋斗、奋发图强的精神，只有这样才能赶上甚至超过世界先进水平。另外，我们正在靠近世界舞台的中央，开放的和包容的文化是我们驶达并站稳中心位置的重要通道，因为开放的和包容的文化更具亲和力、感染力和吸引力。在全球融通的大环境下，在人类命运共同体的新思维下，封闭的文化将使自己与世隔绝，自然无法在情感上与世界联通；而具有侵略性的文化会给世界造成新的不安定，必将受到一致的排斥。越是在这样的时候，我们越要警醒并避免狭隘的民族主义和骄傲自大情绪的滋生，确保我们的文化建设行驶在正确轨道上。为此，中国出版作为文化建设的主力军，责任重大。开放性和包容性不仅是文化自信的重要标志，更是强大我们自身文化的重要法宝。

我们在由出版大国向出版强国迈进的过程中，不能缺少这样的文化自信。有了这样的文化自信，不仅可以达成出版强国的目标，更能实现以出版来强大国家的理想。

3. 倡导和展现人类文化的多样性，创造和谐的世界新秩序

生物进化论告诉我们，保持生物的多样性，是保持某一物种先进性的重要条件。人类作为地球生物中的一种，这一理论自然也适用于人类。因此，我们可以说，保持人类文化的多样性是保持人类这个物种先进性的重要条件。诚如英国当代著名哲学家罗素所云："在文化问题上，多样性是进步的一个条件。"[①]

根据西方思想家雅斯贝尔斯和黑格尔等人的论述，世界历史是一场统一的运动，被这场统一运动卷入其中的各个民族和国家对人类的历史和文明都做出了自己的贡献。人类的历史是由人类共同创造的，人类的文明成果是人类世世代代薪火相传的结果。而每个民族和国家在共同创造人类历史和文明的过程中，都贡献了各自独特的智慧，这些独特的智慧有的被其他民族和国家采用，甚至被全人类所共享，有的仍然作为特殊性而独立存在，恰恰是这部分独立存在的特殊性为人类贡献了文化的多样性。这就是尽人皆知的一句话的依据：民族的就是世界的。倡导和展现人类文化的多样性是一种胸怀，也是一种态度。胸怀是认可、尊重和赞赏；态度是客观、理性和科学。无论是胸怀还是态度，都体现出一种自信，一种文化自信。这样的自信会让出版的内容更丰富，丰富的内容会让中国出版更富有魅力、吸引力和说服力。有包容度和

---

① ［英］伯特兰·罗素：《权威与个人》，储智勇译，商务印书馆 2014 年版，第 87 页。

开放度的出版，才是强大的出版，强大的出版才能为强大的国家提供强大的文化支撑，这样的一个出版强国才能真正做到出版"强"国。

倡导和展现人类文明和文化的多样性，是现代文明发展到多元时代的必然结果。不可否认，在现代社会形成和人类的现代化进程中，欧洲和西方世界走在了前面，以至于现代文化、现代学术和现代科学都发源于欧洲，并由欧洲向世界其他地区传播。当然，传播的过程中也充斥着血和泪，但无论是主动还是被动，情愿还是不情愿，现代世界经过几百年的演化，虽然区域间发展的不平衡还在某种程度上存在，但殖民时代存在的文化统治与被统治、主宰与被主宰和依附与依赖等现象已基本不复存在，标志着文化独立与尊重的平等交流和平等对话早已成为新时代的至高呼声。倡导和反映人类文化的多样性，符合人类现代文明发展的总体趋势。中国理应为此做出重要的贡献，中国出版理应成为中国贡献的主力军。这个任务完成得好与否，也直接关系到中国能否成为出版强国，能否成为具有文化标志和文化感召力的文化强国。

倡导和展现人类文化的多样性，是"一带一路"倡议下"人类命运共同体"应有的逻辑和思维。人类是依靠相互之间传递知识、共同积累知识才在地球上谋得生存的空间，并依靠知识和文化跃升为万物之灵的。可以说，知识和文化是把不同的人群联系在一起的天然纽带，知识共创、共享与文化共存、共荣是人类的天性之一。人类必须具有命运共同体的自觉意识，知识与文化就是这个命运共同体的核心和基础。另一方面，人类的现代文明史和文化交流史表明，文明与文化既是人类交流和交往的需要，但在交流和交往过程中，也不可避免地存在着差异、对立甚至交锋的一面。从命运共同体的观点出发，出版必须本着尊重差异，避免对立和交锋的局面出现，追求人类共识的最大"公约数"，不给文化帝国主义施展的空间和舞台，让各个民族和国家的文化得到充分交流的机会，更大程度地展现人类文明与文化的多样性。在全球互联互通的新时代，人类的命运比以往任何时代都更加紧密地联结在了一起。在中华民族伟大复兴的历史进程中，中华文化应该而且能够为人类命运共同体的新秩序贡献自己的智慧。知识与文化在人类文明发展史上的独特地位和作用，让我们有理由相信，中国出版一定而且必须为这个新时代做出自己更大的、不可替代的贡献。努力的根本方向就在于加大自身文化建设的同时，加大出版与文化的国际传播力度，让中国文化、中国思想和中国智慧走向世界，在世界文化百花园中绽放，成为人类文化、思想和智慧的重要组成部分。为此，才能不负出版强国和文化强国的重托，才能实现出版"强"国和文化"强"国之理想。

"一带一路"文化铺路

　　"一带一路"倡议是在人类文明发展的新的历史时期，中国政府提出的国际合作发展的新方案。根据我们的理解，构建人类命运共同体是其最终目标，经济合作与发展是目的和手段，文化交融是根本和基础。经济的发展与合作方式，说到底也是文化方式。文化是构建人类命运共同体的基础和前提。文化上的相互理解构成一切方面相互理解的基础与纽带，相反，文化的差异与误解会造成交流的障碍，甚至会引发冲突。

一、知识与文化是联结人类的天然纽带

　　人是群体性动物，离开了群体的单个人，面对恶劣的自然条件与激烈的生存竞争，是无法在地球上为自己谋得生存的机会的。18 世纪德国著名哲学家和语言学家赫尔德说："就本能的强大和可靠而言，人远远比不上其他任何动物"[①]，"人赤裸裸地来到这个世上，他是一种缺乏本能的动物。就此来看，人可以说是世界

[①]　[德]J. G. 赫尔德：《论语言的起源》，姚小平译，商务印书馆 2011 年版，第 18 页。

上最可怜的生物"①。海德格尔等存在主义哲学家更认为，人是"被扔到这个世间来的生物"，"孤独无依，没有救助，没有躲避"②，始终充满着恐惧感。17世纪德国政治哲学家塞缪尔·普芬道夫对人的可怜与恐惧给出了具体的描绘，他说："一个人（成年人也不例外）孤独地生活在这个世界上，得不到任何可以减轻负担、丰富生活的帮助和便利。人赤身裸体而又愚蠢，寻野草树根以充饥，觅荒泽坑水以解渴，在洞中躲避狂暴恶劣的天气，时刻面临着野兽的袭击，心中充满了恐惧。"所以，人类只有团结起来、联合起来，以群体和组织的形式来弥补天生身体能力的不足。

然而，人类的团结与联合绝不是简单的力量联合，而是一种更伟大的联合，即思维或思想以及所产生的知识的联合，人类思维与知识的联合成为人类独特的生存之道。正如赫尔德所说，人类体质的"这种缺陷绝不可能是人的种属特征"，"要知道，自然对于每一种昆虫都是一位最最慈爱的母亲。她给予每一种昆虫它正好需要的东西"。"那么，根据自然的类推"，它就应该也赋予"人所独有的东西"，这种"人所独有的东西""是人类种属的特征"。"人所独有的东西"产生于大脑，就是思维和思想，赫尔德称之为"理性"。③人类就是靠着大脑的长期记忆能力，以及信息在头脑中的积累越来越多，形成了归纳、分析、总结和判断等思维能力和学习能力，发展了能够趋利避害的知识和知识体系，依靠这些知识发明了生产工具和后来愈益发达的科学技术，

---

① ［德］J. G. 赫尔德：《论语言的起源》，姚小平译，商务印书馆2011年版，第81页。

② ［法］让·华尔：《存在主义简史》，马清槐译，商务印书馆1964年版，第9页。

③ ［德］J. G. 赫尔德：《论语言的起源》，姚小平译，商务印书馆2011年版，第25页。

这是人类独特的生存本领。人类通过发明语言和生产工具提高自身的实践能力，语言和工具又反过来促进思想或理性的不断提高。所以，黑格尔说："人是知识的这种特定存在和自为存在。""人只不过是他出生以后成为人的可能性。"[①]有可能变为现实的条件，是他通过知识和文化变成一个有理性的人。海德格尔也说，人是万物中的继承者和学习者。

　　人类经验和知识的获得光靠一个人、一群人、一族人、一代人都还远远不够，人类必须把难得的经验、知识和技术相互传递，代代相传，不断积累，人类的生存能力才愈益强大，这是人性的天职。对此，人类的先贤们早有领悟，例如赫尔德就曾指出："如果每个人只为自己从事发明，无谓的重复劳动就会永无止境地延续下去，进行发明的知性便被剥夺了最宝贵的特质，即生长。"[②]"人的所谓理性，就是一切人类力量的总和形式。"[③]

　　有鉴于此，从人类最根本的生存需求出发，知识和文化是把人类联结在一起的天然纽带。相互传授知识，共同积累知识，是人类的必然选择。人类必须具有命运共同体的自觉意识，知识与文化就是这个命运共同体的核心和基础，这是由人类的种属性特征决定的。"一带一路"倡议符合人类的这一种属性特征，知识与文化有理由成为"一带一路"的开路先锋和铺路石。

---

① ［德］黑格尔：《世界史哲学讲演录》，刘立群、沈真、张东辉等译，商务印书馆2015年版，第34—35页。

② ［德］J. G. 赫尔德：《论语言的起源》，姚小平译，商务印书馆2011年版，第118页。

③ 同上书，第27页。

二、人类共有的知识文化塑造了共享的现代文明

人类现代的知识和思想孕育和奠定了现代社会的文化根基，开启和极大地促进了现代文明的进程。现代的知识、思想和文化是全人类共同创造的，全人类相互借鉴、相互影响的共同智慧拉开了现代社会和现代文明的大幕。

现代民族国家的形成是人类历史上最重要的时代之一，无产阶级革命导师恩格斯指出，"这个时代是从 15 世纪下半叶开始的"，"这是人类以往从来没有经历过的一次最伟大的、进步的变革，是一个需要巨人而且产生了巨人的时代"。[①]这些巨人包括达·芬奇、马基雅维利、布鲁诺、哥白尼、牛顿、林奈、莱布尼茨和开普勒等。他们的思想和著作使"旧的世界的界限被打破了"[②]，"给资产阶级的现代统治打下基础"[③]。随后，随着启蒙运动的思想浪潮席卷全世界，来自各个民族国家的巨人和巨著更是层出不穷，如最早否定"王权神授"并提出"天赋人权"和"主权在民"思想的苏格兰第一位人文主义学者乔治·布坎南；被马克思誉为"英国唯物主义和整个近代实验科学的真正始祖"，"近代自然科学直接的或感性的缔造者"的弗朗西斯·培根；被誉为"近代哲学之父"，"近代科学始祖"的法国思想家笛卡尔；被誉为 17 世纪"典型资本主义国家"理性主义的先驱的荷兰思想家斯宾诺莎；英国著名思想家洛克；意大利著名思想家维柯；等等。英国的亚当·斯密

---

①　《马克思恩格斯选集》（第 4 卷），人民出版社 1995 年版，第 261—262 页。

②　同上书，第 261 页。

③　同上书，第 262 页。

等经济学家，英国的大卫·休谟，法国的卢梭和孟德斯鸠，德国的康德、赫尔德和温克尔曼等思想家，以及德国的莱辛、歌德和席勒等文学家等，更是奠基了现代经济学与政治学，开创了充满理性光芒的哲学、语言学、古典史学、心理学、伦理学以及新的资产阶级文学等的新纪元。他们的新发明和新发现构成的堪称科学的新成果，直接催生和铸成了新的现代社会，推动了新的国家和国家形态的形成和演进，他们用新方法和新工具创造的新知识和新科学，开启了现代新世界的大门。

　　不仅如此，新知识和新思想直接促成了世界范围的伟大社会革命，例如影响全人类的英国资产阶级革命、法国大革命和创造了一个新型国家的美国独立战争，在其爆发、走势和最终结果的各个进程中，知识、思想和文化都发挥了至关重要、相互影响的作用。18世纪法国启蒙思想家狄德罗、达朗贝尔和伏尔泰等发起、规划、编撰和出版的《百科全书》，是向旧制度宣战的知识武器。《百科全书》的影响不仅在法国，"《百科全书》卖遍了'欧洲的两端'，有一些甚至还远销到非洲和美洲"①。美国独立战争催生了一个新国家，而对北美十三州打赢这场战争起到关键作用的是托马斯·潘恩的一本小书《常识》。《常识》被视为美国独立运动的教科书和重要思想武器，美国重要开国元勋之一、《独立宣言》的主要起草者托马斯·杰斐逊和美国国父、率领军队打赢战争的华盛顿将军等就深受《常识》的影响，并以此为荣。接任华盛顿的美国第二任总统、被誉为"美

---

① ［美］罗伯特·达恩顿：《启蒙运动的生意——〈百科全书〉出版史（1775—1880）》，顾杭、叶桐译，生活·读书·新知三联书店2005年版，第516页。

国独立的巨人"、最重要的开国元勋之一的约翰·亚当斯就曾说："如果没有《常识》作者手中的笔，华盛顿手中的剑也是没用的。"①

在人类现代文明发展的进程中，还有一种先进的思想和知识创造了另一种新型的社会和国家形态，那就是马克思主义学说。马克思主义产生于欧洲，取得的第一个实践成果出现在俄国，诞生了人类历史上第一个社会主义国家——苏联。中国人都熟悉的一句话是，十月革命的一声炮响给中国送来了马克思主义，马克思主义的思想和学说开始在中国传播，并最终结出了更为伟大的成果。值得一提的是，在中国现代社会形成过程中和现代化进程中，以商务印书馆为代表的出版界和知识界发挥了不可替代的重要作用。当时的中国面临着三重文化建设任务：其一，弘扬优秀的中华传统文化，使中国免受殖民主义文化的奴役；其二，引进和借鉴一切人类优秀的文化遗产，使中国能够跟上世界的脚步；其三，传播马克思主义的新文化，为中国寻求新的发展道路。商务印书馆在现代学术和学科理念下实施的"整理国故"出版活动，不仅出版了被后世称为"传统文化集大成的"《辞源》，还出版了影响后世的《四部丛刊》《百衲本二十四史》等，使自己成为中国近代古籍整理出版的最大机构；商务印书馆策划、出版的"汉译世界学术名著丛书"，使中国社会有机会接触"迄今人类所达到的精神世界"。在马克思主义的传播呈星火燎原之势时，商务印书馆作为当时中国最大、

---

① Jill Lepore, The Sharpened Quill: Was Thomas Paine too Much of A Freethinker for The Country He Helped Free?. *The New Yorker*, 2006-10-16.

最具影响的出版机构，较早地出版了《资本论》等马克思主义著作20余种，也成为马克思主义思想和学说的最重要传播基地之一。

在世界现代文明发展的历史实践中，我们明显可见，现代的知识、思想和文化无论起源于哪里，最终都成为人类共同的财富，为人类所共有共享，并孕育和创造了人类丰富多彩的现代文明。知识和文化，在历史实践上证明了自己连接人类命运的特殊角色地位。

三、中国文化理应为人类做出独特和更重要贡献

中华民族在人类文明和文化发展史上，做出过重要贡献。古代著名的丝绸之路就是最重要的成果之一。陆上丝绸之路和海上丝绸之路不仅在经济方面对人类物质文明的互通有无发挥了重要作用，也为人类文化方面的交流与沟通做出了重要贡献。文化直通人们的心灵，文化沟通是打开心结的钥匙，敞开心扉是人类愿意把命运联结在一起的重要前提。

在当今全球互通的新时代，人类的命运比以往的任何历史时期都更紧密地联系在一起，"一带一路"倡议的提出可谓恰逢其时。让中华民族为人类文明与文化发展做出独特和更为重要的贡献，让中华民族的文明成果和文化为人类所共享，是中国文化"走出去"的最终目的和愿望。中华优秀传统文化的独特性，中国特色社会主义伟大实践的独特性，以及中华民族实现伟大复兴中国梦的决心和信心，让世人有理由相信，中华民族能够担当起这个伟大的

责任。近几年来，中国图书在"一带一路"倡议大方向的指引下，在国家的大力支持下，加快了"走出去"的步伐，取得了显著成果。以外文出版社出版的多语种《习近平谈治国理政》和新世界出版社出版的《历史的轨迹——中国共产党为什么能》等为代表的中国特色社会主义文化图书，以商务印书馆出版的80个语种的《汉语图解词典》为代表的语言工具书，以中华书局出版的几十个语种的《于丹〈论语〉心得》为代表的中国传统文化图书，以及以长江文艺出版社出版的《狼图腾》为代表的当代文学作品等，都产生了重要影响。

各出版机构都高度重视"走出去"工作，积极努力创新思路和方式。以商务印书馆为例，为把"走出去"落实到"走进去"，近年来商务印书馆努力实施三大创新战略。其一，创新和强化与世界一流出版公司的合作，与世界著名出版机构建立新型的以"双向出版"为基础的长期战略伙伴关系。所谓的"双向出版"，简单地说就是引进与输出并举。比如，商务印书馆出版荷兰威科集团的《威科法律译丛》，相应地，威科集团翻译出版商务印书馆的《中国法律译丛》。这样，双方的合作就建立在完全对等和平等的基础之上。其二，把"走出去"与主题出版有机地结合起来。经过多年的交流与合作，我们发现外国出版商和读者不仅对中国的传统文化感兴趣，对中国现代文化、中国特色社会主义建设实践和当代中国人的生活等鲜活的东西更感兴趣，针对国外著名出版社的专业特长，商务印书馆有针对性地向他们推荐主题出版的作品，取得了初步的成果。比如，斯普林格出版社出版了研究当前中国农村变革前沿问题的"农民三部曲"——《农民的新命》《农民的政治》《农民的鼎革》三部著作的英文版，即将出版厉以宁先生主编的"中国道路丛书"英文版；商务印书馆与国际最大的学术出版机构英国卢德里奇出版社签订了"国家治理丛书"（30种）的英文版出版协议；"一带一路"主题图书如《共同的声音——"一带一路"高端访谈录》《"一带一路"年度报告》《"一带一路"大数据报告》和《世界遗产视野下的"一带一路"》等受到关注，其中《世界是通的——"一带一路"的逻辑》签署了韩语版出版协议；《微观西藏》和《微观新疆》等系列主题出版物签署了阿拉伯语版出版协议，等等。其三，尝试建立旨在更加有针对性地开发选题资源、拓展交流和推广渠道的海外编辑部。在这方面，寄希望于能够得到国家有关政策的大力支持与扶持。

在现代知识、文化和思想传播过程中，甚至在现代社会形成过程中，出版——尤其是图书出版——发挥了无可匹敌的突出作用。苏格兰和英国是书籍普及和学校教育普及最早的国家，所以它们成为现代世界文明的起点。在今天"一带一路"倡议的大背景下，出版以其特有的文化性理应发挥沟通心灵的作用，发挥超越经济手段提供共同发展之道的作用。这就要求我们以科学和理性的态度来对待出版，对待文化交流与沟通。透过现代文明与文化交流史，不容否认的事实是，文明和文化既有需要交流和沟通的一面，同时也存在着差异甚至对立的一面。从命运共同体的观点出发，出版必须本着"求同存异"，追求最大"共识度"，本着"平等、尊重"的态度，不给文化帝国主义施展的空间与舞台，只有这样才能使各民族国家的文化得到充分的交流，也才能更大限度地展现人类文明与文化的多样性。而文明与文化的多样性，是人类保持其物种先进性的重要条件。商务印书馆就是本着这样的原则与包括"一带一路"沿线国家在内的出版同行进行交往和交流的。例如，商务印书馆出版外语工具书达到 80 余个语种，包括僧伽罗语、豪萨语、普什图语和斯瓦希里语等在中国鲜为人知的语言，商务印书馆因此被誉为"工具书的王国"，成为世界上出版语种最多的出版社。

　　"一带一路"文化铺路，这不仅是对古丝路精神的继承与发扬，更重要的是为"一带一路"倡议打通心理障碍，奠定坚实的意愿基础，从而促进各领域全面的合作共赢、互利共荣。

文化自信源自人民的创造

　　2019 年正值大庆油田发现 60 周年，当我第三次走进铁人纪念馆，接受铁人事迹洗礼之时，油田奇迹和油田精神让我对文化和文化自信有了全新的认识。大庆油田的辉煌业绩深刻昭示了，文化从根本上说是一种创造活动，它来自于劳动者在生产中的创造，来自于民众在生活中的创造。创造的动因、创造的过程、创造的成果，以及对成果的总结和提炼，甚至凝聚成公式化、口号化和理念化的词语，这些都是最鲜明、最鲜活的文化。文化自信来自于人民的创造，来自于人民的创造智慧。大庆油田以自己独特的贡献，为创造社会主义新文化树立了典范，让劳动与创造成为社会主义文化自信的根本源泉。

一、文化是干出来的

　　一说起文化，人们最先想到的往往是语言文字、文学艺术和电影电视等，不错，这些都是文化，确切地说是文化创作形式或形态，但创作要有依据，要有源头，这个依据和源头就是劳动，就是生产和生活中的创造。习近平总书记指出："中华民族精神，既体现在中国人民的奋斗历程和奋斗业绩中，体现在中国人民的精神生活和精神世界中，也反映在几千年来中华民族产生的一切优秀作品中。""中华文化既是历史的，也是当代的，既是民族的，也是世界的。"文化体现为创造和创作，先有创造，然后才有创作。先有民族的创造和创作，然后才成为世界的创造和创作。

文化是干出来的，文化不是光靠文字创作出来的，不是光靠艺术形式描绘出来的，即便是文字和图画也是源自于劳动人民的生产和生活，不可能凭空在书斋里产生，更何况有的时候文字和图画还只是虚假和浮夸的报告。

参观铁人纪念馆让我对文化有了新的认识，大庆文化所具有的强烈和冲击性特征，就是劳动和创造，劳动和创造构成大庆精神的内核，没有劳动和创造，就没有所谓的大庆精神。大庆精神揭示出了三个层面的文化特征：一个是在劳动中创造的鲜活语言文字；一个是通过劳动创造出来的惊天动地的业绩；一个是在这两种之上，提炼出来的劳动者的精神追求。可以说，这三个层面的文化成果，都是劳动和创造的结果。

就以人们最为熟悉的语言文字这种文化形式为例。语言和文字是文化的灵魂和内核，它构成了一个民族独特的标志和符号，不同的人群拥有不同的话语体系、不同的话语风格、不同的话语内涵，从而形成了其不同的文化特征。大庆油田人创造了自己的语言，形成了自己的语言体系，表达和彰显了自己独特的文化性格。一进到大庆铁人纪念馆，那个巨型的浮雕两侧就是"石油工人一声吼，地球也要抖三抖"，然后是"宁可少活20年，拼命也要拿下大油田"的醒目标语，在纪念馆中展示出了大庆油田人难以计数的类似的语言，它们是丰富多彩的大庆文化的真实写照。这么多豪迈的语言是在生产和生活中创造的，不是在书斋里生编硬造出来的，一个个鲜活的话语来自于生产和生活，来自于劳动者的智慧。没有大庆油田，就不会有上述那两条豪言壮语，也不会有"有条件要上，没有条件创造条件也要上"的名言。如果说"石油工人一声吼，地球也要抖三抖"和"宁可少活 20 年，拼命也要拿下大油田"，还只限于大庆油田和石油战线这个范围的话，"有条件要上，没有条件创造条件也要上"，已经成为中国国家和中华民族奋进的精神动力。一直到现在，各行各业、各种人群在面临任何必须克服的困难的时候，还都习惯于用这句话来激励自己。所以，他们在生产实践当中所创造出来的这些语言，已经升华成了一种精神，一种由油田人战天斗地的精神扩展成为中国人民奋斗的精神。这种精神是激发我们继续奋进的动力。这就是文化，劳动者创造的文化。

由大庆我联想到了深圳——中国改革开放的标志性城市。每一个去蛇口的人都会去看竖立在那里的一句标语口号，因为这句标语当时响彻了全中国："时间就是金钱。"我们还学到另一句话，叫"效率就是生命"。以我一个历史学人的认识，蛇口不仅是中国改革开放的风向标和起点，也是中国现代化进程的再出发，是中国人民创造现代文化的再启程。"时间就是金钱""效率就是生命"是那个时代的最强音，因为我们浪费了太多的时间，我们跟整个世界的现代化进程（不用说西方发达国家，就是与我们的近邻日本）都相差太远。日本从明治维新以后已经开始了现代化，已经成为现代化的强国，已经进入到了跟西方列强一起来瓜分我们的行列。我们耽误的时间太多了，我们落后世界的时间太多了，我们跟世界的差距时间太长了，所以必须要抓紧时间，把落后的时间抢回来；必须抢时间，必须提高速度和效率才能把时间抢回来。

"时间就是金钱""效率就是生命"就是在这样的背景下，才有号召力。"深圳速度"也成为一时的流行语，在全国起到了激励奋进的作用。

无论是来自大庆油田的还是来自深圳蛇口的语言或口号，它们都是在劳动中创造的，是劳动者的呐喊，这样的语言文字最终凝聚成一种力量，最后升华成一种精神。同时，它就作为一种文化沉积下来。这些口号是劳动者掷地有声，在劳动中创造出来的，是最原始的文化，是最响亮的文化。

近些年来，汉语当中涌现出了很多新词，这些新词就是劳动创造的成果，这些就是文化的创造和积累。生产和生活是创造本身，也是创造的原动力。新时代正在孕育和创造新文化，它一定是劳动者的创造。

二、文化自信源自人民的创造

习近平总书记强调："没有高度的文化自信，没有文化的繁荣兴盛，就没有中华民族伟大复兴。"坚定中国特色社会主义道路自信、理论自信、制度自信，说到底是要坚定文化自信。说到文化自信，我们每每或习惯于在故纸堆里寻找自信，在书斋里寻找自信。不错，古代典籍有足够的理由让我们产生自信，过去的辉煌也可以让我们产生自信，然而中国特色的社会主义是干出来的，中国特色的社会主义文化同样是干出来的，真正的文化自信来自于现实，来自于现实的创造，来自于劳动者的现实创造，人民的现实创造是让我们产生自信的最根本源泉。

　　文化自信的根本来自于劳动创造的成果即劳动业绩，成果或业绩意味着成功，成功才会产生自信。劳动者创造的一个个真实业绩，是最鲜明的文化，这些业绩是劳动者用血汗浇灌出来的，它结出的是人们可以享受的果实，也是后来者继续奋进的基石和动力。创造的动因以及在创造过程中、创造之后，总结、提炼出来的精神，是最深沉、最持久的文化。

　　实践出真知。大庆油田完全是"无中生有"出来的，是活生生地被创造出来的。1959年，中国石油勘探队在东北松辽盆地的陆相沉积中找到了工业性油流，地质部、石油工业部和中科院的科学家和科研人员通过多种手段、多种学科的互相协作配合、综合分析、互相验证，完成了论证。而油田的开发奇迹则是以铁人王进喜为代表的老一辈石油人，在极其困难的条件下，自力更生、艰苦奋斗创造出来的。铁人王进喜留下了这样铮铮之声："石油光都埋在他们国家的地下了？""我们国家就没有油？才怪了！我们这么大一个国家，有这么千万人，肯定有油。"在科学知识和科学探索的指引下，在坚定信念的驱使下，我们中国人找到了有油的地方，然后再去真刀真枪地实干，才干出了油田。光靠着书本，外国专家说我们没有油，我们就停止了行动，我们就被束缚了手脚，那就没有我们后来的创造和文化。只有干出来了，才有文化。大庆油田创造出来的业绩是什么？大庆油田让我们摘掉了石油落后国的帽子，在很大程度上解决了工农业生产和人民生活的用油难题。这个业绩让党中央满意、让全国人民激动。第一批原油外运时万众欢腾的场面，不是某个人的喜庆，也不是油田的喜庆，那是属于全中国人民的喜庆，这是无与伦比的壮丽画面。即使在"文革"期间，在全油田干部、职工的共同努力下，从

1966 年到 1975 年，油田原油产量仍以 28% 的速度递增，累计生产原油 2.5 亿吨，上缴资金 230 多亿元，从而支撑了濒临崩溃的国民经济。这就是现实的业绩！大庆油田惊天动地的业绩构成了大庆精神最基础性的底色，构成了中国人民拼搏、奋进的现代社会主义文化的底色。

有干的动力，再加上充分利用科学知识和适当的方法，才会有干出来的成果，在成果之上总结、提炼出来的经验，这些都构成了文化的重要组成部分。干的动力是什么？做事的冲动、做事的理由，这是文化的开始。做事的理由是什么？不是个体的理由，而是时代的理由、国家的理由。确切地说，是时代的需要，那个时代国家的需要。社会主义建设初期，一穷二白的困境是激励全中国人民战天斗地、反抗帝国主义封锁的最大动力。铁人王进喜说："这困难那困难，国家没有油是最大的困难；这矛盾那矛盾，国家没有油是最主要的矛盾。"什么叫困难？我们的工业、农业和人民生活都需要石油，这就是最大的困难。面对恶劣的自然条件，油田工人发出了这样的呐喊：雨淋淋，不停钻，风嗖嗖，顶着干，雪茫茫，当春天，汗腾腾，劲更添，一心为国争口气，再苦再累心也甜。没有这样难以想象的困难，没有这样强大的精神动力，怎么能够做出这么惊天动地的伟业！

无论是设备、经验还有科技人员，跟先进的发达国家相比，我们都有很大的差距，但我们有自己的办法，有自己的方法。有的外国人说我们笨，铁人王进喜说，我们不笨，中国工人阶级是最聪明的。大庆油田工人创造的一整套系统的工作流程和方法，不仅在当时起到了很好的效果，即便在今天看来，其精髓仍具有启发和借鉴意义。简要说来，他们首先确立了"三边方针"作为总的方针和方法，即边勘探，边建设，边生产，为的是抢时间，争分秒，促效率。然后提出了"五到现场"的工作方法：生产指挥到现场，政治工作到现场，材料供应到现场，科研设计到现场，生活服务到现场；还有铁人"跑井"的工作法等；提出了"工人三班倒，班班见领导"的工作要求；设计了"五级三结合的会议制度"：小队、中队、大队、指挥部、会战指挥部五级，干部、技术人员和工人三结合，通过这个会议制度解决时时出现的问题。最后，为了及时把握思想动态和工作状态，发明了"四勤四看"法：勤观察、勤摸底、勤谈心、勤开调查会，平时看表情、干活看干劲、开会看情绪、夜间看休息；以及"一把钥匙开一把锁"的思想工作方法，指的是针对不同的人，采用不同的方式解决思想问题。

大庆油田的劳动业绩、创造动因和工作方法开创了劳动者的新文化，开创了社会主义建设的新文化，人民的创造奠定了文化自信的坚硬基石。

三、大庆精神　时代回响

精神是文化之魂，大庆精神是大庆文化之魂。大庆精神为中国社会主义先进文化的建设做出了独特的贡献，必将为新时期中国特色社会主义文化建设注入新的活力。大庆文化是在生产实践中干出来的，大庆精神是对干的动力、过程、方式、方法及其成果的总结和提炼，并最终得到升华的价值指引。所谓的大庆精神就是"爱国、创业、求实、奉献"。具体表现为：为国争光、为民族争气的爱国主义精神；独立自主、自力更生的艰苦创业精神；

讲求科学、"三老四严"的科学求实精神；胸怀全局、为国分忧的奉献精神。大庆精神与井冈山精神、长征精神和延安精神等，早已上升为国民精神的一部分，它不仅仅是铁人精神，不仅仅是油田精神，还凝聚成了中国现代文化的精神。

大庆精神是一座丰富的矿藏，直至现在仍可以从各个不同方面，挖掘出其时代意义和价值。站在新时代的新起点上，回望历史，我们仿佛看到了大庆精神放射出新的光芒，大庆油田为新时代树立了新榜样。

1. 抓思想与抓生产一体两面、相互促进的政治意识

"抓生产从思想入手，抓思想从生产出发。"这是大庆油田思想政治工作的优良传统，是在创业时期形成并一直延续至今的正确处理思想政治工作与经济工作关系的基本原则，也是大庆思想政治工作的一条基本经验。这条基本原则和基本经验体现了大庆油田高度的政治意识，即一方面用政治思想把握生产方向，用政治思想破解生产难题；另一方面让生产成为一切思想工作的指针，让生产为思想工作落地。在中国特色社会主义建设的新时期，我党不断强调党建工作要与业务工作有机结合，不能搞两张皮。离开业务的思想工作就是空洞的，离开思想的业务工作就是没有方向的。思想工作为业务开路，业务工作让思想扎根，两者一体两面，相互促进、相得益彰。业务工作必须树立以人民为中心的思想，思想工作必须围绕为人民搞生产的信念。为人民谋幸福，为人民发展生产，这就是最大的政治。习近平总书记指出："'治国有常，而利民为本。'以人民为中心的发展思想，不是一个抽象的、玄奥的概念，不能只停留在口头上、止步于思想环节，而

要体现在经济社会发展各个环节。"以人民为中心，不是一句口号，它首先应该成为一种信念，然后要落实到行动上。也就是说，要从思想到行动上去践行。为了在思想上牢固树立理想信念，以铁人王进喜为代表的大庆油田人这样说："活着为革命，生命值千金。活着为个人，不如一根针。是金不是针，行动作结论。"油田人把革命的理想信念，与个人的生命价值直接联系在一起，从根本上解决了生产的动力问题。可以说，大庆油田为新时期正确处理党建和业务的辩证统一关系，树立了实践的楷模。

2. 辩证唯物主义和历史唯物主义的政绩观

习近平总书记指出，"辩证唯物主义是中国共产党人的世界观和方法论"，"今天，我们党要团结带领人民实现'两个一百年'奋斗目标、实现中华民族伟大复兴的中国梦，必须不断接受马克思主义哲学智慧的滋养，更加自觉地坚持和运用辩证唯物主义世界观和方法论，更好在实际工作中把握现象和本质、形式和内容、原因和结果、偶然和必然、可能和现实、内因和外因、共性和个性的关系，增强辩证思维、战略思维能力，把各项工作做得更好"。自觉地学习马列著作和毛主席著作，成为大庆油田创业的根本方法，自觉地运用马列主义和毛泽东思想的基本原理，成为大庆油田创业的根本思想武器。且听："四卷宝书放光芒，照得咱们心里亮。手舞钻杆劈大地，喝令地球献宝藏。""天上星星亮晶晶，地下篝火一片红。大庆工人学'两论'，油田一片读书声。"这种以学习促生产和指导生产的方法，确实取得了明显的效果，大庆油田还因此有了"学'两论'起家"的名声。"两论"指的就是毛主席的《矛盾论》和《实践论》。铁人王进喜没有受过多少教育，但是他从劳动当中生发出了许多惊人的智慧，这些智慧最终凝聚成了一种精神层面的文化——铁人精神。这是劳动的结果，是劳动者的智慧。体现铁人精神的"五讲"，也是大庆油田留给我们的宝贵精神财富。铁人王进喜说："讲进步不要忘了党，讲本领不要忘了群众，讲成绩不要忘了大多数，讲缺点不要忘了自己，讲现在不要割断了历史。"这段看似朴素的话语，充满辩证唯物主义和历史唯物主义的思想光芒，凝聚着大智慧和普遍的哲学道理，它也因此上升为一种至高的文化。这种充满辩证唯物主义和历史唯物主义的政绩观，正是每一位共产党员应有的遵循，铁人王进喜是每一位共产党员尤其是党员干部学习的榜样。

3. 严谨、务实的工作作风

2015 年在全党范围内开展"三严三实"专题教育，习近平总书记指出："中国人历来崇尚气节、崇尚严谨、崇尚务实，讲良知、守信用，严和实是中华民族传统美德的基本内容，是传承民族品性、倡导社会新风、培育和践行社会主义核心价值观的重要内容。"严和实的品德全社会都要弘扬。严谨、务实的工作作风是我们党从革命战争年代以来一贯遵循的优良传统，大庆油田人在社会主义建设的创业时期很好地继承了这样的优良传统，例如"三老四严"就是他们最重要的工作作风和经验，即对待革命事业，要当老实人，说老实话，办老实事；对待工作，要有严格的要求，严密的组织，严肃的态度，严明的纪律。大庆油田严谨、务实的工作作风体现在方方面面，再如他们坚持"两分法"前进，就是又一个很好的经验。所谓的坚持"两分法"就是，在任何时候，对任何事情，都要用"两分法"。成绩越大，形势越好，越要一分为二，只看成绩，只看好的一面，思想上骄傲自满，成绩就会变成包袱，大好形势也会向反面转化。对待干劲也要用"两分法"。干劲一来，引导不好，就会只图速度，不顾质量，结果是好心肠出不来好效果，反而会挫伤职工的积极性。以"两分法"为武器，坚持抓好工作总结。走上步看下步，走一步总结一步，步步有提高，方向始终明确。大庆油田始终坚持质量意识和责任意识，"干工作要为油田负责一辈子，要经得起子孙万代的检查"。就连大庆企业机关工作，也要锤炼扎扎实实、严格、严谨的工作作风。机关工作也有明确的指导思想，即"三个面向"——面向生产、面向基层、面向群众。文化既是开拓，是闯出来的，是干出来的，同时文化也是一种积累、一种传承。所有的文化都不是凭空产生的，都是有历史记忆和传承的。在新时代，严和实已经不只是共产党人应有的工作作风，还应该成为普遍的社会风尚。在中国特色社会主义文化建设中，大庆油田人在这方面走到了前头，引领了风尚。

4. 独立自主、自力更生的艰苦创业精神

独立自主、自力更生的艰苦创业精神，是最为一般人所熟知的大庆精神，它已经升华为社会主义建设时期中国人民拼搏奋进的时代精神和国民精神。"一穷二白"的国内形势和"孤立无援"的国际形势，极大地激发了中国人民的豪情与斗志，大庆油田人伫立潮头、义无反顾、攻坚克难、一往无前。难能可贵的是，面对国内外"不利"的局面，他们不但没有气馁，还充满信心，充满革命的乐观主义精神。有诗为证："一颗红心两只手，自力更生样样有。向外伸手没出息，自己动手长志气。"大庆油田的艰苦创业要克服难以想象的困难，"天当屋顶地当床，茫茫草原是

课堂"是其真实的写照，但石油工人却是"天高我们攀，地厚我们钻；钢铁意志英雄胆，不拿下油田心不甘"。大庆油田的艰苦创业留下了"六个传家宝"，即人拉肩扛精神、干打垒精神、五把铁锹闹革命精神、缝补厂精神、回收队精神和修旧利废精神。

大庆油田独立自主、自力更生的艰苦创业精神，对我们今天更有启示和启迪价值。当前中国特色社会主义建设还面临着许多困难，还有许多艰苦的工作需要做，例如目前面临的精准脱贫、污染防治等社会治理难题。对此，习近平总书记指出："直面问题是勇气，解决问题是水平。"坚持问题导向，以改革为动力，全党上下凝心聚力，就没有克服不了的困难，就没有解决不了的问题。这就需要责任意识和担当精神，要敢于作为，要善于作为。大庆油田人敢于作为、勇于担当和甘于奉献的精神，是我们永远的宝贵财富和精神指引。

值得注意的是，很长一段时间以来，随着物质生活水平的提高以及泛娱乐化生活的流行，独立自主、自力更生的精神似乎在公众意识中有所淡化，似乎那只是创业艰难时期的不得已，自主创新似乎也失去了应有的动力。然而，当中国特色社会主义逐步取得一个个历史性的成就，中华民族正呈现伟大复兴之势的当下，我们又遇到了前所未有的新困难，破解这个时代的难题，仍然需要大庆油田彰显的独立自主、自力更生的精神。

大庆精神告诉我们：文化是干出来的，甚至是闯出来的。文化自信源自人民的创造，源自时代的创造。社会主义革命时期，我们闯出了一条生路；社会主义建设时期，我们闯出了一条活路；改革开放时期，我们闯出了一条出路；进入新时代，我们闯出了一条道路。小平同志所说的"发展是硬道理"言犹在耳，它绝不是小平同志凭空的发明创造，它是那个时代的需求、那个时代的呼声，那个时代人民的呼声，通过伟人之口把它抒发出来了。习近平总书记说，"撸起袖子加油干，一张蓝图绘到底"，"幸福都是奋斗出来的"。这些话语为什么会有这样的反响、感染力和感召力？这是中华民族伟大复兴的时代呼声。习近平总书记说，我们处在一个最好的历史机遇期，同时我们也面临着最大的挑战。所以，我们必须撸起袖子加油干，必须干出一个人民满意的结果。中华民族伟大复兴的事业，依靠全国各族人民的共同努力奋斗。把握时代的脉搏，倾听人民的声音，依靠人民的干劲儿，就能干出一个中国特色社会主义的伟大事业，创造中国特色社会主义的伟大文化。

文化强国，强的是什么？

造纸术与指南针、火药、印刷术并称我国古代科学技术的四大发明，纸的发明结束了古代简牍繁复的历史，大大地促进了文化的传播与发展。随着互联网的出现以及智能手机的普及，绝大部分人都觉得电子书会主导未来，纸质书会逐渐消亡。

一、历史会告诉我们未来的方向

我从小就特别爱书，爱读书。所以从小学到高中，每个学期发语文课本之后，我第一件事情就是跑回家，一口气从第一课到最后一课，全部读完。小时候，我们家里边用报纸糊墙，糊的是满墙。所以无论在什么样的时候，多么艰难，我登高爬梯子，也要把每个角落的报纸都读出来。因为那个时候对我们来说，书特别奢侈，特别稀少。所以高中毕业的时候，我就为自己立下了一个志向：将来一定要到图书馆工作。那样我一辈子就可以与图书为伍，那将是我人生最大的幸福。最后，我没有进图书馆工作，自己开玩笑地说，却进了图书馆的后厨——生产制造图书的地方。

2010年，我有幸也不幸地担任了法人代表和总经理。说不幸是开玩笑，就是因为这个位子责任太重大。刚才大家都看到了背景墙上，一代一代的巨人，我现在由于职位的关系，和他们并列地走在一起，真的是战战兢兢、如履薄冰，眼前可以说是一片空白。一百多年的企业在我的带领下应该怎样前进？好在我是学历史的，历史专业又帮了我一个忙，它告诉我，未来空荡荡，看不清的时候，回过头来看过往走过的路，过往走过的路会指给我们，未来的路在哪里。所以我开始带领全体员工梳理商务印书馆凭什么走过了一百多年，我相信，一定还会凭它继续走过更多的一百年。我把目光聚到了商务印书馆独特的文化和精神追求方面。

1897 年，排字工人出身的二十六岁的夏瑞芳，用现在的流行的话来说，集资，几个小伙伴，凑了三千七百五十块大洋，建立了商务印书馆。他们是因为不满在英国人开的报馆里饱受英国人的歧视，所以开始了独立创业。这个时候，夏瑞芳特别幸运的是遇到了当时中国知识分子的杰出代表张元济。张元济先生是前清翰林，参加过戊戌变法。夏瑞芳特别爱才，看到了张元济，那是如获至宝，一定要把张元济网罗到商务印书馆。他说，凭我一个排字工人出身，没有多高的文化程度，不能够把商务印书馆带到更远，更不能担当起中国文化的大任，所以一定要把张元济请来。张元济也特别爱惜这个青年才俊，两个人一拍即合。但张元济还不放心，就跟夏瑞芳以盟誓的方式，相当于现在结盟、拜把子的方式，立约：吾辈当以扶助教育为己任。张元济在给清朝大臣盛宣怀的一封信当中这样写道：我堂堂中华，四万万同胞，能读书识字者不足四十万，基本上是一个文盲半文盲的国家。且所读之书，所识之字，往高了说，不过四书五经；往低了说，就是《百家姓》《三字经》和《千字文》。而与现代的科学技术和思想，所有文化这些东西完全都不接触，所以必须要兴办学堂。张元济就开始立下了"教育兴国、文化强国、学术报国"这样的理想。所以商务印书馆才有了这样非常幸运的，从创立之初就确立的使命——昌明教育，开启民智。一百二十年来，商务印书馆始终沿着这八个字的方向前行不动摇，无论在什么样的政治风云变幻面前都是这样的。

二、国无辞书，无文化可言

一个国家如果没有辞书，就没有文化，没有文化，就不可能立得住。想要赶上世界现代化潮流，最重要的就是要用现代的知识、思想、技术和道德观念武装人。所以张元济和夏瑞芳开始编纂字典工具书和新式教科书。大家都熟悉《辞源》。为什么要编纂《辞源》？《辞源》的主编陆尔奎先生给张元济先生这样讲过，他说："一国之文化，常与其辞书相比例，国无辞书，无文化可言。"一个国家如果没有辞书，就没有文化，没有文化，就不可能立得住。所以编纂辞书是当务之急。而《辞源》本身又有非常大的特殊性，《辞源》是从形、音、义三个方面，全面追溯中国汉字的渊源，可以说是在很大程度上保留住了中国文化的根，留住了中国文化的根，有根在，文化复兴就不愁。所以《辞源》在中国现代辞书史上的地位是第一部，同时也是奠基的一部。当然在那样的一个时代里，我们都知道，不像现在拥有计算机，拥有语料库，那个时候编纂工作非常地艰苦。《辞源》的编纂方针也是八个字，即"探研旧学，博采新知"。

传统的编纂辞书的方法是记卡片。我给大家举一个例子，《辞源》出修订版的时候，我们记录了卡片，用于修订《辞源》的卡片是六十万张，仅修订者吴泽炎先生一个人，就抄录了三十万张卡片。如果以一本书能够摘记一百张卡片计算的话，三十万张卡片需要翻阅三千种书。如果以一个人一天记五十张卡片计算的话，那么三十万张卡片要用六千天。六千天是多少？将近二十年。可是《辞源》的编撰者时不我待，没有二十年时间可等，他们仅仅用了八年的时间就完成了，不顾劳苦、不顾生病。陆尔奎先生几乎是以命相搏，终致积劳成疾、双目失明。所以我们说，什么是文化？什么是文化担当？1755年第一本现代英语词典诞生的时候，它的主编塞缪尔·约翰逊讲过这样的一句话：如果你要痛恨一个人，就让他去编词典。商务印书馆原总编辑陈原先生说："编词典这个活儿不是人干的，但是它是'圣人'干的。"所以我们辞书的工作者都会很荣耀地称自己做的是一份"圣人"的苦役。这就是《辞源》，辞书对一个国家的文化，具有代表性的意义。

与此同时，商务印书馆开始编撰新式教科书。什么叫新式教科书？我们传统的只有私塾。私塾干什么？就念古书，而对于现代的科学知识，书中一概都没有。中国人要想赶上世界现代化的潮流，最重要的就是要用现代的知识、现代的思想、现代的技术和现代的道德观念武装人。要把中国人从旧社会的人，改造成现代化的新人。所以编撰教科书是当务之急。商务印书馆开始按照现代科学和学科分类，即现在都很熟悉的文、史、哲、政、经、法、数、理、化、天、地、生等，分科、分门类地编撰新式教科书。著名作家冰心曾经这样回忆：她四岁的时候，开始学习商务印书馆编的最新国文教科书，她说，商务印书馆对我们来说，是一种高山仰止的存在，需仰视才见。

商务印书馆还做另外一件事情：翻译和介绍世界流行的新知

识、新思想和新文化。在这方面最突出的，就是严复先生翻译的
西方思想学术名著，包括《天演论》，包括《论法的精神》，那
时候他译成《法意》；包括约翰·穆勒的《论自由》，他翻译成
《群己权界论》；等等。这样一些名著的翻译和出版大大地摧毁
了旧的封建制度，摧毁了它原来的知识体系、思想观念和道德基
础，同时也培养了一代代的新人。胡适先生是因为看了《天演论》
之后，把自己的名字改了，改名为"适之"。1910 年后，他赴美
留学，从此"胡适"便成了他的正式用名。所以学界认为，商务
印书馆对整个中国现代文化建设的贡献，不是其他任何一个机构，
或是一般意义上的出版社所能够概括得了的。

三、为国难而牺牲，为文化而奋斗

商务印书馆是中国文化的大本营，遭到了日本军国主义的记
恨。1932 年"一·二八"事变，日本开始轰炸上海，锁定了必须
要摧毁的四个目标：上海自来水厂、上海发电厂和中国银行这三
家机构必须要摧毁，摧毁了这三家，老百姓的生活、工业就陷入
瘫痪，中国人就没有抵抗能力；商务印书馆建成的东方图书馆是
亚洲最大图书馆，商务印书馆必须被摧毁，日本海军陆战队司令
盐泽幸一说，炸毁闸北几条街都不算什么，不出多长时间他们就
会重建，只有炸毁了商务印书馆这个重要的文化机关，他们才会
陷入万劫不复的境地。

当时张元济先生站在废墟之前，泪流满面，拄着拐杖说："都
怪我，如果我不把这些书都集中在这个地方，就不会有今日之难。"

实际上，怎么会怪张元济先生呢，都怪日本军国主义太狠毒。轰炸商务印书馆跟轰炸其他地方不一样，用的是燃烧弹。第二天又派了日本浪人拿着火把来继续焚烧。据史料记载，当时的纸灰在上海的上空飘落，数日不绝。就是在这样的时候，王云五先生说："我们一定要在尽快的时间重建，尽快的时间出书，不能让日本人小瞧。"也就是在日本轰炸不久，商务印书馆又向世人宣告，昭示了学术报国的决心。大灾之下，必图大志，商务印书馆迅速地提出了"为国难而牺牲，为文化而奋斗"的口号。商务印书馆在全国拥有三十六家分馆，拥有一千多个分支机构，当时的规模已经达到了世界前三、亚洲第一。在商务印书馆所有的门店重新恢复营业的时候，全部挂上"为国难而牺牲，为文化而奋斗"的标牌或标语，把国家和民族的文化扛在肩上。

四、数字科技革命，带来的只有机遇，没有挑战

这就是我们从过去的文化当中所汲取的力量，这种力量一定能够带领着我们走过更多的一百年。我们进入新的历史时期，我们知道，我们所面临的环境、责任和任务跟前辈们是有不同的。例如，数字浪潮给我们带来了新一轮的科技革命，当数字技术进入出版界的时候，传统的纸质书受到了极大的冲击。在整个出版业行业内部，包括在媒体界，在世界上形形色色的各类专家的眼里，出版好像穷途末路了。有的外国专家甚至给出了纸质书消亡的时间。我就是在这时候，2010年，走上了这个工作岗位。我想，这一百多年的基业轮到我的手里，难道就风云际换了吗？我就又成

了那个"倒霉蛋"了吗？但是我说，不能。即便是历史、时运让我成那个"倒霉蛋"，我也要做出最后的努力。往最坏处想，想到底儿的时候就想得透亮了。新一轮的数字出版技术给我们带来的只有机遇，没有挑战。如果说有的话，挑战只来自于我们自身，来自于我们自己的脑子，来自于我们对过去传统的迷恋，来自于我们接受新事物的惰性，来自于我们对广大读者新需求的无视或漠视。想到这样一点，我们继续坚持以内容创新为核心，坚持发展数字出版和媒体融合。2014 年，商务印书馆率先实行了纸电同步出版，也就是说我们出版纸质书的时候，数字版同时上线。这只是万里长征迈出的第一步，接下来的专业数据库和知识服务平台建设，是更值得期待的。所以面对这样一个数字时代，出版就是顺势而为。如果不能顺应人类文明发展的大势，任何事业都没有办法前进。

五、文化强国，强的是什么？强的是人

从一百二十余年的历史中，我们得到了很多启发。文化强国，强的是什么？我自己理解，强的是人。在全球化互联互通的时代里，几乎没有人能够躲避竞争。在这样的一种格局下竞争，竞争的是什么？是人。人的思想、人的知识、人的技能和人的道德观念，这是最核心的。

近几年来，我们最重要的一项工作是到乡村里设立乡村阅读中心。我们的理想是在全国每个省，先做一家乡村阅读中心作为试点。标准的做法是建立一座乡村图书馆，以商务印书馆出版的

精品图书，五千到一万种为一个标配，同时再培训乡村教师。有一次在山西省高平市，筹建我们乡村阅读中心的时候，他们的市长跟我们说："现在的很多村子里边已经没有学校了。"我说："我的乡村阅读中心必须建在有学校的村子里边，为什么没有学校了？他们说："因为没有好老师了。"我说："老师呢？""乡里的好老师都到镇上了，镇上的好老师都到市里了，所以村里没有好老师就留不下学生。"我说："为什么会是这样？"他说："条件待遇不好。"我说："什么样的条件能让他们留下？"我当时也是豪言一出，我说："每个学校给十个骨干教师行不行？每个人补助一千块钱行不行？"大概想一想，一个学校一年只有十二万，全国每个省都建成这样的乡村阅读中心，就三十多个，一年也只需要花三百多万。三百多万就能解决这么重要的一件事情，最重要的是它能带动所有的公益人，如果所有的爱心企业都加入到这样的活动当中，改变农村、改变中国就不是一句空话。

文化强国，强的是人，强人的根本是什么？对于个人来说，除了要学习科学知识，掌握先进的技术，具有先进的思想观念，更重要的是要有理想和信念，有自己独立的见解，形成自己独立的人格。对于民族和国家来说，要有自己独特的世界观和价值主张，形成独特的民族性格和国格。所以真正的强，强的是现代的文化和知识，强的是道德观，强的是我们要有自己独立的世界观和价值观，要有独立的思想和想法，这样才能实现人格的独立和国格的独力。强，就强到这里，这是我理解的。

今天我们处于这样一个新的历史时代，在这样的时代，我们必须做出与这个时代相匹配的事业，以不负先人，无愧来者。我愿意用这句话来跟大家共勉。

新时代文化建设的三大任务

2015 年 11 月 10 日，习近平总书记在中央财经领导小组第十一次会议上首次提出"供给侧结构性改革"——"在适度扩大总需求的同时，着力加强供给侧结构性改革，着力提高供给体系质量和效率，增强经济持续增长动力，推动我国社会生产力水平实现整体跃升"，并在十二次会议上提出供给侧结构性改革的五大任务——"去产能、去库存、去杠杆、降成本、补短板"。此后，有关供给侧结构性改革的讨论和实践日渐深入。而当下，遵照习近平总书记在全国宣传思想工作会议上提出的最新要求，中国出版业尤其应当围绕供给侧结构性改革的主线实现自身发展的突破，以供给侧结构性改革促进内容创新，充分发挥出版在"举旗帜、聚民心、育新人、兴文化、展形象"过程中的重要作用。

几年来，商务印书馆认真学习和体会供给侧结构性改革的精神指向，充分认识到有效供给依赖对需求的准确判断，供给侧结构性改革不是从需求侧入手，而是从判断需求入手，满足需求入手，也就是从供给方找原因，从我们自身找原因。一个社会有一个社会的需求，不同的需求形成不同的时代浪潮，做出版一定要判断清楚自身处于怎样的时代浪潮之中。那些反映时代之需、文化之需和大众之需的课题，是出版最应思考、最应关注也最应回应的课题，它们标志了出版内容创新的根本方向。结合当前宣传思想工作的任务来看，我们这个时代的"时代之需、文化之需和大众之需"归根结底应当以"文化之需"来概括，正如习近平总书记在全国宣传思想工作会议上所要求的，要"以高质量文化供给增强人们的文化获得感、幸福感"——换言之，就是要用高质量的文化供给真正满足人民群众的文化之需。把握住这一主线我们也就找到了出版业进行供给侧结构性改革最关键的切入点。

　　基于以上认识，商务印书馆努力把握新时代的文化特征，结合新时代的文化任务，从学术文化、乡土文化、大众文化三个方面入手，强调内容创新"头要探到云端去，脚要扎根到乡土下面去，同时，还要立身于人间"，即努力以学术文化出版筑垒文化之巅，确保文化的高度；以乡土文化出版滋养文化之根，确保文化的深度；以大众文化出版培育文化之本，确保文化的广度与厚度。在引领学术的同时，植根于中华文化的沃土，回应当时当代的主题。

一、以学术文化筑垒文化之巅

　　供给侧结构性改革的核心是保证和创造有效供给，保证有效供给的关键就是供给的质量和供给的覆盖面。各行各业都存在有效供给不足的问题，具体到新闻出版行业，是"有高原无高峰"的现象和"好书不少垃圾更多"的现状，究其原因，从根本上说都是有效供给不足的问题。为此，我们紧紧围绕以内容生产为核心、以出版反映大时代大思想的具有传世价值的大作品为依托的出版理念，坚持学术引领，推出了一系列创新型学术著作，以新时代的学术文化出版构建新时代的文化之巅，在学界和社会产生了广泛的影响。其中：

1. 推出"科学史译丛"。对世界科学技术孕育和发展历程进行多角度梳理，引领当代国人看清人类思想发展的契机和原动力。出版了《文明的滴定：东西方的科学与社会》《科学与宗教的领地》《新物理学的诞生》《牛顿研究》《自然科学与社会科学的互动》《从封闭世界到无限宇宙》等图书。

2. 推出"国际文化版图研究文库"。详尽而深入地考察世界主要国家在国际文化版图中的地位，以及这些国家制定和实施的文化战略和战术，旨在以全球视野服务当前国家战略，启发当代国人的文化自觉。出版了《战后美国在日本的软实力：半永久性依存的起源》《帝国权威的档案》《造假的知识分子》《文化战略》《美国文化中心》《法兰西道路》《论美国的文化》《主流》《好莱坞：电影与意识形态》《被美国化的英国：娱乐帝国时代现代主义的兴起》《智能：互联网时代的文化疆域》《新自由主义的危机》《大分化：正在走向终结的新自由主义》《好莱坞内部的中情局：中央情报局如何塑造电影和电视》《电视系列剧：形式、意识形态和制片模式》《反对单一语言：语言和文化多样性》《论文化帝国主义：文化统治的政治经济学》《戏剧在美国的衰落：又如何在法国得以生存》《莫斯科的黄金时代：苏联建立的传媒帝国如何在文化冷战中落败》《作为武器的图书：二战时期以全球市场为目标的宣传、出版与较量》《法国在非洲的文化战略：从 1817 年到 1960 年的殖民教育》《美感论：艺术审美体制的世纪场景》《记忆的战：国家认同建构中的修辞维度》《好莱坞如何征服全世界：市场、战略与影响》《思想的锁链：宗教与世俗右翼如何改变美国人的思维》等图书。

3.推出"跨文化研究"系列图书。探索各文化之间的联系、对抗、相关和交流的可能性，提倡主体文化自信与人类优秀人文文化共享的自觉性。出版了以乐黛云《跨文化对话》为代表的一系列图书，如《跨文化视域下的济慈诗论和他的诗》《跨文化传播的问题与可能性（修订版）》《跨文化交际》《跨文化心理学》《在最遥远的地方寻找故乡：13—16世纪中国与意大利的跨文化交流》《中国文化与跨文化交际》《中德跨文化交际与管理》等图书。

4.推出"自然文库"等自然博物类学术图书。回应当代生态主题，将"绿色生存"的理念寓于求知与实践之中，将当代读者的阅读视野拓展到更广阔的自然世界。出版了《看不见的森林》《鲜花帝国》《种子的故事》《一平方英寸的寂静》《醉酒的植物学家：创造了世界名酒的植物》《羽毛：自然演化中的奇迹》《鸟的感官》《探寻自然的秩序》《蔷薇秘事》《画笔下的鸟类学》《发现之旅》《珠峰传》《南极洲：从英雄时代到科学时代》《草木缘情》等。

上述产品策划思路着眼于全球和人类发展的大历史、大语境，兼顾历时文化与共时热点，力图借助学术文化丛书的系统性与科学性在更高远更宏阔的层面构建当代国人有关自身与自然、历史与当下的更深刻的认知体系。

二、以大众文化培育文化之基

习近平总书记强调，供给侧结构性改革的根本目的是提高社会生产力水平，落实好"以人民为中心"的发展思想。要在适度扩大总需求的同时，提高供给结构适应性和灵活性，提高全要素生产率，使供给体系更好适应需求结构变化。以此为指导，商务印书馆以大众文化出版丰富产品结构、充实供给体系，在坚持原有特色的同时，积极向教育和文化两翼延展，借大众文化出版培育文化之本。

1. 开发"出版蓝海"，潜心培育自然博物产品线

从出版《发现之旅》开始，商务印书馆敏锐地认识到自然博物类图书的出版潜力，开始潜心培育自然博物产品线。为开发好这片"出版蓝海"，我们明确了以馆内相关编辑中心为主体，相关分馆子公司为呼应的组织架构，将自然博物类图书分为高端学术和大众普及两个层面，有计划、成体系地进行开发。其中大众文化类自然博物图书进一步细分为"自然感悟""自然观察""自然手册""自然雅趣"等，全方位满足不同读者有关自然博物领域的不同需求，出版了"观察类"的《自然老师没教的事》《海滨自然笔记》《植物 Q&A》《野鸟放大镜》《鸣虫音乐国》《爸妈必修的 100 堂自然课》《野花 999》《野果游乐园》《昆虫脸书》等，"感悟、雅趣类"的《桃之夭夭》《猿猴家书》《野草离离》《花与树的人文之旅》《时蔬小话》《南开花事》《怎样看到鹿》《了不起的地下工作者》等，"手册类"的《中国常见植物野外识别手册（衡山册）》《中国常见植物野外识别手册（北京册）》《中国常见植物野外识别手册（荒漠册）》《中国常见植物野外识别手册（祁连山册）》《中国常见植物野外识别手册（苔藓册）》等。

2. 聚焦全民阅读，着力打造特色阅读产品线

在国民阅读指数普遍不高，网络和手机等新载体主要承载信息浏览功能的现实条件下，发现和挖掘新的阅读驱动力，成为推动出版业发展以及让出版业适应中国社会发展需要的重要一环。将全民阅读推广和建设书香社会上升为国家文化战略已成为国家和民族生存和发展的必由之路，也必将成为出版业发展新的文化驱动力。基于这一认识，我们把出版阅读类产品作为供给侧结构性改革的一项重要任务来抓，先后推出了《如何阅读一本书》《如何阅读不同的文本》《阅读史》《阅读的历史》《梦想因阅读而生》、"教师阅读文库""阅读成长计划丛书"等，既有对阅读史的纵向考察，也有对阅读实践的具体指导，还有个性化、进阶式的阅读文库，努力搭建一个相对完整的阅读指导体系，服务于书香社会的建设。

3. 打破思维定式，大力拓展文化教育产品线

在继续加强和保持工具书优势的同时，努力打破以往"工具书思维"的局限，全力扭转工具书编辑部门的选题思维定式、图书产品定式，大力拓展教育、文化产品线。强调语言有两个翅膀，一个是教育，一个是文化。语言最终承载的是文化，由语言文字所发展出来的有关文化的图书，是一个新的内容创新思路，要把语言文字所承载的文化背景展现出来。推出了《诗的八堂课》《汉字英雄》《成语密码》、"北京市民语言文化阅读书系""文字与文明译丛"等图书产品；同时，有序推进了"语文教师小丛书""学生国学丛书新编"等项目的出版工作。通过不同层面产品的开发，将教育文化覆盖人群由传统的学生和教师群体进一步拓展到普通

市民和一般读者。

4. 服务大众生活，积极建设艺术赏鉴产品线

为不断满足人民日益增长的美好生活需要，从理论建设和审美实践两个方面入手，形成了艺术理论名家名著，审美雅事雅趣雅集的艺术赏鉴产品集群。如推出了"艺术史名家文丛""艺术史名著译丛""未来艺术丛书"，出版了《听砂手迹》《琴中无相》《如是清凉》《中国插花史》《笺谱雅集》、"笺谱系列"、《四库全书图典》《茶典：〈四库全书〉茶书八种》《唐诗画谱》《宋词画谱》《井上有一：书法是万人的艺术》《八木一夫：现代陶艺》《如果家具会说话》《鞋履正传》等图书。我馆对此类图书的装帧设计尤为重视，强调内容与形式的高度呼应与统一，努力发挥艺术的美育作用，以进一步增强人民群众文化生活的美感与幸福感。

在上述大众文化出版过程中，我们强调深切体味大众的生活取向、审美取向、文化取向和价值取向，在满足大众不同层面文化需求的同时，坚持以文化人、以美育人。

三、以乡土文化滋养文化之根

商务印书馆自创立之日起就坚持整理国故与引进新知并重。在中华民族伟大复兴的新的历史时期，立足我们自己的文化，深入挖掘我们脚下的土地中所蕴含的文明基因，让中华文化进入世界、泽被万世更显重要。有鉴于此，近年来我们在内容创新过程

中将地方和乡土文化的传承与普及作为一项重要的工程来抓，打造了以地方史志为基础，以地方特色文化为脉络的"乡村记忆"出版工程，努力通过乡土文化出版为当代中国读者溯源追流，寻找蕴藉于乡土中的乡音、乡韵和乡愁。

目前，已推出一系列地方史志类图书，如《庆阳通史》（全三卷）、《台湾通史》（上下册）、《宁夏通史》、《徐州简史》、《船政志》等；以及底蕴深厚的地方文化类图书，如《泉州文库》（100 种）、《衢州文库》（10 卷）、《山西文明史》（全三卷）、《晋商史料集成》（88 卷）、《山西民间故事大系》（25 册）、《淳风厚蕴——山西省国家级非物质文化遗产代表性项目名录图典》、《唐风宋雨——山西晋城国宝青莲寺、玉皇庙彩塑赏析》、《中国语言文化典藏》（20 卷）、《中国濒危语言志》（30 卷）、《陕西方言集成》（30 卷）、《闽台文化大辞典》、"崂山文化研究丛书"、"山西地方研究丛书"、"远山古道丛书"等。

民族性与世界性：语言、文化与出版

　　近两年来，由于工作的关系，也由于学术兴趣的关系，我在思考一个问题，就是出版与文化的民族性与世界性。从出版角度考虑，它涉及如何处理好翻译与原创、引进与输出的关系等问题；从文化的角度考虑，它涉及传播与互鉴、接受与排斥等关系问题。因此，对于出版工作者而言，这是一个很重要的、需要认真思考、的问题。文化的核心归根到底是语言和文字，没有语言和文字就没有文化，甚至连人类文明都不存在，所以文化的民族性与世界性，恰恰紧扣语言文字的民族性与世界性。

　　我们做出版，首先要立足于本民族文化的弘扬与传播，然后是吸收和借鉴人类其他一切优秀文化遗产，再把自己的文化推向世界。我曾看过一本书，这本书对我的影响很大，就是赫尔德的《论语言的起源》，书里讲语言决定了民族的本质性存在，同时阐明语言和文化发展的最高境界，是让自己的民族文化走向世界，与其他民族文化携手，形成对话，共同为人类文明做出贡献。而立足本土、面向世界，就抓住了这个事情的本质。

　　赫尔德说语言标志出民族，而后来的语言学家、哲学家都这样概括：语言是民族存在的标志和符号。没有了语言文字，这个民族的存在特征也就没有了。只有用一种文字进行文学艺术创作和学术研究，那么，使用这一文字的民族才是真正意义上存在的。

世界上所有伟大民族的民族精神、民族特色，都是由语言文字及其反映的成果所标志出来的。

法国后现代的文艺批评家、符号学家罗兰·巴特有这样一句话：每个人都是自己语言的奴隶，除了阶级和出身之外，每个人都是由自己的语言示示和烘托出来的。这话不仅针对个人，对于一个民族来说也是一样的。一个民族的精神、文化，是由它的伟大的作品展现给世界的，也是由这些伟大的作品塑造出来的。所以语言的民族性具有非常鲜明的特征。

语言跟文化是一样的，必须在交往中才能得到发展，得到新的营养，得到繁荣的机会，任何封闭的语言和文化最终都会走向消亡。存在主义哲学家一致认为，人类作为物种最重要的特性就是其交往性，而文化的交往性和语言的交往性又是其重中之重。

哲学家眼里的语言和语言学家眼里的语言完全不是一回事。语言学界认为语言的功能之一是作为交流工具，人类的交往性是靠语言这种交流工具实现的。所以，各个民族的语言在交流当中得到繁荣和发展。然而文化还具有这样的特性：交流的同时意味着交锋，文化与其他很多事物一样，都具有两面性，一个是交往，一个是交锋，这就是语言的民族性特征所带来的。交往出于民族自身发展的需要，而交锋是交流之后所带来的必然结果。语言不是单纯的语言本身，语言还代表着一个民族的世界观、价值观等。

古罗马著名演说家、政治家西塞罗说：词语是事物的符号。一个民族语言的词汇，表现出这个民族对世界宇宙万物的理解，就是我们通常所说的世界观、价值观。各个民族生活在地球的不同区域，所见到的宇宙万物又都是有限的，各民族都有自己的发展历史和不同的文化传统，所以都有学习和交流的愿望和必要。

同时，在交往的过程当中，所有的世界观和价值观必然会产生交锋。在维持自己本土语言特色时，在全球化进程当中，尤其是语言和文化的全球化进程中，如何保持语言的独立和文化的独立，就成为各个民族上升到语言战略层面的问题，所以民族性和世界性是一体的、不可分的。语言和文化一样，是个矛盾的统一体。保持世界人类各个语言的多样性和文化的多样性由此成为另一个话题，这让我想到20世纪英国著名哲学家罗素的一句话：在文化问题上，多样性是进步的一个条件。我们现在重谈文化的多样性和语言的多样性，既是在为自己民族繁荣、语言繁荣努力，同时也是为人类这个物种的先进性做着自己的努力。在今天这样一个新的世界格局下，我们又重新倡导文明的多样性、文化的多样性，其中语言的多样性是重中之重。

商务印书馆创立120余年，一直在语言、文字、工具书、学术著作的出版方面辛勤耕耘。许多语言学家都曾帮助我们出谋划策，甚至身体力行参与其中，包括《中国语言生活状况报告》等图书，始终坚持不懈地出版，这样的工作，源于我们对语言文字在文化中起作用的理解。

我们所有的语言文字学的出版工作同样是立足本土和面向世界的。我们出版的"剑桥应用语言学年度评论"，每期都有它自己的主题，现在已有一二十种之多。"汉译国外应用语言学经典著作"的出版也在筹划中，我们愿意为中国的语言学发展引进世界的眼光、引进世界的学术成果，以促进中国语言学的发展。同时，中国面向本土的语言学教材的编撰工作较以往更加大了力度。除了英语版对外汉语教材，法语版、俄语版也正在筹划之中。所有这一切都是为了促进语言学的教学与研究，繁荣语言生活。

创造的文化和文化的创造

　　365 个日子，一如既往，又不同寻常。行将过去的一年，关于中国，关于世界，哪些感受挥之不去？哪个画面不能忘怀？用一个字、一个词勾勒年景，盘点中国和世界，如淡淡几笔画一幅素描，却是最传神。

　　自 2006 年开始，商务印书馆联手国家语言资源监测与研究中心、新浪网、人民网、腾讯网等机构，举办"用一个字、一个词来描述当年的中国与世界"的年度"汉语盘点"活动，为过去的一年作总结，目的在于以美丽的汉语来记录、评点不断变化的中国与世界，为每一年的年景留下醒目的标记。每年的活动于 11 月 20 日左右启动，12 月 20 日前后揭晓。分为网友推荐、专家评议、网络投票和揭晓颁奖四个阶段。

　　年度字、词、语，记录是当年的热点事件，反映的是当年的年度特征；折射的是慢慢积累的能量、慢慢发生的变化、慢慢形成的共识，体现的是社会一种平衡稳步的发展。同时，"汉语盘点"活动，也能进一步扩大汉语影响、推进汉语传播、彰显汉语魅力，让人们在关心世界和中国的同时，更深地体会汉语丰富的文化内涵。

　　"汉语盘点"活动自开办以来，影响力逐年扩大，成为一项众所期待的语言年俗和文化品牌活动。它为过去的每一年留下了简洁而醒目的标记。如 2006 年的"炒""和谐"，2007 年的"涨""民生"，2008 年的"和""改革开放 30 年"，2009 年的"被""金融危机"，2010 年的"给力""军演"，2011 年的"控""欧债危机"，2012 年的"梦""钓鱼岛"，2013 年的"正能量""曼德拉"，2014 年的"反腐""马航"，2015 年的"互联网+""反恐"，2016 年的"小目标""一带一路"，2017 年的"初心""人类命运共同体"，这些字词都把人们这一年中繁纷复杂的感受浓缩在记忆中、脑海里。"汉语盘点"活动充分体现了汉字汉语得天独厚的凝练之美，提升了汉语的表现力与活跃性，增强了汉语的生命力；还有助于监测当下语言国情，从民间汲取语言资源以丰富语言的多样性。

在"汉语盘点"迎来第 13 个年头的时候，我们又如期相聚了。中国有个诗句叫"年年岁岁花相似，岁岁年年人不同"，"汉语盘点"却刚好相反，是"年年岁岁人相似，岁岁年年花不同"。"人相似"指的是每年来到这里的都是我们这些熟悉的面孔，这缘于我们对"汉语盘点"这个活动共有的热情、共有的理解和共有的价值认同，还缘于我们对整个活动寄予的未来期望；"花不同"则源自于生活的绚烂多姿，源自于生产和劳动的丰富多彩，还源自于世界的变化多样。正是这种多姿、多彩和多样成就了以创造活动为根基与核心的文化。实际上，在参与"汉语盘点"的过程中，我们都是学习者，我们在参与和学习中不断获得新感悟，受到新启迪，也许这就是"汉语盘点"活动的魅力所在。我们曾经说"汉语盘点"是一场语言文化盛宴，我们还曾说"汉语盘点"是民众心中的社会史。今天我要与大家分享一个新认识，这就是，"汉语盘点"活动是创造的文化和文化的创造。

　　我们正处在一个新时代，新时代正在创造一种新文化，或者说是一种新文化正在孕育和生成当中。这种新文化来自于生活的孕育，来自于劳动的创造，来自于劳动者和民众在生活中、在劳动中的创造。创造的动因、创造的过程、创造的成果，以及对成果的总结和提炼，甚至凝聚成公式化、口号化和理念化的词语，这些就是最鲜活的文化。

　　近些年来，"文化自信"可以说是最热门的一个词。我们每个人可能都不止一次参加过各种不同的关于文化自信的研讨和座谈会。我们每每或惯常在故纸堆里寻找自信，我甚至曾调侃地说是在老庄孙子中寻找自信。不错，历史有足够的理由让我们自信，然而真正的文化自信来自于现实，来自于现实的劳动，来自于劳动者的现实创造，来自于人民的现实创造，劳动人民的现实创造是让活在当下的我们产生自信的最根本源泉。

　　"汉语盘点"活动这些年来所发明、发现的词，有的不是新词，但是由于我们赋予了它新的意义、新的价值，它们变得鲜活起来；有的是无中生有，这个无中生有却不是凭空而生，它们来自于现实的变化，来自于社会的变革，变化和变革营造了它们，使它们跃居到了人们的眼前，跃居到了生活当中，成为我们生活中最活跃的音符。这些就是劳动创造的成果，这些就是文化的创造和积累。生产和生活是创造的本身，也是创造的原动力。

　　在刚刚结束的 2019 年第 14 届"汉语盘点"活动中，网民的参与人数达到了 3.5 亿人，"汉语盘点"活动真正成为了全民文化盛宴。在国庆 70 周年之际，"我和我的祖国"成为年度"国内词"，在全民学习浪潮中，"学习强国"也榜上有名。流行语"我太南（难）了"，则通过幽默的方式展现了国人不畏艰难的精神气质。

这是社会心理成熟的标志，是中国文化成熟的标志。成熟就是不可抗拒的力量。"汉语盘点"活动让我们再一次受到了教育。

我也非常感谢"汉语盘点"活动的广大参与者，他们就是最重要的创造者，也是创造活动的参与者。同时也要感谢每个参与的专家、学者、媒体，我们也是参与者、创造者，我们在参与和创造中享受到了乐趣、受到了教育，所以我也希望"汉语盘点"这样的活动让我们在创造、让我们在受教育、让我们在乐趣当中能够继续进行下去。

医生是什么？

非常高兴参加医学人文论坛，与其说是跟大家做分享，不如说我是来学习的。因为我是彻头彻尾的外行，还是一个彻头彻尾的医盲。之所以有勇气来到这里跟大家交流，就是因为它跟阅读、跟人文有关。

最近这两年来，我一直在思考"××是什么"，主要是为了学习如何探究事物的本质，出版了一本书就叫《出版是什么》，不在于给出答案，也无法给出标准答案，而在于如何促进思考。今天谈论"医生是什么"，也是出于这个目的。

一、这个话题为什么有意义？

从老子《道德经》说起，《道德经》开头的一段话是："道可道，非常道；名可名，非常名。"一般的解释是："可以说出来的道不是常道，可以说出来的名不是常名。"我不太能理解这样的解释是什么意思。于是我结合自己的生活经历反复思考，得出两句话的新解释："道是可以说出来的，但是可以说出来的道，不是恒常不变的。"也就是说规律是可以总结的，但是所有的规律都是在一定条件下成立的，时过境迁，超过了这个条件，其道就不成立了。"名可名，非常名。"万物都可以给它一个命名，对它命名最重要的是什么？把握它的规律、把握它的本质，但是这个名一旦命上以后，也不是恒常不变的。比如每个人都有姓名，但这个姓名到目前为止只在公安局的户口本上最有意义——使他人能够找到或辨识这个人，在社会上其他地方的意义都会降低。当我毕业后再进入了北京师范大学，我便成为"校友"或"学长"；我进了医院，新的称呼为"患者"；我从小是"儿子"，但是现在变成了"父亲"，每个人的身份、名字不是固定不变的。我经常举的一个例子是：一把水果刀的本质特征是用来削水果的，但是如果歹徒拿它行凶，它在另一个领域就不再叫"水果刀"了，它叫"凶器"。人体器官也是一样的，它作不同的功用时，我们赋予了它不同的名字。

所以，医生是什么，可以有一般的定义，但医生不一定永远都只如定义的那样，我们需要不断、反复地认识和探究。

根据现象学大师胡塞尔的"现象学"理论，任何事物对我们来说都是一种侧显，这源于任何一个物质都是立体性存在，不是只有一面，而人的眼睛是有局限的，每次只能看到一面，所以任何事物都是一种侧显，我们看到的任何东西都只是一个方面，我们要善于从各个角度、各个方面去观察它。对于医生也是一样，正确地认识和理解医生，有助于我们正确地认识和理解疾病，正确地认识和理解生命，正确地认识和理解生命与生命之间的关系。

举一个我生活中遇到的案例，我觉得它对于我们认识事物很有启发性。

这是我在北京 103.9 交通广播当中听到的一个故事，我愿意用它来解释和定义"××是什么"的原则性和重要性。

中国驻也门大使馆的前大使在北京交通广播参加过一档节目，那档节目是请一个嘉宾讲他在国外有关交通的经历，他讲了这个故事——在也门考驾照。他考驾照时，也门警察问了他三个问题。

第一个问题是"汽车是什么"。

大使说："汽车是交通工具、代步工具。"也门警察说："错，汽车是一台装备精密的机器仪器。"大使说："有什么不同吗？"警察说："装备精密的仪器，操作它的第一要领是安全性，保证自己的安全、保证机器旁边人的安全是第一位的，如果是交通工具和代步工具，第一要务是快速便捷地把人送到某一地点，安全性降到了次要位置。"

第二个问题是"行人是什么"。

大使说："行人就是没有在任何交通工具上，靠徒步走的人。"也门警察说："错了，在我们眼里，行人都是疯子。为什么呢？行人不一定会按你预想的方式走路，尤其在十字路口、拐弯的时候，不能把他当成正常人看待，他会突然加速、突然后退、突然翻越栏杆，你要时时刻刻用余光盯着一个个疯子，如果他们采取疯狂行动的时候，你能够第一时间踩住刹车，保证安全。"

第三个问题是"如何停车"。

大使说："我家有车库，我回家就把车子放在库里，把车库门锁上。"

也门警察说："操作错误了：第一，要把车倒进你的车库；第二，要让你的车头离你的车库门越近越好，只要能把车库门关上就好。"大使说："为什么？"警察说："人们停车时通常是这一天的任务完成了，有很充分的时间把车停好。但当要用车时，可能会是很急的，有时甚至涉及抢救人的生命，你倒着进去后，出来时车头方向是顺着的，可以直接就走，节约了时间；车头离你的车库门最近，出来的时候不用拐方向盘，如果缩进去很多，还得考虑刮不刮车库门，又浪费很多时间，这关乎生命。"

这个案例给我的启示就是：当我们那样地熟悉汽车、熟悉行人，我们每天都会倒车的时候，我们不会认真思考或去定义这些问题，即便是我们认真思考了，也抓不住其在交通领域的真正意义，而在也门警察的眼里，这些定义只涉及一个指向，就是生命安全。

今天我没有办法告诉大家医生是什么，我相信也不会有人能给出一个标准答案，所以这个问题最重要的点在于它提示我们要反思，甚至要反省。这个问题促使我们思考，促使我们自己去研究、去解决、去改进我们认识中方方面面的问题，这就是这个问题为什么有意义的根本理由。

二、人是什么？

关于人的概念很重要。要想回答医生是什么，首先得回答人是什么，因为医生首先是人。世界上没有空泛的人，都是一个个职业的人、一个个角色的人，离开一个个职业、一个个角色，就不存在人。所以换句话说，一个个职业通过自己的方式在扮演着人的角色，履行着人的使命、人的职责。所以人是什么？人是所有职业、所有角色的底色，这个底色如果铺不好的话，人便什么职业都做不好，什么角色也扮演不好。

这些年我自己学习研究的心得，人类进化的三个标志性事件标志了人类进化的三个阶段，标志了人是什么。

　　第一阶段，"花开花落，悟出生命的种子"，这是种植农业开始。人开始有意识、有组织地进行生产活动，对自己的生命进行规划了，不像动物还在没日没夜地、有上顿没下顿地觅食，这是人把自己从一般动物中分开迈出的最重要的一步。接下来的一步是冶炼技术的发明，后来发展到了科学技术，人一开始就必须借助工具、发明工具，从发明工具开始一直到现在，我们掌握科学技术，甚至可以上天入地，这标志着人是技术型的、工具型的动物。

　　第二阶段，文字的出现。文字促进了人的交流、思维力、思想力的极大发展。文字发展已有五六千年的历史，人类使用文字之前的社会可以追溯到二三百万年前，可是这五六千年的人类文明成果不知道胜过多少倍文字出现之前的文明成果，这都是拜文字的发明所赐。文字激发起人极大的思维能力、极大的思想力、极大的想象力和极大的创造力，这时人开始成为思想性的动物。为什么思想性的还是动物？因为无论人的技能有多高，思维能力有多强，思想力有多强，发明创造有多么伟大，如果不能把这些东西以正确的方式用到正确的领域，人就还是动物。

　　第三阶段，是什么最终让人从动物群体中脱离出来？是道德！笛卡尔最早讲"理性或良知是唯一使我们成为人，使我们异于禽兽的东西"。接下来卢梭、赫尔德、歌德、康德等一系列伟大的哲学家和思想家，都在反复讲人是良知的动物，人是道德性的动物。只有当人有了道德意识，并按照道德意识、行为规范开始行事时，人才开始质变成为一个真正的人。然而康德还告诉我们，人类的道德进化非常地缓慢，有的时候进步，有的时候甚至进了一步还退了两步。今天我们每天不停发生的战争就是对人性弱点的一个注释。战争是什么？人类的自相残杀，就是杀人。但这丝毫不能停止人类向道德进化的脚步。另外一位伟大的哲学家费希特说，"人类的道德进化永远都不可能完善，但是我们不能停止向完善迈进的脚步"，这就是人还能成为人的最根本性的动力。

普芬道夫是德国著名的政治哲学家。"人如何成为有道德性的动物？"普芬道夫说人这一生要处理好三种关系：其一是人和上帝的关系。我们不相信有上帝，就把它当作宇宙自然界吧。上帝创造了宇宙万物供我们享用和耗费，这就要处理好我们跟上帝的关系，你不行德、积善，就是不敬重上帝。其二是人和他人的关系。人在社会上生活就一定会面对竞争，小到生存食物的竞争，大到职务的竞争，再到虚荣心等的竞争，还有利己和利他的竞争。所以普芬道夫说人天生就是一个以自我为中心的动物，这点没有任何人否定，因为人活着是第一要务，所以人天生首先是为自己活着。但是人人都只为自己活着的话，反而在这个地球上活不下去，人必须依靠他人才能生存下去，所以人必须要以利他主义的精神主旨来达到利己的目的，利己是目的，要靠利他的方式来实现，人要处理好自己和他人的关系。其三是人和自己的关系。我们的圣人都说"吾日三省吾身"，人为什么要处理好跟自己之间的关系？

杜威是美国著名的教育家、20 世纪世界三大哲学家之一，他说人的需求分两层：第一层的需求，是生存性；第二层需求超越了生存，叫占有。现代的社会很难区分什么是生存性需求了。每个时代有每个时代的标准，每个时代都有更高的标准。汽车是必需的吗？现在说肯定是必需的，没有车我怎么上班，没有车我怎么送孩子，没有车老人看病怎么办？但是没有汽车的时候人类文明走过了多少千年！手机是必需的吗？现在肯定是必需的，我们已经成为了手机和微信的奴隶。今天上班如果没有带手机的话，无论走到哪里都得回去取，别拿工作不方便做借口，真实的原因是心理恐慌会感觉这一天自己被世界抛弃了。但是没有手机甚至没有电话的时代，人类又走过了多少年！另外，生存性需求使得人这种动物只能往前走，不能往后退，也没有固定的标准规定什么是生存性需求。杜威还说了占有性需求外，人还有虚荣性需求，这些都是人性的弱点。所以人要处理好跟自己的关系，理性对待权利、欲望和虚荣心。

光有才智是不够的，光有技术是不够的，光有思维力、思想力也是不够的，最重要的是知道如何正确地使用它们。

三、医生是什么？

在谈医生是什么之前，我想先说说医生不是什么。我自己相信两个观点：

第一，医生不是科学家，医学不是科学。现代医学起源当中，医学和数学、科学是并列的，现代科学是实验科学，而我们人体的差异非常大，实验具有不可重复性，所以医学不被承认是科学，它不属于科学范畴。

第二，医生不是天使，有医学专家甚至说医生有时候还是"大白狼"。我们不要给自己加上"天使"的光环，让患者对你产生过度的依赖，给自己造成重压。

医生是什么？医生首先是道德家，要做好人，才能做好医生。医学之父，古希腊的希波克拉底有句名言："我要竭尽全力，采取我认为有利于病人的医疗措施，不能给病人带来痛苦与危害。"

另一句名言是"医生所医治的不是病，而是病人"。

医生是心理学家。有专家提到患者的"患"字是什么：有一串心的病的弱者。医学专家说"有时治愈，常常帮助，永远安慰"，还有专家说"带着抑郁的心情进手术室，细胞都不一样"。多数的病是心理病，治疗在很多情况下是治疗心理。人每天面临的细菌太多，但人自己本身有抗体。我听到一种说法，说人的体内都带有癌细胞，你注意到它就麻烦了，你不管它，它有时可能自己就自生自灭了。抗病还需自身，我们的一个员工被医院放弃治疗了，他听说打一针药存在一线生机，那一针药十分昂贵，他也坚持要打这一针，他说"我一定能好"。这一针打下的结果是什么？病神奇地好了。不一定是药物产生了神奇的疗效，自身自救很重要，患者对生命的渴望，就是最好的救治。

医生是艺术家。我们知道莫奈是印象派大师，人们都以为这是技术、技法、画派造就的。不是的！所有伟大的艺术家和一般画匠的区别在于他的思想、他的大爱、他的人文精神，这使他成为艺术家甚至艺术大师。医生也是一样的，医生不是仅靠技术走天下，而是靠思想、人文精神和大爱走天下的，有了这些，你的技艺能够更加高超，得到更好地运用。成为医学大师的人，一定是有大爱、有大人文精神的医生。他们敬畏自然、敬重生命。

好的医生什么都是，不好的医生什么都不是；好的医生关乎医术、思维力，更关乎德行；不好的医生不一定关乎医术、思维力，但一定关乎德行。无论是德行，还是人文，还是思想，都要靠阅读培养！

要想成为一个好医生，就像成为一个好人一样，要读书！

年俗是一面镜子

直到年三十儿的下午办公楼变得越来越安静的时候，我才真切地感受到，过年了！其实，每年忙忙碌碌到这个时候，都是这种感觉。然而，不知道为什么，每到过年的时候，都会不自觉地想一个问题：为什么要过年，怎样才算过好年呢？过好这几天的年就一定意味着什么吗？明知这个问题很无聊、很矫情，所以也没有人会多想，或者说来不及多想，就情不自禁或身不由己地被卷入到过年的洪流中了。

年俗可以多多少少地回答这个问题，或者至少为回答这个问题提供丰富且多彩的资料。这个资料之所以丰富多彩，是因为各地有各地的年俗，中国之大又有共同的年俗，而这些年俗又是活生生的，是老百姓自己创造的，因而是最接地气，最富有生活气息的。以自己从小生长在东北，在北京生活的时间最长，现在又偶尔在南方过年的经历，对各地的年俗，我有一个切身的感受，那就是无论年俗多么具有地方特色，总有一根无形的主线，串着几个共同的主题。

一

这根贯穿全国乃至全世界华人社区的主线就是团聚，家庭的团聚。它追求的是团团圆圆，圆圆满满。团聚的深层内涵是亲情，老年人嘴里常念叨一句话："过年过的就是人。"可以说这是过年与其他节假日最本质的区别，这种亲情之浓，以至于在春节期间人们都不好意思打扰别人，人们的活动范围基本局限在家庭或家族内。儿行千里母担忧，一年到头在外面打拼，过年一定要回家团聚，这种愿望之强烈，甚至没有任何东西可以阻挡得了。一年学习和劳作的收获，都要与家人分享才更具幸福的滋味，其中的苦楚与辛酸也只有在家这个小港湾靠航，才能得到真正的释放和休整。所以，对于有的大家族而言，"无打不成年"便成为可以理解的现象了，这里的"打"是一种苦水的倾泻，是一种亲情的释放，因此它并不具有破坏性，反而属于一种修复性的建设。多年前的电影《过年》里描写东北人过年打架的场景，便是这种生活的真实再现。酸甜苦辣，五味俱全，而甜成为主旋律，成为大背景，它一方面反映了生活的艰辛，生活的不容易，另一方面也反映出追求美好生活的奋进和不屈不挠。这便是团聚的意义，这便是团圆的力量。

说到年俗中共同的主题，则首先是吃。这个吃可与平时不同，必须是全家聚在一起吃，那就叫团圆饭。哪怕是不管什么原因缺了谁，全家人都会感觉到缺了点儿什么，长辈的无论是父母还是爷爷奶奶更是格外挂念那个缺席者。吃有那么重要吗？真有那么重要！有一句俗语可以为证：民以食为天。越往以前追溯，过年越强调吃好和吃好的，因为这确实是一个问题。可以毫不夸张地说，吃的问题是中华民族几千年文明之发展一直努力解决的问题，家里有好吃的一定要留在过年的时候吃，留着全家人回来一起吃。于是，一进腊月，家家户户就开始准备年货，开始为过年准备各种各样好吃的，如东北人蒸粘豆包，南方人炸圆子，西北人炸排叉和馓子，等等。离年近的几天，无论身在何处，人们都纷纷往家奔，而且一定要在年三十儿赶上与家人一起吃年夜饭。年夜饭以后的几天，可能一直到正月十五，至少在正月初五之前，每天吃什么都是有讲究的，甚至连二月二吃什么，老祖宗都为我们规定好了。例如，在北方就盛行着这样的习俗："初一饺子初二面，初三盒子团团转。"此外还有"破五"吃饺子，初七（人日子）①吃面条，十五吃元宵等"硬规定"。二月二龙抬头，则各家开始燎猪头，吃猪头肉。二月二这一天还有另一桩热闹事儿，这个热闹事儿发生在理发店，就是男孩和大人都纷纷去理发，因为他们整个正月里是不许理发的，据说正月理发方（死）舅舅。这肯定是迷信，即便明知是迷信，现在无论在南方还是北方，遵循者还大有人在，我们还是愿意把它理解为一种亲情吧。现在随着物质生活水平的提高，吃什么变得没有那么重要了，或者说仅存于形式了，而"团圆"及其所代表的亲情作为过年的核心或本质，已牢牢地固定在我们的文化传统中了。

第二个主题与第一个主题"吃"相关，那就是发财。发财还是为了吃，是为了吃好的，或吃得更好。几千年来，中国人穷惯了，穷怕了，所以在新年伊始和新的一年里，必须得有钱，必须"马上（马年）有钱"。所以，压岁钱或送红包是亘古未变的年俗，延续至今。

----

① 这一天人的行事关乎其寿命。

压岁钱大体分为两种：一种是父母或爷爷奶奶送给自家或亲属家的小孩儿的，小孩儿作为回报通常要行跪拜磕头之礼；另一种是"当挣之年"的家庭"顶梁柱"孝敬给父母或更年长的长辈的。似我等之辈，早就没有这个待遇了，但我们也绝非一无所获，朋友或熟人相遇，人人都会收到数不尽的"恭喜发财"！必须要发财吆，否则拿什么做"顶梁柱"，拿什么派送压岁钱呢？所以，另一件事儿是绝对不能免的，那就是到庙里拜财神，甚至把财神请回家。以武汉为例，大年初一和初五，老百姓都纷纷到归元寺上香，祈求财神爷保佑，其中以初五那天香火最旺。

第三个主题是好运，人人都在年初的春节祈求好运，盼望一年都有好运。好运，往近处说要有好的运气，往远处说一辈子要有好的命运。好运气之首要数平安，中国有句老话叫作"平安是福"。这句老话不仅平实，而且道出了生活和生命的真谛，因为大富大贵在于"贵"，"贵"在于稀有，稀有便不可追，因此，平平常常才是真。与平安相关的是，要健康，是要身体好，所以"身体健康"的拜年语是一定少不了的，也一定是深受欢迎的。中华民族的历史是多灾多难的，哪怕是任何再小的灾难，都是个人和家庭难以承受的，因此便不难理解，过年祈福是全中国人民共同的年俗。以北京为例，大年初一到雍和宫上第一炷香，是各行各业有头有脸儿之人都要勉励为之的"事业"。近些年来，政府部门为服务或配合这桩文化盛事，大年初一的上午是要在北二环路雍和宫桥区采取交通管制措施的。北京另一处香火旺的地方，则是西山的八大处。

二

随着时间的推移和社会的变迁，近些年来中国的年俗又增加了新内容，或者说新的年俗正在形成。与传统的年俗相比，新的年俗仍然保持着"团聚"或"团圆"的主线，增加了"纯文化"的新主题。其一是全家游，包括出国旅游、北方人到南方的驱寒游和南方人到东北的冰雪游。与平时的同学、同事或朋友结伴而游不同，过年旅游的关键在于全家至少是"小家"集体出动，所以有"三代游""夫妻游""三口之家的亲子游"，也有兄弟姐妹组合在一起的"亲情游"等。

其二是赏花或逛庙会。赏花和逛庙会可以说是南方和北方两道完全不同的文化风景，但细想一下，两者也并非没有一点儿相同之处，至少其场所多半是在公园里。武汉人就有在过年时节赏梅的眼福。2014年春节期间高温逾20度的罕见天气更让梅花盛开恰逢其时，武汉大学的梅园便成了家庭赏花的好去处。磨山植物园的梅花则更负盛名，记得有一年春节在此赏梅时正赶上小雪凑趣，令人立马儿就想起毛主席诗词"梅花欢喜漫天雪"的意境，只是这种漫天雪与东北大地的漫天雪完全不同，东北大地的漫天雪无论如何是孕育不出盛开的梅花的，在东北飘雪不断的腊月是与腊梅绝缘的。与此相映成趣的是，北京的公园里都在举行着庙会。最初的庙会也是以吃为主，现在文化主题的庙会越来越多，也越来越受欢迎，越来越有影响。例如龙潭湖的体育庙会就备受推崇，家长可以带着孩子在那里与平时只能在电视里看见的世界冠军或奥运冠军过过招，试试身手。这种机会对孩子肯定会产生较大影响，或许会改变孩子的人生轨迹，也未可知。

其三是全家围着电视看春晚。春晚从 1983 年出现以后便成为中国百姓家庭除夕之夜共同的期盼，不能错过看春晚就像不能错过年夜饭一样重要，而且也必须是全家一起看，一边看一边评评点点更是渐成新风，评点甚至比观看本身兴致更高。在社会公众层面，对春晚的质疑声甚至谩骂声也开始不绝于耳，但请不要惊慌，在经济发展、社会转型、文化多元和人格独立的时代，在几乎人人都会玩微博、微信，人人都能成为意见领袖的庞大群体中，也许很难再有哪一件事儿能赢得众口一词、齐声欢呼了，或许这才是正常。也许，一边看春晚，一边评春晚，甚至骂春晚，才是完整的春晚。这就是社会进步。

然而，对春晚的恶评倒是有益于我们做一点儿反思，那就是同为文化创意产业的出版业，时刻都不能忘记创新。文化创意产业之生命就在于创意，即需要不断创新，只有这样才能时刻抓住观众或读者的心。去年春节时给导师拜年，谈话间 85 岁高龄的先生提到的创新观点，具有很大的启迪价值，他说真正的创新绝不只是形式的花样翻新，更重要的是，要不断地回答或应对新时代提出的新问题。这句话对我触动很大，先生所说的就是内容创新呀，作为内容产业的出版业，更是要把内容创新聚焦在新时代所提出的一个个新问题上。把握住时代的脉搏，用内容所承载的思想推动社会进步，这就是我们存在的价值。

三

随着时间的推移，那些过年的事与物渐渐地、悄无声息地发生着变化，有的内容变得不重要了，只留下一种具有仪式感的形式了；有的内容本身虽然还保留着却要饱受质疑。前者以吃最具代表性，以前看重吃，看重吃什么，是因为日子过得穷，只有过年时才舍得吃点儿好的。现在则不同了，过年时吃的东西已经没有任何"稀罕"的了，跟平时吃的差不多了，只不过由于人多可能品种更丰富一些而已。好吃的东西是比以前多了，可从前的滋味儿怕是再也找不回来了。也不知道这是进步了，还是倒退了。后者则以放鞭炮最具代表性。过年和春节期间放鞭炮和花炮，可能是最"隆重"的中国传统了，以前的年画中就少不了孩子放花炮的主题和内容。放花炮除了增添过年的喜庆氛围外，还有崩一崩"晦气"或驱魔降妖的作用。在雾霾对生活环境造成如此伤害的今天，城市地区的"限放令"得到了赞同和响应，有的人甚至认为放花炮就是传统的陋习，应该彻底放弃。可是没有了花炮，这过年还真就像是缺了点儿什么，可能是显得太"素"了，"素"得都没有"年味儿"了，毕竟中国人过年讲究的是一个热闹！在农村过年放鞭炮还没有受到限制，所以农村的鞭炮丝毫未见减少，因此年味儿要比城里浓一些。其实，这放鞭炮和礼花还符合国际礼节，也就是说不是中国特有的事儿，君不见一国首脑出访他国受到鸣礼炮 21 响或 19 响的礼遇，重要国际会议、节庆或其他隆重场合各国首脑围观礼花的场景，也都司空见惯。因此，这烟花爆竹之放与不放，也不知何为进步，何为落后。

　　另一件热闹的过年习俗的逐渐消失，似乎比放鞭炮更容易判别"是非"一些，那就是东北农村的扭大秧歌，尤其是各路大秧歌的汇演那叫一个热闹，节日气氛浓烈，大秧歌至少要扭到正月十五，有的甚至贯穿整个正月。著名歌唱家郭颂的一曲《看秧歌》，则是东北农村生活的真实写照。现在过年时扭秧歌的场景早已只剩下回忆了，重要的原因是以前有县、公社和大队等集体组织，自家庭联产承包责任制分产到户以后，就再也没有人组织了。物质生活无疑大大进步了，而文化却正在一点一点儿地丢失。这还不仅体现在年俗方面，在其他方面也同样如此，应该引人警醒。文化根植于乡土之中，中国特色社会主义的文化建设成功与否，乡村文化建设是关键。

年俗是一面镜子。它真实地反射着一个时代、一个社会，以及生活在这个时代、这个社会的人们的面貌，反射着社会的转折和时代的变迁，每个人都可以对着镜子照出"本我"来，让这个"本我"永远紧跟上时代的脚步，成为健康年俗的有益成分，应该就是每个人努力的方向吧。

书·纸·笔——那些获得和失去的情感

1982 年，我告别物产丰饶的黑土地来到了首都北京，在北京师范大学开启了自己的求学之路；1990 年毕业后，我来到了商务印书馆，成为了一名出版工作者——从一心向学的青涩少年到担负文化重任的编辑和经营管理者，我有幸成为中国改革开放进程中文化出版领域的一名亲历者和见证者，更是受益者。从上学到现在，伴随我和影响我最深的，因此也是最有感情的，就是人们最熟悉的书、纸和笔。

我从小就爱读书，但在六七十年代，书对我们来说是奢侈品。我们小的时候最常见到的书就是语文课本，每个学期发语文课本时是我最幸福的阅读时光，我会在拿到书后一口气全部读完，然后再反复读反复看。当时家里用报纸糊墙，这也成了我阅读的一个好去处，我认真读上面的每一个字，糊在高处的我会爬着梯子上去看，唯恐漏掉一个字。可以说，书的稀缺和对书的渴望成为了我儿时最难忘的回忆。读大学的时候，正值改革开放，经历了"文革"的文化荒漠后，人们格外珍惜学习的机会，"知识就是力量"成为许多人的座右铭。校园里书香四溢，随处可见如饥似渴的读书人。图书馆里的借书柜台总是人满为患，一本好书总会有许多人预约登记，排队等待。至今耳畔还不时响起图书管理员逗笑的喊声：谁的《死魂灵》？《"北京人"下落不明》！买书就更是一件大事了，在商务印书馆读者服务部门前排长队，是常有的事。对于读者而言，排长队不算什么，为买一本书，有时甚至要精打细算、节衣缩食。而现在，我国每年出版新书几十万种，仅2015年图书零售册数就达到了近64亿册的规模，书已不再是稀缺品、奢侈品，购书的渠道更是多种多样，人们足不出户就可以在网上购书，坐等快递员送书到家。面对这样良莠不齐的"书海"，选择什么书，读什么书，反倒成为了一个难题——这是一个非常大的变化，加之网络上的信息爆炸，不仅炸得人们晕头转向，读书如朝圣的感觉也已不再如初。

曾经与书一样稀缺的，还有纸，写字用的纸。中国人讲究"敬惜字纸"，这其实是中国非常好的一个传统，充满了对知识的敬意。我们小的时候，片纸一张得来不易，写字时很少用上光洁顺滑的白纸，最常用到的是纸面布满颗粒的黑黄的草纸，这种纸是无法用铅笔和圆珠笔在上面写字的，只能用钢笔。我在用钢笔写时，也得小心翼翼，写时不仅会磕磕绊绊，笔画还常常因为纸面的阻碍变得扭曲，甚至发生钢笔尖被纸面上的褶皱和小疙瘩劈开，把墨水溅到脸上或眼睛里的事情。这样的用纸对向学的耐性与恒心是一种检验和考量，经得住考量，就会获得仿佛翻越万水千山而达彼岸的喜悦。现在的孩子则充分享受了中国巨大变革所带来的极大物质丰富，一个简单的作业本，就会按科目、按类型分为好多种类，田字本、注音本、横线本、作文本、数学本、错题本等等，琳琅满目，名目繁多。可以说，关于纸我们拥有了足够的获得感和幸福感，但对纸的尊崇和神圣感，却在逐渐减弱，现在已经很少有人对一张纸倾注感情，更遑论敬意了。

一支小小的钢笔带给我的，是现在还念念不忘的儿时的荣耀。

初一时代表学校参加全公社（相当于现在的乡）数学、语文两科竞赛，总分名列前茅而获得大奖，奖品就是一支色彩绚烂的钢笔。最难忘的是颁奖时的隆重场面：在学校的大操场上，副校长兼教导主任率领全校几百名师生，高喊向我们两位获奖者学习的口号。我还清楚地记得，两支钢笔一支是红色的，一支是蓝色的，我更喜欢红色的，但颁给我的却是那支蓝色的，虽小有遗憾，但那支笔伴随我一直到上大学。许多从六七十年代过来的人一定会对第一次给钢笔吸注墨水时那种小心翼翼的神圣感记忆犹新，也一定会记得钢笔滴墨洇湿草纸时的紧张与懊丧。那个时代一支钢笔并不只是一种书写工具，它还是一种特殊的标志——在口袋上别一支钢笔，常常是有文化的象征，至少标志了一种向学的信心、决心和志向。在那个"不太物质"的时代，挂一支笔甚至可以满足人们那么一点小小的虚荣心，这种虚荣跟"物质时代"的炫富比较起来，简直可爱至极。

如今，随着物质文明的进步，书写习惯、书写载体的改变，笔的地位发生了悄然的变化。挥毫泼墨的书法家仍旧奉笔为神器，但普通人对笔的在意程度远比不上曾经的年代——开个会、举办个活动常常会发给大家一支笔，人们的笔筒里插满了从各种渠道来的笔，笔不仅成为了单一的工具，甚至沦为了一次性消费品。笔是多了，但它的魂却没了。这种灵魂的丢失，在键盘之下就再也找不回来了。不错，计算机给了人们太多的好处，怎么说都不为过，但每个人用键盘敲出的文字，都是千面一律的，笔体和字迹所镌刻出的活生生的人，却不经意间消失了，"文如其人"再也无法从笔体和字迹中辨识了；见字如面的那种温暖和亲情，也逊色了不少。虽然对于我等向来笔迹羞于见人者来说，有了可以遮丑的良机，但想起来还是难掩失落与酸楚。

应该说，人类社会正在经历巨大的变化和转型，中国改革开放四十年来取得了巨大而辉煌的成就。我们在安享文明转型和社会变革成果的同时，也要有意识地关注那些在变革的洪流中有可能被淹没的殊可宝贵的东西。物质丰富了，但是精神不能减少。人贵为人之处，恰在精神。无论多好的东西，物质总会有消失的一天，真正好的东西在于，物质虽消失了，精神却永存，一代代传下去，并附着在更新的物质上。出版就是不断地创造新精神和新物质！

出版不朽！

第三章
历史的高度

中国现代民族出版的开拓者

商务印书馆创立于 1897 年，她的创立标志着中国现代出版事业的发端。她的创始人夏瑞芳自然也就以其开创性的事业，开启这样事业的远大抱负，以及所取得的卓越成就和深远影响，成为中国现代民族出版业的第一人。然而，人们谈起商务印书馆的时候，总是首先想起把商务印书馆带到世界前三、亚洲第一的张元济和王云五，想到茅盾、郑振铎和胡愈之这样的文化名人，以及杜亚泉、蒋梦麟、顾颉刚这样的学术和思想巨匠，而对于创始人夏瑞芳似乎所谈甚少，当然这与其英年早逝不无关系。2014 年适逢夏瑞芳先生遇刺身亡 100 周年，撰写此文以资纪念，并表达对先辈的敬仰之情。

一、从"留守儿童"到现代民族出版的开创者

夏瑞芳，1871 年出生于江苏省青浦县（今属上海市）沈巷乡南库村。祖辈世代务农，由于年景不好，其父放弃土地和耕作，离家改做小买卖谋生，起初挑担卖糖，后来在上海开了一个小杂货铺。父亲的小买卖根本无法养家糊口，因此其母也就远到上海，靠做佣人填补家用。父母双双外出打工，夏瑞芳只能独自一人留

守家中，成了名副其实的留守儿童，寄养在大伯家。1882 年，11 岁的夏瑞芳瞒着伯父到上海寻找母亲，当时母亲在美国基督教长老会传教士范约翰（John Marshall Willoughby Farnham）牧师家中做佣人。也正是这位范约翰牧师成为夏瑞芳遇到的第一位"贵人"，这位贵人成为改变夏瑞芳人生轨迹的重要人物。范约翰和妻子玛莉·珍妮（Mary Jane）是 1860 年来到上海的，他们在上海创办了一所学校——清心学堂，1880 年他们又把清心学堂更名为"清心书院"。在当时的中国社会，一般是不容许佣人带孩子住在主人家中的，范约翰牧师夫妇不仅打破常规让无家可归的夏瑞芳留了下来，还把正值上学年龄的夏瑞芳带进了他们创办的清心书院，这是夏瑞芳人生道路上的重要转折点。在清心书院，夏瑞芳不仅学会了英文，学到了很多新的知识，更开阔了眼界和心胸，他不仅看到了上海，更通过开始"洋化"的上海和学到的"全球性"知识，看到了整个世界。顺便说一句，从清心书院还走出了中国现代大学的开创者郭秉文、新闻报刊界的翘楚董显光和李政道等人。

　　从某种意义上说，清心书院"孕育"了商务印书馆，因为夏瑞芳不仅在这里学到了印刷知识，而且还结识了同窗好友鲍咸恩、鲍咸昌兄弟和高凤池等人，正是这三人与夏瑞芳共同创立了商务印书馆，尤其是鲍氏兄弟对夏瑞芳帮助最大，夏瑞芳还娶了鲍氏兄弟的妹妹，因此成为鲍氏大家庭中的一员。鲍氏当时在江浙一带是个大家族，鲍氏兄弟的父亲鲍哲才是浙江宁波人，从小在教会学校接受教育，后来作为排字技师的重要一员，协助传教士创办和经营以印中文本《圣经》为主的美华印书馆，他对鲍氏兄弟和夏瑞芳走上印刷、出版之路产生了重要影响。而这个由美国传教士威廉·甘伯（William Gamble）牧师创立的美华印书馆成为商务印书馆的摇篮，商务印书馆的几位创始人都出自美华印书馆。实际上，从19世纪30年代开始，外国传教士就开始在中国的广州、宁波和上海等地建立印刷厂，主要印行《圣经》和其他用于传教的小册子，重要的包括广州石印所、上海的墨海书馆、宁波的花华圣经书房（后来迁到上海，更名为美华印书馆）和上海的点石斋印书局等。

　　1889年，夏瑞芳的父亲去世，在清心书院半工半读的夏瑞芳也已年满18岁，为了养家糊口，他开始了正式的职业生涯。由于在清心书院学过英文和印刷技术，他很快找准了自己的方向，在洋人报馆里做英文排字工，先后在文汇西报馆、字林西报馆和捷报馆工作，成为排字工人领袖，字林西报相当于英国在华设立的"官报"，一直到1951年才停刊。当时，不仅在洋人开办的报馆，在所有洋人设立的机构中，中国雇员都是饱受歧视的。1895年，因不满资方克扣工人工资，夏瑞芳曾率领排字工人罢工，致使当日的报纸未能出版。夏瑞芳不愿忍气吞声地为洋人干活，便联合鲍氏兄弟和高凤池等同窗好友，立下了摆脱洋人控制自主创业的志向。夏瑞芳生活的年代正值中国政治动荡、经济贫弱、文化衰败，中华民族面临亡国亡种的危机。然而，一个新的时代胚胎正在旧时代的混沌母体中呼之欲出。1897年2月11日，不甘为洋人奴使的夏瑞芳联合鲍氏兄弟等姻亲及好友高凤池等，集资了3750元大洋，于上海的江西路德昌里创办了一家印书作坊，取名为商务印书馆。夏瑞芳时年26岁，几个年轻人都刚刚开始工作，手头都不富裕，夏瑞芳所占的一股500元竟还有赖其妻鲍翠玉向其女校同学借贷才凑齐的，由此可见年轻人创业的意志多么坚定。无疑，这样坚定的意志是与其胸中所怀有的报国理想密不可分的。

二、从家族走出的现代企业

商务印书馆创立之时，在某种意义上可以说是鲍氏的家族企业，集资是3750元按每股500元计，总共7.5股，鲍家的女婿夏瑞芳、鲍氏兄弟咸恩、咸昌各出一股的股金，鲍家的另一位女婿张桂华和鲍咸昌的小舅子郁厚坤各占半股。首倡者夏瑞芳被推举为总经理，鲍氏兄弟用其所长主管排校和印务。遗憾的是，这时影响他们走上民族出版事业的家长鲍哲才没能看到女婿和儿子们的创业，他在两年前就去世了。夏瑞芳的母亲也已经去世了。可以说，商务印书馆从创办之日起，就是一个以家族为背景的股份制企业，它只用很短的时间就把家族的痕迹消除了，而变成为一个纯粹的现代企业，这与总经理夏瑞芳的远见卓识、宽广胸怀和理想抱负具有很大的关系。

商务印书馆在创业初期仅有几部手动印刷设备，这对于胸怀大志的夏瑞芳来说，是远远不能满足的。他不断委派技术人员赴日本、美国、德国等国考察，学习最新印刷技术，他自己还亲自赴国外学习、考察，不断购买新式机器，还大量地聘请外国技师来商务印书馆工作，设备和技术很快得到极大的提升。1900年，在纱厂老板印锡璋（有模）的帮助下，商务印书馆收购了日本人在上海开办的修文印刷局，修文印刷局当时是上海最大的一家印刷机构，设备先进而且齐全，制版等技术领先，不仅能印一般的商业文件，而且能印中文、日文和西文书籍。收购日本修文印刷局对商务的发展具有重要意义，用创始人之一高凤池的话说，"商务基础之稳固乃发轫于此"。而且，商务迅速成为国内具有凸版、凹版、平版技术的机构，这一切还奠定了中国现代民族印刷业的基础。随后，夏瑞芳为了企业长远发展，成立编译所、印刷所、发行所等。

随着企业的发展，夏瑞芳迅速根据企业发展的需要，淡化姻亲色彩，不断增资扩股，改造股权结构，并根据业务需要，迅速将盈利用于扩大企业规模。1901 年，即商务印书馆创立的第五年，夏瑞芳便对商务印书馆实行了第一次增资扩股，吸收张元济和印有模入股。这时商务印书馆的资本经估价已达 26250 元，张元济和印有模投资 23750 元，总资本 5 万元。商务印书馆正式改组更名为"商务印书馆股份有限公司"，夏瑞芳继续担任总经理。这次的增资扩股以及重组，标志着商务印书馆已经完全摆脱了家族的色彩，而成为不折不扣的现代企业。

第一次增资扩股不仅引进了资金，不仅实现了向现代企业的华丽转身，更重要的是引进了一位后来在商务印书馆的历史乃至中国近现代出版和文化史上堪称文化领袖的人才——张元济。在张元济入股的第二年即 1902 年，他便应夏瑞芳之邀，正式加入了商务印书馆，标志着商务印书馆从一家小型印刷企业转变而成现代出版企业，从而揭开了商务印书馆历史的新篇章。

1903 年的第二次股份制改造，更是石破天惊的开创之举，夏瑞芳不仅引进外资、开创了中外合资企业的先河，更为商务印书馆乃至中国民族出版业的现代化发挥了至关重要的作用。合资方是在日本极具声誉的出版机构——金港堂，金港堂名列日本明治维新时代四大教科书出版社之首。上海作为最重要的通商口岸之一，吸引了很多外国企业进入，日本的金港堂自然也看到了在上海发展的商机，意欲进入上海。面对难以匹敌的强大外国竞争对手，夏瑞芳审时度势，做出了与其以卵击石地与之竞争不如以我为主地与之合作的战略决策。经过与日本大出版商金港堂艰苦的谈判，达成了由双方各出资 10 万元，重组商务印书馆股份有限公司，由中方完全控制经营权、由中方出任总经理等合资条件。张元济之子张树年先生在后来的回忆文章中做过这样的评论："夏公在商务与日本金港堂的十年成功合作问题上，所表现出来的深谋远虑，令人钦佩。夏公采取与其联营的办法，利用日方的资金、技术和人才，发展中国的民族出版业。在联营中，夏公坚持由中方承担日常经营、人事、行政权，日方只在董事会中派员行检察之职。这在列强侵华、国势颓危之际，恐怕是绝无仅有的、坚持主权利益的一次中外合资。"与金港堂的合资经营，使得此时的商务，不但引进了大量资金和先进的技术与设备，而且率先引进了外籍的编辑人才和出版印刷技术人才和资本主义的经营管理方式。利用与日方合资经营的便利条件，商务派遣大量的人员赴日学习，对民族出版业的队伍建设起到了非常重要的作用。借鉴日本明治维新以后现代的教科书编撰、出版理念，不仅使商务在中国的教科书出版领域独占鳌头，更为中国的教育现代化和文化发展做出了不可替代的贡献。在引进先进的管理经验和建立与完善现代企业制度方面，这一次引进外资的股份制改造也同样具有划时代的意义。由此，商务印书馆建立和完善了股东大会、董事会和监事会制度，股东大会推荐董事和监事，董事会推举董事长、任命总经理等。

与日本金港堂的合作持续了 10 年，这 10 年是商务印书馆发展史上非常重要的 10 年。辛亥革命后，面对日本帝国主义的侵略野心，全国性的反日情绪日渐高涨，商务与日本人的合资也遭到人们反对，商务的董事会和夏瑞芳又果断决策，不惜一切代价收回日股。收回日股是一项十分艰难和棘手的事情，夏瑞芳几经往返上海和日本之间斡旋，经过艰苦的谈判，最终说服日方放弃股份，使商务印书馆成为完全独立的民族出版企业。1914 年 1 月 10 日，商务印书馆在《申报》上刊登启事，正式宣布：公司为完全由国人集资经营的公司，已将外国人股份全额购回。日后，关于收回金港堂所持股份，商务印书馆在向股东大会汇报时特别指出："此事关系重大，本应召集股东会筹议办法，只因商机宜密宜速，故由董事会担负责任，先行议决。此事应请股东原谅。……此项收回日股均系夏总经理苦心经营，乃得达此目的。"

令人扼腕的是，就在商务印书馆在《申报》上刊登启事，宣布全部收回日股的当天傍晚，夏瑞芳在河南路发行所门前被暗杀。关于夏瑞芳遇刺之谜，有不同的说法，在此不作赘述。夏瑞芳去世是商务印书馆和近代文化事业的重大损失。此时的商务，刚刚成立 17 年。17 年间，商务已经由 3750 元规模的一个小小印刷作坊，成长为企业规模扩大了 500 倍的一个具有 200 万元企业资本、分馆遍布全国、执全国文化出版机构之牛耳的现代出版企业。在他去世前夕，商务已经成为亚洲一流的出版公司，后来更成为跻身世界三甲的文化和出版巨擘。

三、企业家精神的最好诠释者

夏瑞芳有着"民国第一CEO"的美誉，在他身上闪耀着许多的企业家精神，诸如创业精神、创新精神、责任意识、市场意识和人才意识等。所有这些极具个人色彩的特性为企业的现代性注入了应有的活力。可以说，商务印书馆的早期发展是与作为开创者和总经理的夏瑞芳所具有的企业家精神密不可分的。

首先是创业精神。它包括吃苦精神、勤俭精神和谦逊的品格。

说到吃苦，夏瑞芳真实地践行了总经理是第一员工的现代企业理念。商务印书馆创办初期，夏瑞芳几乎承担了除了内容编译之外的所有经营性工作。他身兼数职，既是总经理，又是收账员、校对员、采办员，有时候还得亲自坐到铅字架前去找铅字。

创业是艰苦的，创业也是艰难的，资金的不足几乎成为所有创业者都无法回避的难题，这就要求创业者不仅在经营上要做到胼手胝足，还要克勤克俭。在这方面，夏瑞芳堪称企业家之楷模。例如，创业初期，夏瑞芳乘船去日本考察业务，身为总经理，坚持坐三等舱前往（当时一等舱70元，二等舱47元，三等舱14元6角），尽可能为企业节省。当时商务的股份，他不过七分之一。甚至一度在商务的印刷车间，装订折页的工作都是由一些做义工的女眷完成。这种创业精神，赢得了良好口碑和信任。

所谓的创业，就是开创未曾有的事业，至少是自己未曾经历过的事业，谦逊、好学就成为企业家必备的精神和品质。夏瑞芳是谦逊的、好学的。身为总经理的夏瑞芳并不自视高人一等，他尽力接近职工。他还自己动手做些校对、收账、采办的具体工作，每天工作至晚八九点钟才能休息。他读书不多，深感自己文化水平低，但他善于团结众多人才为己所用。他尊重读书人，尊他们为"老夫子"，让工友称他们为"师爷"。馆内大事，处处征求读书人的意见。因此在商务工作的专家、学者和技师，虽然来自五湖四海，却在这种宽松环境中和睦相处，以至吸引到一些宁可舍弃高薪，情愿到商务做事的高人。

其次是创新精神和探险精神。夏瑞芳具有敢于争先、不怕风险的创新精神，这种魄力和胆识是卓越企业家的必备素质。他带领商务印书馆不断革新印刷技术，采用最先进的机器设备，不断提高生产效率；他又根据市场需要，不断开发出适应新形势新时代的产品，扩大市场影响力；他勇于探索新制度，增强企业竞争能力。他面向市场勇于竞争，在与竞争对手的博弈中不断使自己发展壮大。

第三是责任意识。商务印书馆的创立，本身就是一种有责任感的举动，其源于夏瑞芳等年轻人不甘为洋人打工，而要开创属于自己民族的事业。商务印书馆所印行的出版物引进和宣扬进步思想，也反映出对国家和民族大义的担当。例如，作为戊戌六君子之一的谭嗣同遗作《仁学》，痛斥封建专制制度为"大盗"之政，痛斥封建专制君主为"独夫民贼"，是万恶之源，公开宣扬"君末民本"的民权思想，夏瑞芳在接受这本书的承印之托时，很坦然地说："没有关系，我在租界，不怕清廷。"

第四是市场意识。夏瑞芳的市场意识是与其责任意识密切联系在一起的。他的市场意识并不局限在具体人群的市场需求方面，而往往着眼于整个国家和民族利益的需要方面，这就是大企业家的眼光和眼界。对于这样的企业家而言，市场才真正是广阔和远大的。例如，在封建皇帝的统治之下，面对已经被列强的坚船利炮打开国门的大形势，外国的文化与知识大量随之涌入，商务印书馆果断地开始印行英文书籍，包括教科书和工具书等，以适应"开放"之需。1898年出版的第一本书籍就是英语书《华英初阶》，胡适、梁漱溟、巴金和丁玲等都曾受益于《华英初阶》。商务印书馆创建之时，不过是一个以承印商业簿册和教会宣传品的小小印刷所。出资的核心股东，都是社会中下层的技术工人。然而，夏瑞芳就敏锐地捕捉到时代的潮流。新旧交替，东西融合，维新思潮大兴，知识阶层渴求吸收新思想新知识；作为东部的贸易中心，上海云集了各国商贾，外语学习成为社会的风潮与机会。夏瑞芳将在教会使用过的英文课本 *Primar* 翻印出版，一时热销。后来又找谢洪赉牧师，编出商务印书馆第一本书《华英初阶》。初印的2000册，不到20天就销售一空。如果考虑到当时连识汉字的人口都占极少比例的国情，这样的产品策略不能不说具有先见之明，不能不说具有社会前瞻性。

最后也是最关键的是人才意识。人类社会一切的事业，归根到底都是人的事业，最终都是仰仗着人才实现的。越是高远的理想，越需要集聚团队的智慧，众人的力量。夏瑞芳胸怀宽厚，气质温和，这种人格赢得了全馆和同业的尊重，为商务的发展赢得了内在动力和发展空间。夏瑞芳的人才意识首先体现在其求贤若渴的态度，以及追求群贤毕至的局面上。说到引进人才，首要的就是张元济这位清朝翰林的加入，有了他的加入才有了商务印书馆日后更加的辉煌和在中国近现代文化史上的突出地位。张元济加入商务印书馆，可以说完全是夏瑞芳求贤若渴的结果。夏瑞芳因为业务关系与张元济相识于1899年，当时张元济任南洋公学译书院院长，南洋公学的印刷业务交由商务印书馆承担，两人一接触便互生好感，尤其是夏瑞芳被翰林出身的张元济深厚的国学知识和西学学养所吸引，而张元济对排字工出身的夏瑞芳的勤勉、事业心和好学敏求的精神颇为赞赏。鉴于一些出版物因质量问题在投入市场后无人问津的窘境，夏瑞芳意识到"组织书稿出版图书不是门外汉所能胜任，必须要由真才实学之士担任，还必须建立自己的编译所"。他想到的理想的总编辑，只有张元济。"用师者王，用友者霸，用徒者亡"，对知识分子敬重和依靠，反映了夏瑞芳的不凡格局和远大抱负。胸怀大略的夏瑞芳，毫不犹豫地接受了张元济的戏言——每月350块大洋的"天价"高薪，其诚意、气度和才干，打动了张元济。夏瑞芳和张元济能够走到一起，还有一个非常重要的因素，即两人怀有共同的理想，即他们共同定下的"吾辈当以扶助教育为己任"的约定，商务印书馆的格局从此定立。"夏与张结合才为商务成为一个出版企业奠定了基础。"（陈叔通语）张元济的加入对促进商务印书馆的发展起到了革命性的推动作用，不仅使商务印书馆真正成为一家以编书、印书为主的出版企业，张元济还吸引了包括蔡元培、严复和林纾等在内的大批知识分子，成为商务印书馆的员工或紧密的作者，许多思想进步、才学出众的知名人士，如蒋维乔、庄百俞、寿孝天、高梦旦、杜亚泉和黄元吉等先后加入商务，不仅改变了编辑队伍的人员组成和知识结构，编辑队伍的整体素质大幅提高，而且从此商务印书馆便成为知识分子施展才华、实现理想抱负的重要舞台。中国近现代的知名知识分子严以千计宽以万计，无不与商务印书馆有着这样那样的联系。张元济成为商务印书馆的一面旗帜，自此商务印书馆成为张元济及其一代知识分子开启民智、变革社会的试验田。时代的主题，即成为商务印书馆事业的大格局。

而夏瑞芳也由一个普通的印刷工人完成了向一个卓越企业家的升华。

夏瑞芳的人才意识，除了求贤若渴地引进那个时代的能人、高人之外，还体现在对一般员工尤其是年轻人的培养和队伍建设方面。夏瑞芳对青年工友关怀备至。安排他们练习书法、学习珠算。那些求知欲强的，则送进技术学校进修。商务还自行创办艺徒学校，专门培训高级印刷技术人才。品学兼优者会被安排独当一面的工作。商务先后开办了师范讲习班、函授学校、附属小学、养真幼稚园等。商务的员工的生活与成长，大都在种种方面受惠于企业，许多人对夏瑞芳怀有知遇之恩。员工的稳定和忠诚，成为商务完成远大抱负和实现其文化理想的基础。

四、出版家的品格

称得上企业家的人，心中必须怀有强烈的社会责任感，并以产品和企业行为履行社会责任。作为出版家，由于其产品和企业所具有的文化特性和意识形态属性，更应该把社会效益和社会责任放在首位。在这方面，商务印书馆是幸运的，其创立者不仅是卓越的企业家，还是难得的出版家。夏瑞芳自身的经历，让他认识到教育、知识和文化对于国民和国家的重要性，张元济参与维新变法的失败更是让其立下了教育救国的宏愿。中国是个文明古国，但是在现代出版业产生之前，文化也不可避免地只是少数士大夫之间的唱和文化，几千年文化跟普通民众几乎不发生任何关系。全社会识字的人极少，文盲率极高，国民教育还是私塾教育，贫苦人家的孩子没有受教育的机会。1901 年，在南洋公学主持译书工作的张元济在给盛宣怀的信中指出："中国号称四万万人，其受教育者不过四十万人，是才得千万之一耳。且此四十万人者，亦不过能背诵四书五经，能写几句八股八韵而已，于今世界所应知之事，茫然无所知也。"张元济之所以应夏瑞芳之邀进入商务印书馆，还因为他认识到出版是通过传播知识、文化和思想而达成教育之目的，于是他便与夏瑞芳约定"吾辈当以扶助教育为己任"，所以商务印书馆便明确了"从教育着手，改变中国，变法图强"的方向，把"昌明教育，开启民智"确立为自己的使命，商务印书馆的百余年发展史，无论是单纯的书刊出版还是从事其他文化、教育事业，始终是沿着这一方向，遵循这一使命而前行的。

商务印书馆开办自己的幼儿园、小学、中学、贫民夜校和各种职业技术培训学校等，使很多贫苦百姓的子女得享受教育的机会和掌握各种工作技能；商务印书馆以企业的一己之力建立的涵芬楼资料馆，日后更发展成对公众开放的全亚洲最大的图书馆——东方图书馆；商务印书馆创立的中国第一家电影制片厂也是为了教育的目的，以教育片、时事片、戏曲片和风光片为主，宗旨是"表彰吾国文化"，"抵制外来有伤风化之品，冀为通俗教育之助"。商务印书馆的图书产品更是紧紧地围绕着"昌明教育　开启民智"这八字使命而展开的，无论是编撰最新教科书和工具书，还是整理和出版中国传统古籍，以及译介反映西方现代化思想的学术著作，都体现了夏瑞芳和张元济们对时代需求的把握和对自己作为出版人的使命和责任的理解。对比时下在市场经济大潮中出版业出现的种种"见利忘义"的不良现象，不由得我们对先辈们更多生出几分敬仰和怀念。

2014年是夏瑞芳逝世100周年。我们纪念夏瑞芳，我们更要学习夏瑞芳。让我们以先辈为师，继承和发扬先辈的事业，为新时期的文化发展做出我们这一代人应该做出的贡献！

120年，始终不变的文化担当

2017年2月11日，商务印书馆迎来了120岁的生日。

120年前，我们从上海走来，我们成为中国现代出版事业的开启者，成为中国现代化进程的早期推动者。这都源自夏瑞芳和张元济们怀揣着教育救国的理想和抱负，抱持"昌明教育 开启民智"的使命，以世界的眼光，以现代学术和现代文化的方法，从教育和人的现代化入手，把中华民族拉入人类现代文明的主航道。这一时期的我们不仅出版以汉字书写的中国文化图书，如《马氏文通》《新字典》和《辞源》等，还在中国率先出版外文图书，如《华英初阶》等；我们不仅翻译出版如《天演论》之类的外国先进的思想学术名著，还翻译出版影响社会风化的现代小说如《茶花女遗事》等；我们不仅出书，还办报刊，1904年创刊的《东方杂志》、1909年创刊的《教育杂志》、1910年创刊的《小说月报》、1911年创刊的《少年》以及1915年创刊的《妇女杂志》等与后来创刊出版的一百余种杂志成为商务出版史上的重要篇章；我们不仅编写、出版《最新国文教科书》等新式教科书，还办有各类学校；我们不仅做出版，还做文化、做实业，商务发明的第一台中文打字机荣获万国博览会大奖。我们这些开创性的事业，为中国培养和造就了后来成为中华民族文化脊梁的一代代文化新人。

90—100年前，我们经历了黄金时代，被誉为中国文化大本营或文化高地。文人志士，会聚于此；科技贤才，纷至沓来。我们的经营规模和业绩不仅在亚洲首屈一指，而且跻身世界三甲；我们建成了亚洲第一图书馆——东方图书馆，创建了中国第一家电影制片厂；出版了中国第一部专科大辞典《植物学大辞典》；出版《中国人名大辞典》《中国医学大辞典》等；开始编印《四部丛刊》和《万有文库》等；出版李大钊《史学要论》、胡适《中国哲学史大纲》、赵元任译《爱丽丝漫游奇境记》、鲁迅《阿Q正传》英译本和亚当·斯密《国富论》等流传后世的佳作。此外，我们还邀请印度诗人泰戈尔、英国哲学家罗素和美国哲学家、教育家杜威等到中国讲学，成就了一个个中外学术与文化交流史上的佳话。所有这一切奠定了商务在中国近现代文化史上难以匹敌的突出地位。

80 余年前，我们成为国难的受害者，同时也成为"为国难而牺牲，为文化而奋斗"的勇者。我们在遭受了第一次浩劫，即日本法西斯的第一次摧毁后，并没有屈服，灾难更激发了我们的文化报国之志。日军制造的"一·二八"惨案当年，我们开始出版由中国人自己编写的第一套大学教材"大学丛书"，出版《百衲本二十四史》、《丛书集成》、《四部丛刊》三编、《辞源续编》、"中国文化史丛书"、《资本论》第一卷第一分册和"世界文学名著丛书"等。就是在这一时期，我们继续对自己提出了日出一书的要求；就是在这一时期，1936 年，我们在全国的市场占有率仍然保持 52% 的垄断地位。"一·二八"事变后，时任商务印书馆《东方杂志》主编的胡愈之编发了大量宣传抗日的文章；1933 年年初，《东方杂志》刊发"新年的梦想"特辑，发表了一百多位名人撰写的关于中国和个人生活的梦的文章，梦想一个自由、平等、幸福的新中国。

70 余年前，我们成为了颠沛流离的文化坚守者。1937 年，随着抗日战争的全面爆发和上海沦陷，我们再遭日本法西斯重创，总管理处先迁长沙后移重庆，其间主要出版工作曾转至香港办事处。大灾之下，必图大志。商务立即发出启事，重申学术报国之志，在战争灾难困难重重的条件下仍然砥砺前行，不仅应战时之需出版了"抗战小丛书""战时常识丛书""战时经济丛书"和《战时手册》等图书，还出版了张元济《中华民族的人格》、陈寅恪的《隋唐制度渊源略论稿》、钱穆《国史大纲》、金岳霖《论道》、王力《中国文法学初探》、《辞源》正续编合订本、《马可波罗行纪》、但丁《神曲·地狱》、罗曼·罗兰《约翰·克里斯朵夫》，还在香港出版了《万有文库》简编一二集等。商务人用自己的文化坚守向世人证明，国破不仅山河在，与山河同在的，还有文化、还有精神。

60 余年前，我们来到了北京，成为新中国新文化的重要建设者。我们把东方图书馆的藏书全部捐献给了百废待兴的新中国。出版了《缩印百衲本二十四史》《中华人民共和国药典》，而亚里士多德《政治学》、卢梭《社会契约论》、孟德斯鸠《罗马盛衰原因论》、黑格尔《法哲学原理》、凯恩斯《就业、利息和货币通论》等外国学术名著则成规模出版。出版《英华大辞典》《俄汉大辞典》和德汉、法汉词典以及张道真《实用英语语法》和薄冰、赵德鑫《英语语法手册》等多种外语辞书和工具书。堪称重中之重的是承载深厚大国文化、担当新中国国民教育和推广普通话与现代汉语规范化重任的《新华字典》新一版的出版和印出《现代汉语词典》试用本送审稿。

50 余年前，我们成为了不幸年代的万幸者，成为那个特殊年代文化沙漠中少有的一片绿洲。以"东方红出版社"名义出版俄文版和英汉对照本《毛主席语录》。全体干部到湖北咸宁参加"文化部五七干校"。1971 年，受重修承载大国文化的《新华字典》的使命召唤，我们返回北京，迁入了王府井大街 36 号，出版了《新华字典》（1971 年修订版）；与全国 14 家出版社联合翻译出版国别史；与全国 17 家出版社联合出版国别地理；出版摩尔根《古代社会》、阿庇安《罗马史》、霍尔巴赫《袖珍神学》和罗素《西方哲学史》等。

　　40 余年前，我们迎来了改革开放的春风，成为改革开放的见证者和践行者，结集出版的"汉译世界学术名著丛书"不仅成为改革开放的最重要成果，还成为一个时代的标志。正式出版《现代汉语词典》，出版《辞源》第二版，出版《古汉语常用字字典》，出版《新华词典》《汉英词典》，创刊《英语世界》，出版《牛津现代高级英汉双解词典》《便携俄汉大辞典》，出版《中华人民共和国地名词典》、"世界名人传记丛书""商务印书馆文库"，还出版"日本丛书""美国丛书""莎士比亚注释丛书""中国自然地理知识丛书""中国文化史丛书""中国文化史知识丛书"等。创建第一个中外合资的商务印书馆国际有限公司。

　　约 10 年前，我们站在了信息时代、文化时代和转企改制市场化时代的门槛前，我们必须回答新时代给我们提出的新课题。为此，我们实施了以"纸电同步"为标志的全媒体出版战略，开始了以内容创新为驱动的产品结构调整，开始了跨地区、跨行业、跨媒体、跨所有制和跨国的"五跨"经营，实施编印发一体化管理、版权一体化经营、财务一体化管理，实施科学化、精细化、标准化的经营管理战略，强化了文化就是生产力、向文化要效益的企业文化新理念。继承"昌明教育开启民智"的使命,明确了"服务教育　引领学术　担当文化　激动潮流"的企业宗旨,明确了"品质、责任、创新、合作"的核心价值观,以及"在商言商,文化当先;创意无疆,品牌至上"的核心经营理念。我们接续出版了《新华字典》(第11版)、《现代汉语词典》(第6、7版)、《辞源》(第3版)及"汉译世界学术名著丛书"达700种,出版了彰显中国现当代学术成果的"中华现代学术名著丛书"(200种)、"中华当代学术著作辑要",出版了"国际文化版图研究文库"和"自然文库"等,出版了填补国内学术空白的《中国设计全集》(20卷)、《中国当代设计全集》(全20卷),出版了《全球华语词典》《全球华语大词典》《普什图语汉语词典》和《当代外国文学纪事》(10卷)等,还出版了具有重大文化传承价值的《钱锺书手稿集》(72卷)和文津阁《四库全书》原大复制工程等等。

今天,我们站在了一个新的历史时间节点上,开始新的旅程。我们必须牢记,我们所走的每一步都留有先辈的足迹,我们所到之处都有先辈相伴的身影。同时,我们必须让我们的脚步充满新的精神,这就是时代的精神,是属于我们这个时代商务人特有的创造精神。我们的事业是一代人接一代人的事业,是始终与国家和民族的命运紧密相连的事业,我们必须担负起属于商务人的责任,属于我们这代人的责任,做好我们这代人的传承与创造,让我们的努力和成果不仅凝聚成民族文化的片刻记忆,还能成为后来人可以接续的事业。唯此,我们才能上不负古人,下无愧来者。

让我们向夏瑞芳和张元济等先辈们致敬!向所有支持、陪伴和关注我们走过120年历程的人们致敬!

不忘初心　牢记使命
担当文化　激动潮流

在中国传统文化中，120 年是双甲子年，一个甲子象征着周而复始，两个甲子尤具生生不息、创新发展的意蕴。商务印书馆所走过的 120 年历程，不仅是商务印书馆的宝贵财富，也是中国出版乃至文化事业的宝贵财富。

1897 年，在中华民族内忧外患、社会危机空前深重的背景下，在中国人苦寻救亡图存、民族复兴之路的艰难进程中，商务印书馆创立于上海。她的创立，标志着中国现代出版业的开端。她以世界的眼光，以现代学术和现代文化的方法，从教育和人的现代化入手，拉开了中国现代文化转型的大幕，对中国现代文化的塑造和文明精神的养成，做出了重要贡献。

120 年来，商务印书馆始终践行着"昌明教育，开启民智"的文化使命。

秉持这样的文化使命，商务在创立之初即以编辑出版新式教科书和工具书为基础，率先击破了长达数千年的传统经学教育模式，建立了一个完整的面向普通百姓的现代教育理念和教科书体系，为中华民族摆脱封建束缚，培育现代新人奠定了精神文化基础。秉持这样的文化使命，新中国成立后，商务以推普扫盲为己任，编纂出版了《新华字典》《学文化字典》《农民词典》《现代汉语词典》《新华词典》等一系列新式工具书，为培养有知识、有文化的社会主义新人提供了文化助力。

秉持这样的文化使命，在新的文化发展时期，在全面建成小康社会的关键时期，商务印书馆在坚持把内容建设放在第一位，把质量放在第一位，把出好书放在第一位的同时，在全国建立乡村图书馆和乡村阅读中心，为乡村文化建设做出新的尝试。例如在河北平山县西柏坡、在安徽绩溪县上庄和在山西高平市良户村等建立的乡村图书馆和乡村阅读中心，辅以乡村教师培训和扶助计划；在宁夏设立了 25 个乡村骨干教师图书室，在内蒙古为蒙古族小学设立"《新华字典》奖学金"等等。

120 年来，商务印书馆始终坚持传播先进思想与先进文化，推动社会进步。

商务印书馆创立于半殖民地半封建社会晚期，中国社会的主要任务是反帝反封建。戊戌变法失败后，商务印书馆仍然坚持出版"戊戌六君子"之一谭嗣同遗作、反对封建专制统治的名篇《仁学》。十月革命给中国带来了马列主义，商务印书馆作为当时最具规模、最有影响的文化出版机构，成为了宣扬马列主义、传播社会主义思想的重要阵地。商务印书馆发展早期曾拥有一支 4000 余人的产业工人大军，从五卅运动到上海工人第三次武装起义，商务印书馆员工不但是参与者，而且是其中的中坚力量，商务印书馆也因此而被视为"革命大本营"，成为中国共产党早期革命活动的重要据点。从这里走出了无产阶级革命家陈云以及著名革命文学家、活动家茅盾、胡愈之、叶圣陶、郑振铎等一大批中国早期马克思主义实践者。1919—1922 年间，也就是中国共产党创建时期，商务印书馆出版的马克思主义书籍即有 20 余种，包括马克思主义的经典著作，如《资本论》和《价值价格与利润》等；诠释马克思主义的著作，如被誉为"马克思学说最简明且准确的读本"的《马克思经济学说》等；介绍新俄国的著作，如瞿秋白的《新俄国游记》等。此外，胡愈之和茅盾等主持的商务的期刊如《东方杂志》《小说月报》《学生杂志》《教育杂志》和《妇女杂志》等都刊载传播马克思主义的文章。商务印书馆作为马克思主义在中国早期传播的重要基地，发挥了积极作用。

新中国成立后，商务印书馆成为社会主义文化的重要传播者和建设者。以《新华字典》《现代汉语词典》和《中华人民共和国地名词典》为代表的工具书和大量的学术与文化普及图书，及时、全面地反映了社会主义建设各个阶段的新成果，从基础层面扩大了社会主义理念的传播广度与深度，对普及全民族的文化知识，担当新中国国民教育，促进中国文化教育事业的发展，甚至推动中国建立完善的社会文明秩序，都有着极为深远的影响。

新世纪以来，商务顺应国家发展大势，将主题出版视为中国国家知识体系建设当中的重要组成部分。强调加大顺应中国经济建设、政治建设、社会建设、文化建设和生态文明建设需要的主题出版力度。以出版创新，回应时代课题。其中，围绕"一带一路"主题，推出《世界是通的："一带一路"的逻辑》《"一带一路"战略研究》《"一带一路"年度报告》《"一带一路"沿线国家语言国情手册》和《丝瓷之路博览》等"一带一路"理论、国情、语言研究著作；围绕中国特色社会主义道路和国家治理实践，陆续推出"中国道路丛书""国家治理丛书"系列图书；围绕依法治国主题，推出了《中国特色社会主义审计理论研究》《中国特色社会主义审计制度研究》等；围绕生态文明建设，策划出版《黄河三角洲生态环境史研究》、"青藏高原生态文化丛书"和《自然文库》等图书。用自有的内容题材和故事，传播社会主义核心价值观。

120年来，商务印书馆始终坚持弘扬中华优秀传统文化和推动中国学术进步。

文化是民族的根基，是民族存在的标志和符号。商务印书馆始终坚持传承经典、整理国故，推进中国学术现代化。曾经，古籍出版占出版物总数的一半强，仅丛书就有53种，包含子目近9000种，其中《四部丛刊》《丛书集成》和《百衲本二十四史》等极富学术与文献价值，至今余泽犹存。近些年来，商务发扬传统，继续加大传统文化出版力度，成果显著。代表几代商务人梦想的文津阁《四库全书》（影印本）2006年终于完成，还曾作为国礼馈赠国外学术机构，原大复制工程2016年入藏故宫博物院；作为传统文化集大成的《辞源》于2015年在出版百年之后推出全新修订的第三版；《古文字谱系疏证》《故训汇纂》《古音汇纂》和《中国艺术百科辞典》等工具书接续出版。

另外，商务还将地方文化的整理与挖掘作为弘扬中华优秀传统文化的重要抓手之一，先后推出了《山西文明史》《庆阳通史》《舟山市志》《徐州简史》和《衢州文库》等地方史志类图书；并通过《中华人民共和国标准地名词典》《中国语言文化典藏》《中国濒危语言志》等国家大型项目，努力培护中华优秀传统文化的根脉。

与此同时，商务印书馆策划出版了"中华现代学术名著丛书"（400种），旨在探寻百年血脉，承启思想创新，光大中华学术。目前已出版200种，取得了良好的社会效益和经济效益。同时，谋划《中华当代学术著作辑要》等，全面展示中国知识人的世界观与价值观，并已开始陆续出版。出版了填补国内学术空白的《中国设计全集》（20卷）、《中国当代设计全集》（全20卷），出版了具有重大文化传承价值的《钱锺书手稿集》（72卷）等。

120年来，商务印书馆始终坚持沟通中外文化，引进世界各国优秀文化成果，向世界传播中国文化，呈现人类文化的多样性。

从1898年出版第一本英文图书《华英初阶》和翻译出版《天演论》和《鲁滨逊漂流记》《茶花女遗事》等外国先进的思想学术名著和文学名著开始，商务陆续推出"世界丛书""世界文学名著丛书"，及至后来结集的"汉译世界学术名著丛书"等，为学习和借鉴人类优秀的文化遗产，促进中国的现代化进程做出了重要贡献。

改革开放后出版的"苏联丛书""美国丛书""日本丛书""当代法国思想文化译丛""莎士比亚注释丛书""阿拉伯－伊斯兰文化史"，近年来出版的"汉译波斯经典文库""国际文化版图研究文库"和《当代外国文学纪事》（10卷）等一系列大型图书，以及世界各国与民族的代表性作品，如葡萄牙民族英雄式的作家佩索阿、德国诗人里尔克、印度诗人泰戈尔和墨西哥印第安人作家波尔蒂利亚的作品等，在忠实反映人类文化多样性的同时，以开放的心态借鉴和吸收人类文明的既有成果，为国人打开了通向世界和了解人类文化的窗口。商务印书馆已经成为世界上出版语种最多的出版社。

党的十八大以来，商务印书馆进一步加大了向世界传播中国文化和思想的力度，国际传播力和影响力进一步加强。为把"走出去"战略落到实处，积极与国外知名出版社，如牛津大学出版社、剑桥大学出版社、德国德古意特出版社、荷兰威科集团、英国卢德里奇出版公司、德国斯普林格出版社等建立了引进与输出双向出版的战略伙伴关系；出版了80个语种的汉语图解词典系列；出版了英文版中国语言生活状况年度系列报告；出版了中国法律译丛；输出了"中国道路丛书"和"国家治理丛书"等主题出版图书的海外出版权等。积极努力将《新华字典》《现代汉语词典》等品牌辞书向海外推广。2016年，《新华字典》荣获两项吉尼斯世界纪录，进一步吸引了世界的目光。

120年来，商务印书馆始终处于时代的前列，成为时代的勇者和担当者。

120年前，在社会转型、新旧交替之际，商务成为中国现代出版和现代文化事业的开启者；鼎盛时期成为亚洲第一、世界前三的著名文化机构；在抗日的烽火中，商务成为"为国难而牺牲，为文化而奋斗"的勇者，出版了当时占全国市场一半以上的图书，用自己的文化坚守向世人证明，国破不仅山河在，与山河同在的，还有文化，还有精神；中华人民共和国成立后，商务成为社会主义新文化的重要建设者，即便是在"文革"时期，商务仍然在周总理的关怀下出版《新华字典》和其他学术图书，成为那个特殊年代文化沙漠中少有的一片绿洲；"汉译世界学术名著丛书"不仅成为改革开放的重要成果，更成为一个时代的标志。

站在信息时代、文化时代和转企改制市场化新时代的门槛前，商务开启了以"纸电同步"为标志的全媒体出版，开始以内容创新为驱动的跨地区、跨行业、跨媒体、跨所有制和跨国的"五跨"经营。

我们的事业是一代人接一代人的事业，是始终与国家和民族的命运紧密相连的事业。我们要在党的十八大精神和习近平总书记系列重要讲话精神指引下，努力奋进，担负起属于商务人的责任，属于我们这代人的责任，做好我们这代人的传承与创造，让我们的努力和成果不仅凝聚成民族文化的片刻记忆，还能成为后来人可以接续的事业。唯此，我们才能上不负先人，下无愧来者。

与学界同行　与时代同声

　　2017年，商务印书馆迎来了120华诞，这不仅是商务印书馆的盛事，是中国出版界的盛事，也是中国学术界的盛事。因为在我们看来，商务印书馆的120年，就是与学界同行的120年，商务印书馆能够有今天这样的发展和成绩，离不开学界的鼎力襄助！

　　德国著名古典哲学家费希特在《论学者的使命　人的使命》中曾经说过："如果不借助于他人的智慧，每个所知甚少的心灵都是黑暗多于光明的，人类就是通过相互帮助，共同积累智慧，才点亮自己和他人的心灵之光的。"我以为，出版作为人类有组织、有目的的一种文化活动，正是点亮那束心灵之光的最重要的火引。在这样一种文化活动中，出版业与学界结成了人类文明史上最为神圣的同盟，属于学者个人和群体的思想借助出版的方式得以辐射到更为广阔的时间与空间；而出版也借助对思想的创造性传播而日益成为人类社会最重要的实践活动之一。两者相辅相成，用思想和文化共同推动了人类社会的进步。商务印书馆120年来的发展史，就充分展现了中国出版与中国学界同声相应、同气相求的同盟之谊、同志之情。120年来，商务印书馆在"昌明教育，开启民智"的使命驱动下，借助自己的出版事业汇聚起了学界有关教育、学术和文化的集体努力，树立了中国学界与中国出版相互融通、相互促进的成功典范。

一、商务的 120 年是服务学术、努力书林的 120 年

回顾商务印书馆的发展历程，我们会发现，自创立之初，在商务印书馆跨越三个世纪、纵贯现代中国发展的每一个历史时期，商务印书馆都与这一时期的代表性知识分子有着极为密切的关联。清末维新运动时期的严复、林纾、梁启超等，新文化运动时期的蔡元培、胡适、陈独秀等，二三十年代之后舆论界的活跃代表罗家伦、梁漱溟，以及鲁迅、巴金、老舍、郭沫若等，再晚一些的王力、费孝通、吕叔湘、钱锺书等等一系列大家学者，还有包括我们今天在座和因故没来的先生们，恕不一一列举。可以说，商务的出版史，几乎囊括了中国文化史上所有的文化名人。而商务印书馆所拥有的强大的媒介传播能力，也使这些领时代风气之先的文化人的思想得以放大，进而形成强大的公共舆论和鲜明的学术导向，最终极大地推进了中国社会在思想、学术、文化与文明方面的进程。

以被胡适誉为"介绍西洋近世文学的第一人"的林纾先生为例。自 1903 年翻译《伊索寓言》开始，林纾在商务出版作品总数达 140 余种，他的小说"以振动爱国之志气"为目的，系统地介绍了西方主要作家和主要文学流派，率先将全然不同的文明图景带入了国人的视野，给孕育期的中国近现代文学提供了赖以仿效的范本，带动了一代文学大家的产生。在出版林译小说的过程中，商务充分发挥出版智慧，创造性地推出单行本、结集本、袖珍本、纪念本等多类型版本，加上精严的编校、恰当的营销，极大地扩大了林译作品的影响，最终与作者联袂铸成了"林译小说"这一开启中国翻译之源的文化品牌。

又如在中国学术发展高峰期的 30 年代，商务印书馆出版了大量代表当时最高学术水平的著作。包括钱穆的《先秦诸子系年》和《中国近三百年学术史》、金岳霖的《逻辑》、阿英的《晚清小说史》、吴梅的《曲学通论》、瞿同祖的《中国封建社会》、太虚的《法相唯识学》、汤用彤的《汉魏两晋南北朝佛教史》等。通过这些出版活动，推动了中国现代学术的奠基和开拓。

尤为值得一提的是，商务通过富于创造性的选题策划活动，对学术起到了引领的作用，并凝聚了学界力量，培育了学界新人。如商务 1936 年开始组织出版的"中国文化史丛书"，集中展现"新史学"研究的重要成果。在这套丛书策划编写的过程中，商务体现出鲜明的学术引导作用，在相当程度上引领了史学的发展趋向，为后世研究开辟了很多专门史领域，影响深远。如陈登原的《中国田赋史》、陈邦贤的《中国医学史》、姚名达的《中国目录学史》、邓云特（邓拓）的《中国救荒史》、胡朴安的《中国训诂学史》、王庸的《中国地理学史》、李长傅的《中国殖民史》、冯承钧的《中国南洋交通史》等。同时，为落实完成这套计划出版 80 个科目的大型丛书，商务积极任用学术新人，丛书的作者除蔡元培、冯承钧、顾颉刚等著名学者外，还延请了一些年轻的学者，如林惠祥、白寿彝、杨幼炯、余建华和张世禄等人。其中白寿彝的《中国交通史》是他本人的第一本专著，其后他由中外交通史而中国阿拉伯交通史而中国伊斯兰教史而回族史而中国民族史，渐成大家；而当时大学刚毕业的史念海则通过与顾颉刚合写《中国疆域沿革史》，逐渐成长为历史地理学的权威学者。可以说，商务提出的各文化专史的写作其实是一种出版意义上的学术规划，客观上预制了这一领域的学科走向，推动了这一领域的学术发展。

窥斑见豹，一叶知秋——商务120年的发展充分说明了中国现代知识与现代文化的兴起是与中国现代出版的兴起紧密相连的；中国社会的现代知识与现代文化是通过中国现代出版得以实现和传播的。能够成为这一历史进程中激荡学术的服务者，是商务之幸。

二、商务的120年是深受学界滋养、共赴时代使命的120年

来自学界的宏大给养与强力支持，浸润并形塑了商务的宏阔视野与学术品格，成就了商务"工具书王国"和"学术出版重镇"等美誉。如1898年，商务印书馆推出第一本出版物《华英初阶》，不到20天即销售一空，之后"行销极广，利市三倍"，其重要的原因就在于夏瑞芳延请谢洪赉牧师做了相应的中文译注，并对英文中的单词加上了汉语的释义，其学术含量远超于市面上其他产品。

再如1902年，商务印书馆设立了编译所，其建制一直延续到1932年。编译所人数最多时达300多人，人才组成上兼容并包，在学识上代表了当时中国学界的中西知识水平，如编译所的元老高梦旦、蒋维乔、杜亚泉、邝富灼等人，或精通旧学，或留学海外，或曾因科举入仕，或曾任教于大学、创办过公学，个个学富五车，编译所也因此"俨然是一所包括大中小学教育的学术机构"（心理学家高觉敷语）。编译所成员以学者身份而做出版之事，其眼界之宽、水准之高为商务印书馆迅速成为国内出版巨擘提供了基础性也是根本性的助力，并从根本上培育和造就了商务印书馆的

学术格局。

　　除了馆内的学者资源，馆外的学者也经常深度参与商务的各项出版活动。在商务印书馆的各项选题计划中，我们都能看到各类学者参与策划的记录。如王云五与胡适的通信中，即有很大一部分内容是在讨论各种选题事宜，如"国学基本丛书"的选题设想等。极具影响的"万有文库"的选题创意，最开始也与胡适的建议有关。可以说，商务的很多选题都体现了馆内和馆外知识群体的共同智慧。此外，如帮助审读校改书稿、推荐书稿或撰稿人、担任主编或参加丛书委员会，包括对出版物的推广宣传，在出版各流程环节中，我们都能看到学术界和知识界的参与与配合。也因此，当我们回望商务120年的发展历程时就会感叹，商务虽屡遭挫折，但屡仆屡起，这其中不仅有商务人自己对文化使命的坚守与执着，更有学界对商务的无限信任与恒久相助。

　　"一·二八"国难时，商务总厂"百不存一"，东方图书馆"片纸无存"，蔡元培分别以个人名义并领衔代表中央研究院、中央大学、北京大学、武汉大学、清华大学等向国际社会呼吁，谴责暴行；北平学术界人士如胡适、蒋梦麟、丁文江、翁同龢、傅斯年、梅贻琦、袁同礼等均发电声援，罗家伦致电说："虽觉力薄，然将来如有计划需要微力之处，不吝见示，自必黾勉以赴之。"正是有了这样的支持，商务很快便复业重兴，以"日出新书一种"的行动为国人树立了国破文化犹存的信心，且从1933年起至1936年，每年出版物的品种数都超过以往任何一年，到1936年，出版物达4938种。在学界的帮助下，实践其学术报国之志。

　　新中国成立后，按照国家的整体部署，商务印书馆的出版任务"以翻译外国的哲学、社会科学方面的学术著作为主，并出版中外文的语文辞书"。仰仗众多专家的鼎力襄助，其中"汉译世界学术名著丛书"结辑出版至今已有 17 辑，逾 700 种。这 700 余种译著中沉淀了中国数代翻译人的汗水和心血。

三、商务的 120 年是与学界情如一家、相互砥砺，共创未来的 120 年

120 年来，与学界情如一家、水乳交融的工作模式已经成为商务印书馆的一种传统。

如《辞源》第三版修订，在馆外我们先后聘请何九盈、王宁、董琨三位主编，二十二位分主编，一百二十七位专家组成了修订队伍，集合了近百所高校及科研院所的专业力量；在馆内，调集精兵强将，组成了老中青三代二十人的编辑编辅团队。正式出版前，我们广泛征求学界意见，延请了 108 位各界专家学者审读校样。最终于 2015 年《辞源》出版百年之际，推出了第三版纸质版，U 盘版和网络版同步发行，随后即获得国家出版基金结项优秀的成绩。又如，我们的品牌辞书《现代汉语词典》和《新华字典》，每一次修订都是馆内编辑团队与语言所专家团队精诚合作的成果，在多年的合作中，两支团队不分彼此，已经达成一种高度的学术信任与工作默契；而且，在这些品牌辞书的维护过程中，商务本着"开门修典"的传统，每逢新版问世之前，都会请业内专家先行审读评判，提出具体修改意见。因此，多年来《现代汉语词典》《新华字典》的品牌越擦越亮，离不开学界众多专家的认真的审校，中肯的建议。

再如"中国道路丛书",由厉以宁先生担任主编,根据经济领域的热点和难点确定每年的研究主题,常态匀速推进,以年出一本的节奏出版,自 2012 年起至今已出版了 6 本,德国斯普林格出版社已就此丛书与商务印书馆达成版权引进协议,丛书将作为向世界诠释中国道路,传递中国声音的一个学术品牌走向世界。而"中华现代学术名著丛书"从选题设计到正式出版,更是充分发扬了商务出版大型学术丛书的优良传统,入选书目皆由业内专家反复论证,斟酌取舍,力求全景式展现中国现代学术研究之精华与高峰,目前第二批 100 种已全部出版,顺利通过国家出版基金验收,评为优秀。第三批 100 种书目经专家论证也已基本确定,并陆续进入出版流程。在座的许多专家就曾多次参加我们的书目论证会。

总而言之,商务印书馆 120 年的发展史,是商务印书馆与中国学术共生、共进、共荣的一部发展史,商务以出版为津梁,推动了中国学术的发展;同时,又以中国学术为滋养,成就了自身的文化品牌与文化高度。商务印书馆与中国学界水乳交融的关系,互为因果的渊源,是中国乃至世界出版史与学术史上绝无仅有、难能可贵的经典案例,值得大家从不同的角度生发、阐述。我以为,将商务印书馆与中国学术放在中国近现代转型发展的大背景、大潮流、大运势中进行考察,可以使我们更深刻地了解到诸如教育、哲学、历史、地理、文学、语言、自然科学乃至于中外交流等等众多相关学科的脉络走向,从而更自觉、更清醒地认识到相关学科的历史源流与发展趋势,寻找到有利于学科向纵深挖掘、向高处生发的切入点。这样的探讨对商务是一大幸事,所以,我们非常期待在本次专家座谈会上,能够听到专家学者对我们工作的意见和建议。

　　出席此次座谈会的学界专家既有德高望重的老专家，也有思想敏锐的中青年学者，可谓群贤毕至，星光熠熠。座谈会堪称一次盛会，更是一次雅集。商务印书馆将在这样一个难得的盛会上，特别致敬我们敬爱的作译者，并宣布有关成立商务印书馆学术委员会，设立商务印书馆学术出版基金的决定。所有这一切，都是想向学界诸贤，向社会各界传递一个声音、一种信念、一份决心，那就是商务印书馆将继续秉持先辈"昌明教育　开启民智"的使命和文化理想，践行"服务教育　引领学术　担当文化　激动潮流"的出版宗旨，汇聚学界力量，倾注出版热情，为中国学术昌盛而努力，为中华文化崛起而奋斗！期待学界诸贤继续倾力相助！

立足文化理想　紧随时代脚步

　　2017 年是商务印书馆创立 120 年，5 月 9 日中共中央政治局委员、中央书记处书记、中宣部部长刘奇葆同志专程到商务调研，并参观了商务印书馆创立 120 年纪念展。奇葆同志在调研中指出，"商务印书馆这个百年品牌，寄托着我国几代出版人的文化使命和理想追求。希望大家传承好、维护好、发展好这块'金字招牌'，使之历久弥新、熠熠生辉"。从中国现代出版 120 年的历史维度来考量，商务印书馆不仅仅是商务人的商务，她所蕴藉、承载的中国几代出版人乃至于中国几代知识分子的文化使命和理想追求，已经有了超越于某个具体机构的更广阔的文化象征意义，如何传承好、维护好、发展好这块"金字招牌"，也应当是今天中国出版人以及中国学界共同思考的一个问题。为总结好商务印书馆及中国现代出版 120 年的历程，充分吸收其精神营养，以便更好地服务于中国特色社会主义文化建设，商务印书馆举办了一系列的活动，这次的专家座谈会是其中最为重要的一个会议。

　　120 年前，商务印书馆创立于中国半殖民地半封建社会晚期，彼时中国社会的主要任务是反帝反封建，其中思想和文化的启蒙任务远重于中国历史上的任何一个时期。当时的中国基本上是文盲占绝大多数人口的国家，要把这样一个古老国度推入到现代文明发展的主航道，面临着固本与知新的双重难题。即一方面要培植、继承与弘扬中华传统文化，使之成为民族国家之根基，另一方面要传播与普及人类现代的科学知识、思想观念和技术发明，使中国能够紧跟世界文明现代化的潮流。在一个受教育者仅占全体国民"千万之一耳"的国家，大力引进新知而忽视对本民族传统文化的继承与培护，很可能会衍生出殖民文化的怪胎，这对有着数千年悠久历史的中华民族来说不亚于亡国灭种。凭借对家国命运的深入思考，凭借对中国社会大转型时期历史走向的宏观把握，商务的开拓者并未被当时中国社会西学东渐的狂飙所裹挟，而是极具远智地将整理国故与引进新知并重，尚古而不泥古，推新而不迷新，既引入以《天演论》《茶花女》等为代表的西方新学，更编纂《辞源》《百衲本二十四史》等中华经典，借出版之力为中华现代文明打造了传统与现代平衡壮大的两翼。在这方面，出版人与学界同舟共济、相伴而行，共同为中国现代社会的形成贡献了知识基础和思想动力。借商务印书馆创立暨中国现代出版120年之机，我们出版人愿意表达对学界深深的感激之情，向一代代辛勤耕耘的学者致以崇高的敬意！

可以说，从建馆之日起商务就在出版经营活动中体现出一种大智慧和大格局，这是一种在深度关切家国命运的前提下才有的大智慧，也是一种把出版提振到关乎家国命运的高度才有的大格局，这样的智慧与格局铸就了商务顺应国家之需、民族之需、时代之需，打造传世精品的大市场意识，使得商务能够在120年的发展进程中，跳出单纯为生存、为赢利而经营的企业藩篱，始终走在时代和文化的前端，在更高远的家国层面规划自己的出版活动，出版了一系列引领学术、激动潮流的传世精品。包括《四部丛刊》《四库全书》和《万有文库》为代表的古代典籍和现代知识丛书；《辞源》《新华字典》《现代汉语词典》和《牛津高阶英汉双解词典》为代表的中外品牌工具书；"汉译世界学术名著丛书""中华现代学术名著丛书"和"中华当代学术著作辑要"等为代表的学术著作。商务还将推进中国现代文明进程的实践延至更为广大的领域，拍电影、办事业、建学校、助公益，近年开设大学阅读体验店、乡村阅读中心和机关、企业助读空间等，捐资助学，促进书香社会的建设。

120年来，商务印书馆始终坚守着"昌明教育　开启民智"的创立初心，坚持理想信念不动摇，在传承与光大中华文化的宏阔语境下从事出版，在创造与建设现代文明的出版实践中塑造文化，服务教育，引领学术，坚持传播先进思想与先进文化。在新的历史时期，更着力于加强内容建设，积极创新主题出版，将主题出版作为中国国家知识体系建设当中的重要组成部分和人类智慧的重要组成部分来看待，大力推出了一系列反映马克思主义中国化新成果、反映治国理政新理念的精品力作，如"中国道路丛书""国家治理丛书""一带一路"系列图书等，澡雪民族精神，推动社会进步，在文化理想的光照下走出了一条波澜壮阔、利国为民的出版自强之路。可以说，商务印书馆的120年充分展现了中国出版、中国学术，乃至于中国文化的自觉、自强与自信。

7月12日，刚刚召开的全国出版工作座谈会明确提出了"加快从出版大国向出版强国迈进"的出版新目标，拥有120年历史的商务印书馆将与全国出版战线上的同志们一起，继续携手中国学界，秉持商务的优良传统与奋斗精神，深入学习贯彻习近平总书记系列重要讲话精神和治国理政新理念新思想新战略，把握正确政治方向和出版导向，着力加强内容建设，推出更多代表中国智慧，弘扬中国传统，传递中国声音，彰显中国风骨的中国好书、中国大书！

培育文化之根　熔铸民族之魂

不久前,《国家相册: 改革开放四十年的家国记忆》《一生一事: 顾方舟口述史》联袂获评 2018 年度中国好书。自该奖 2013 年设立以来, 这是商务印书馆连续 6 年站上"中国好书"领奖台。这也是商务印书馆在新中国成立 70 年来, 立足本来, 吸收外来, 面向未来, 传承文化根脉, 熔铸民族之魂, 以数万种出版物为新中国文化教育铺路筑基, 以精品奉献人民的使命意识和担当精神的又一次体现。

1897 年, 商务印书馆由产业工人和知识分子携手建立, 创立之初, 便以教育救国、改变中国积贫积弱状况为奋斗目标。

以本来之心　培文化之根

语言文字是民族存在的标志性符号, 也是民族文化的核心要素。"国无辞书, 无文化可言", 《辞源》自 1915 年问世, 对中国汉字文化传统的整理、保存和传统文化教育, 做出了独特的贡献。1958 年春, 在毛主席的亲自关注下, 商务印书馆将修订《辞源》提上日程。2015 年《辞源》诞生百年之际, 商务印书馆完成了历时 8 年的第三版修订, 并在全球同步首发。

中华人民共和国成立之初，为提高全民教育文化素质而编纂的《新华字典》，为推广普通话和现代汉语规范化做出了重要贡献，被学术界誉为"国典"，至今已出版至第 11 版，销售超过 6 亿册，在中国可说是家喻户晓，且在 2016 年荣获"世界最受欢迎的字典"和"最畅销的工具书"两项吉尼斯世界纪录。

1978 年商务印书馆出版的《现代汉语词典》是中国第一部规范型词典，2016 年出至第 7 版，发行量超过 5000 万册，是中国国民教育权威工具书，被学界誉为汉语词典的"母典"。

《四库全书》堪称中国古代典籍之集大成者，从 1917 年开始，商务印书馆在战争的连天炮火中，心心念念整理影印出版《四库全书》的工作。经几代人矢志不渝的努力，2005 年，文津阁《四库全书》以崭新的面貌问世。近几年又完成了原大、原色、原样复制工程，这是《四库全书》问世以来未曾有过的壮举。

而另一堪称中国现代学术整理工程的"中华现代学术名著丛书"，2010 年甫一出版即引发关注，其庞大的整体规模、丰富的学术含量及精良的编印品质，是对中华现代学术的一次大总结，迄今已出版 200 余种。承百年血脉，启思想创新，为中国道路探寻思想文化之源，这一宗旨和定位的达成，使其意义和价值已超越学术。

撷外来之菁　促华夏之缤

自创立之初，商务印书馆就注重引进外来文化，传播现代先进文化，让中华文明能吸收一切人类优秀文化遗产的营养，同时力促世界文明沟通互鉴，多样共生。

在中国共产党和国家领导人的亲切关怀和大力支持下，商务印书馆 1954 年迁至北京，主要承担翻译出版外国哲学社会科学和编纂出版中外语文辞书的任务，成为新中国望向世界的窗口和眼睛、沟通世界文化与情谊的桥梁和纽带。商务印书馆引进了《牛津高阶英汉双解词典》为代表的牛津进阶系列、《瓦里希德汉大辞典》《罗贝尔法汉辞典》等；编纂了《英华大辞典》《俄汉大辞典》以及以"国家任务"《普什图语汉语词典》为代表的多语种外汉汉外辞典，成为一代代中国学子放眼世界的助力。

"汉译世界学术名著丛书"这一改革开放以来"主题严肃宏大、内容丰富精湛，并最具思想性"的学术翻译工程，已出版了蔚为大观的 17 辑共 700 余种，刚刚召开了第 18、19 辑的专家论证会。丛书所收书目均为一个时代、一个民族、一个国家学术和思想史上具有里程碑意义的经典著作，滋养了几代国人，是"对我国学术文化有基本建设意义的重大工程"和"国家重点出版项目"。在国家博物馆举办的"伟大的变革——庆祝改革开放 40 周年大型展览"上，丛书得到了"彩虹墙"般的展示。

以时代之声　启未来之路

进入新时代，商务印书馆又把目光投射到构建具有中国特色的哲学社会科学体系、向世界讲好中国故事和推进媒体融合等国家战略上。

近年来，商务印书馆以"学术化、大众化和国际化"的思路，出版了一系列主题出版图书。如在中国特色社会主义建设方面出版了"中国道路丛书""国家治理丛书"等；响应国家"一带一路"倡议，出版了《共建绿色丝绸之路：资源环境基础与社会经济背景》《世界是通的："一带一路"的逻辑》等近百种图书；响应"生态文明建设"的要求，出版了《生态文明建设十讲》《共建美丽中国》《草木缘情》《发现之旅》等自然博物类图书百余种；响应国家"乡村振兴"和乡土文化建设战略，出版了《乡村调研：宋家沟》《江苏乡村调查》以及《泉州文库》《衢州文库》《晋商史料集成》《山西文明史》等地方和乡村文化建设的图书……

商务印书馆加大国际传播力度，与牛津大学出版社、荷兰威科集团、德国斯普林格出版社等多家国际知名的出版机构建立战略合作伙伴关系。《世界是通的："一带一路"的逻辑》已输出英文、阿拉伯文、波斯文、日文、韩文、蒙古文等版本；授权斯普林格出版"农民三部曲"和"中国道路丛书"英文版；和卢德里奇出版社签署版权输出合同出版反映中国国家治理理念、模式和成果的"国家治理丛书"等；立足国家语言发展战略，"中国品牌辞书海外传播项目"致力于将《新华字典》《现代汉语词典》的汉外双语版，在欧美国家和"一带一路"沿线国家出版并进入当地主流渠道发行。

70 年来，一代又一代的商务人秉承"昌明教育　开启民智"的初心与信念，为思想启蒙、文化振兴、国家富强、人民幸福贡献了一份特殊而强大的文化力量，多次荣获"中国图书奖""中国出版政府奖""国家图书奖""国家辞书奖""五个一工程奖"等国家大奖以及"全国优秀出版社""中华老字号"等荣誉称号。

面对新时期充满挑战的出版环境和产业形势，商务印书馆在行业内率先实现企业信息化流程管理，全面推进全媒体发展战略，积极实施EP同步出版，积极建设商务印书馆全媒体生产运营平台、工具书知识服务平台和人文社科知识服务平台等融合出版业态，集聚数字信息资源，开发新型教育手段，为出版产业转型升级做出全新的探索。

作为中国现代出版的先锋，商务印书馆不仅成为新中国70年发展历程的建设者和见证者，更成为一个民族品牌、文化符号。面向未来，商务印书馆将秉承传承百年的商务精神，努力以出版记录历史，以出版沉淀社会思想结晶，以出版强壮民族文化脊梁，以出版弘扬文化自信，坚持"为时代画像、为时代立传、为时代明德"，与时代同步伐，以人民为中心，以精品奉献人民。

让文化把商务带到新高度

在世界企业史上，能够延续百年的企业凤毛麟角，人们争相求探其"长寿秘笈"。作为中国历史最悠久的现代出版机构，作为中国民族出版的品牌标杆，商务印书馆已经走过了120余年的历程。是文化滋养着商务印书馆跨越了三个世纪，也唯有文化，将把商务印书馆带到新的高度。

文化决定高度

文化决定"长度"。人无文化，无以为立；企无文化，无以为继。文化延续企业的生命，企业寿命的长短取决于企业文化的生命力。文化决定"高度"。要有高远的志向——不仅要和国内其他知名品牌产生同样的影响，还要跻身于世界之林。只有如此，才能把企业带到一定的高度。

商务印书馆的文化是一种使命文化，肩负了整个民族的文化发展。创立之初，商务即把"昌明教育 开启民智"作为企业使命；抗战时期，商务又提出"为国难而牺牲，为文化而奋斗"；新时期新形势下，商务提倡做有良知的出版人，即"我们是文化建设者，而不仅仅是商人；我们提倡实事求是，而不是夸张和误导；

我们提倡社会责任，而不是攫取社会财富；我们提倡首创精神，而不是盗取他人成果；我们培育名牌，而不是捕捉猎物"。这种"文化担当"一百多年来始终坚守不变，已经转化为一代代商务人的工作基因，到今天仍不过时。

结合商务在新时期对企业文化理解的内生需求，结合中国出版集团关于企业文化建设的要求，我们用了三年时间着力于企业文化建设。2010 年是企业文化建设的基础年，重点是制定企业文化的实施方案；2011 年是企业文化建设的提高年，形成完整的商务企业文化手册、员工行为准则；2012 年是巩固发展年，主要开展企业文化创新年活动。

通过再次梳理和完善，商务印书馆的企业文化内涵更加清晰，更具有时代性。商务的企业文化由三个部分组成：一是企业使命和宗旨，包括"昌明教育　开启民智"的"古训"，和在新时期赋予它的新内涵，即新时期的企业宗旨——服务教育，引领学术，担当文化，激动潮流。二是企业核心价值观，即"品质、责任、创新、合作"——"品质"既包括我们的产品质量，也包括企业的品德；"责任"强调始终把社会效益放在第一位，品质铸就品牌，责任筑成使命；"创新"包括制度创新、技术创新、产品创新、生产方式创新和业务模式创新等；"合作"一方面是指内部各部门通力协作，举全馆之力办大事，另一方面是广泛开展对外合作，为企业广开渠道，广聚资源。三是企业核心经营理念，即"在商言商，文化当先；创意无疆，品牌至上"——作为企业就要遵循商品经济发展的规律，没有离开经济效益的社会效益，但要始终把社会效益放在首位，只有通过真正的市场化经营，才能保证有经济实力承担更远大的文化使命；出版是创意产业，创意不受任何拘束，但前提是要与商务的品牌相匹配。

守正不易　出新更难

商务印书馆的百年发展，就是在不断吸收新的文化成为我们的企业文化，吸收新的时代精神成为我们的企业精神。近几年来，我们继续强化品牌管理意识，除了强化原有品牌的内容，特别强调要让我们的品牌吸收新的时代精神，走继承与创新并举之路。在这一思路的引导下，商务在丰富产品结构、深化图书产品线建设上下大力气，图书产品线建设呈现出喜人景象。

工具书产品线注重科研和学术引航。近几年来，商务的工具书产品线强调产学研一条龙建设，注重学术引航。在着力维护传统拳头产品作者资源的同时，积极开拓新资源。学术图书产品线突出项目建设，以"中华现代学术名著丛书"第一辑和"汉译世界学术名著丛书"分科本为代表，近两年我们的学术出版产品线硕果累累，如《中国语言地图集》《国语运动史纲》《全国城镇体系规划》《大清新法令》《新商务系列》"国际文化版图研究文库"等。

在大力倡导内容创新、不断扩大选题和出版规模的同时，商务始终把选题导向管理放在第一位，坚持正确的出版导向，实现高度的文化自觉。以改革推动产品线建设，以产品线建设深化改革，始终注意处理好四个关系。一是社会效益和经济效益的关系。转企后"赚钱"和"赚名声"也并不矛盾。社会效益始终都是第一位，这是最基本的原则，当经济效益和社会效益发生冲突的时候，一定是舍弃经济效益。二是品牌维护和创新的关系。有的时候这是个矛盾，在经营中处理好这对矛盾既需要勇气，也需要艺术。三是品质与速度的关系。当下的形势，如果不快，根本就谈不上好，但绝不是"萝卜快了不洗泥"，而是在坚守质量底线的前提下尽可能地快。四是规模与效益的关系。从纯经济效益的角度来说，除了赚钱的图书外，还有相当一部分书不赚钱，但有学术价值，不能因为利润的因素而不出，这是我们的文化担当。

2018 年商务印书馆创纪录地荣获"第四届中国出版政府奖"十项奖项：商务印书馆有限公司被评为先进出版单位奖；《钱锺书手稿集·外文笔记》、《中国当代设计全集》（全20卷）、《辞源》（第3版）荣获图书奖；《全球华语大词典》、《新时代汉英大词典》（第2版）荣获图书奖提名奖；商务印书馆精品工具书数据库荣获音像电子网络出版物奖；《东方杂志》全文检索数据库荣获网络出版物奖提名奖；《辞源》（第3版）荣获印刷复制奖；《草木缘情：中国古典文学中的植物世界》荣获印刷复制奖提名奖。

顺数字潮流　渡时代之舟

在一次采访中，记者问到，数字大潮正汹涌来袭，从全球出版业的发展趋势看，纸质百科、工具书受到的冲击似乎最明显，而专业出版的数据库是顺势应变的典范。以学术出版和工具书出版安身立命的商务印书馆，是否做好了应对数字化转型的准备？有着 131 年历史的柯达公司最终倒在自己发明的技术上，其经历与书业非常相似，它的技术主义其实就是书业的内容主义，保持内容的领先和质量是好的，但不能唯内容行事。尽管纸介质图书在短时间内还不可能被取代，但数字技术的发展是迅猛的，面对网络阅读、电子阅读等给读者带来的新价值，我们不仅不能忽视，还要在这个领域里下功夫，两条腿走路，然后实现自身的转变和蜕变，这也是一种文化，顺潮流而动的文化。

当下，我们不仅面临着经济的转型期——文化产业的比例将会越来越大，社会也面临着文明形态的转型期——西方少数国家开始进入信息时代。因此，我们现在所做的事情不是一个简单的产品数字化的问题，而是商务百年以来最大一次转折和转型，能否做好，关系到我们下一个百年，乃至更多的一百年。

近几年来，商务积极探索全媒体出版，有了实质性的内容和形式方面的突破。2014 年实现了纸电同步出版，在此基础上加大了专业数据库和知识服务平台建设，《新华字典》（第 11 版）APP、《现代汉语词典》（第 7 版）APP、《牛津高阶英汉双解词典》（第 7、8、9 版）APP，以及《东方杂志》《小说月报》数据库等相继上市，2019 年，全媒体生产运营平台和人文社科知识服务平台成功上线。在数字转型的过程中，商务一方面将坚守内容质量和内容创新，这是出版乃至文化产业的核心和规律；另一方面，以满足需求为根本目标，大力促进媒体融合，是我们必须努力的事业。

文化发展的终极目标就是传播世界观与价值观，而文化产品是传播社会主义核心价值观的有力工具。从出版企业的角度而言，必须具有这样的责任意识——不仅要让我们的产品实用、有趣，更要让它有"思想"，要让人们在享用文化产品的使用价值和服务的同时，还能享受到精神层面的满足。我们要用自有的内容题材，来讲我们中国自己的故事，来传递具有中国特色的核心价值观。这是我们文化企业最重要的责任。

以世界的眼光赢得世界

党的十八大报告明确把文化产业发展为国民经济支柱性产业，推进社会主义文化强国建设，文化企业责无旁贷。除了立足内需，还要推动中华文化走出去，要树立我们国家民族自有的企业品牌和产品品牌。对于文化企业来说，要充分利用国家的政策，力争打造在全世界有影响的文化企业品牌。这也是我们文化企业的当务之急。

国际合作方面，商务印书馆与全球一流的学术、教育出版机构建立战略合作关系，为沟通中西文化交流孜孜以求。2010年，商务印书馆与全球久负盛名的法律专业信息服务和出版机构之一的荷兰威科集团建立战略合作伙伴关系，主要就法学研究与法律实务作品的双向引进与输出进行深入合作，填补国内法学研究空白，并借助威科集团强大的全球出版体系、分销渠道及数字出版平台，为国际读者提供关于中国法律制度的真实图景，促进中西法律文化之间的交流。2012年，商务印书馆与德国历史最悠久的高端学术出版社之一的德古意特签署战略合作协议，超越了单品种的版权贸易，双方将通过定期协商、沟通，以及共同开发合作项目，加强中德学术文化之间的交流。商务印书馆与牛津大学出版社强强合作四十余年，不断推出适应读者需求的新产品，2014年上市的《牛津高阶英汉双解词典》（第8版）便体现了近年来英语世界的新变化、新特点和新趋势。

品牌管理不仅需要理性，更需要胆识和智慧。所谓"理性"，就是要坚守和进一步强化商务的品牌形象和品牌内核。商务的品牌形象主要体现为"工具书王国"和"学术出版重镇"；品牌内核则主要表现为品质，包括商务印书馆作为企业法人实体的"形象"和众多图书产品的品质。所谓"胆识和智慧"，就是如何延伸和拓展品牌，主要的课题是如何使商务的品牌具有时代精神，始终与时代的脉搏一起跳动，才能保持活力和影响，也才能一代一代地传承下去。

对商务来说，品牌的打造分为三个层次：出版品牌—文化品牌—企业品牌。"出版品牌"是指在出版业界要成为最著名、最响亮的品牌。"文化品牌"是指在全媒体出版的形势下，企业的眼光仅仅停留在出版是不够的，而是要以出版为圆心，以全媒体为半径，画一个文化产业的大圆，实现跨媒体、跨行业的突破。传统的出版品牌价值就是出书，新的品牌价值则是以各种读者所喜爱的形式为其提供文化产品，由此品牌的影响力也将突破传统的出版业进入到文化领域。"企业品牌"又进一步突破了文化产业这个圈，跻身世界其他各个产业的品牌之林，与之进行交流、对话乃至竞争。我们必须要有这样高远的志向，只有具备这样的立意和理想，它才能变成现实。如果仅仅想做一个好的出版社，可能最终连一个好的出版社都做不了。

商务精神　文化动力

　　在商务印书馆创立 120 年之际，时任中共中央政治局委员、中央书记处书记、中宣部部长刘奇葆同志到商务调研，并发表重要讲话，指出："商务印书馆这个百年品牌，寄托着我国几代出版人的文化使命和理想追求。希望大家传承好、维护好、发展好这块'金字招牌'，使之历久弥新、熠熠生辉。"而要完成"传承好、维护好、发展好"的任务，一个重要的内容就是要寻找到成就商务这个百年品牌的原动力。换言之，就是要抽绎出商务 120 年来饱经时代沧桑却能不断浴火重生的精神内核，亦即"商务精神"。应该说，商务 120 余年来深厚的历史积累与文化积淀是一座出版文化富矿，使人们能够从不同的角度进行探寻和总结，对"商务精神"的理解也因此而见仁见智。中国出版集团公司谭跃总裁在调研会上对商务 120 年历史及其所传承的精神做出了高度的概括：

　　第一，回顾商务印书馆 120 年，它彰显了民族命运与企业发展紧密相连的历史，体现了出版企业践行时代使命的独特方式。商务印书馆成为中国现代文化史上一个不可磨灭的历史坐标，成为全球文化格局中一个卓然而立的中国符号。

　　第二，回顾商务印书馆的 120 年，它彰显了文化担当与市场运营双效合一的历史，体现了出版企业履行文化责任的独特路径。

商务印书馆以企业的方式做内容，以商业的方式做传播，以市场的方式激活资源，实现了文以载道，商以传道，创新弘道，它重市场但不唯市场，重商业但不唯伦理，重产业扩张更重文化影响，这是它的企业之道，是它的文化格调，也是文化融于企业，企业助立文化的成功之道。

第三，回顾商务印书馆120年，它彰显了文化理想与文化品质有机统一的历史，体现了出版企业独特的中国精神。它生于忧患，秉持自强前行的进取精神，兼收并蓄、厚德载物的开放精神，它练就精益求精的工匠精神，它常有敢为人先勇于探索的创新精神，这种企业精神是商务印书馆历经磨砺，不断光大的主要法宝，是留给我们的宝贵精神财富。

根据领导讲话精神和专家们的研究成果，结合我自己的学习和实践，我想从以下几个方面谈几点认识。

一、"商务精神"是始终坚定文化理想，自强不息、坚韧不拔的革命精神

在商务印书馆120余年的发展历史上，不可被忽视和遗忘的还有一种自强不息、坚韧不拔的革命精神，这种精神建立在商务高远的文化理想基础上，推动着中国社会从半殖民地半封建社会的泥沼中挣脱出来，走向光明、走向解放，促使着一辈又一辈的中国人不断觉醒、不断奋斗、不断变革创新。在中华民族从衰弱走向富强的道路上，革命精神始终是中国人民取得革命胜利和各项事业发展进步的原始动力，同样也是商务印书馆沉淀在血脉中

的传承和记忆。

商务印书馆创业之初，中国正处于变法图强的强大社会变革思潮之中，康有为、梁启超等维新志士倡导的资产阶级革新虽宣告失败，却对中国社会的思想解放和进步起到了重要的推动作用。在这一背景下，由维新人士创办的《昌言报》《格致新报》等以广开言路、救亡图存为宗旨的报刊，因引进和宣扬进步思想，被清廷视为"眼中钉、肉中刺"，绝不允许发散传播，承印这些进步报刊极有可能会"掉脑袋"，而夏瑞芳却并没有因此有丝毫的犹豫和退缩，慨然允诺由商务代印。戊戌六君子之一的谭嗣同被清政府砍头后，维新人士想印行他的遗作《仁学》传播进步思想找到了商务印书馆。《仁学》一书因痛斥封建专制制度为"大盗"之政，批驳封建专制君主为"独夫民贼"，是万恶之源，公开宣扬"君末民本"的民权思想，毫无疑问被清政府列为重点查抄的"禁书"。可是夏瑞芳在接受这本书的承印之托时却坦然地说："没有关系，我在租界，不怕清廷。"

1919年五四运动爆发后，全国掀起了轰轰烈烈的新文化运动，此时商务印书馆创办的《东方杂志》《小说月报》等期刊最先受到严峻挑战，销量亦受到影响。面对新文化运动的冲击，商务印书馆的管理层迅速意识到新时代的来临，并积极主动地与新文化学者联络了解，通过提高出版物质量来满足新文化新思潮的学术需求。为了适应新形势，商务印书馆决定开展大刀阔斧的改革。张元济、高梦旦等人不仅亲赴北京，与蔡元培等商谈体现新思潮的《北京大学丛书》和《北京大学月刊》的出版事宜，还支持梁启超创办共学社，编译《共学社丛书》。张元济等人大胆起用新人，推进各杂志的内容革新。例如，更换了创刊于1904年的全国最大综合杂志《东方杂志》的主编，改变了编辑方针，"顺应世界之潮流"，从1920年开始改用白话文和新式标点，并侧重介绍国外的新思想、新科学，逐渐成为宣传新思潮的重要阵地；而对于《小说月报》的改革则提拔在新文学领域崭露头角的年轻编辑茅盾出任主编，支持他进行全面革新，很快就创造出中国文艺的新气象，成为新文学运动的重要阵地。

这样一种勇担国家民族大义，顺应潮流积极革新的革命精神，从不同侧面勾勒出商务印书馆在民族进步和国家自强的愿景下勇于自我完善、自我革新的革命传统。不仅如此，商务印书馆的革命精神更直接体现在，在马克思主义传播、中国共产党创建及早期工人运动中，商务印书馆都曾扮演过关键角色。

20世纪初，《东方杂志》刊载了翻译和介绍社会主义、共产主义的文章，并连载日本社会主义运动著名活动家幸德秋水的著作《社会主义神髓》；1919—1922年间，商务印书馆出版传播马克思主义的书籍达到20余种；1934年商务出版了由吴半农译、千家驹校的《资本论》第一卷第一分册；1943年出版了陈瘦石翻译的《共产党宣言》完整本，这些充分证明商务印书馆是马克思主义在中国早期传播的重要基地。中共在上海发展的最早一批党员，跟商务印书馆也有着交集。中国共产党的早期领导人陈独秀、李达等都是商务印书馆的外聘编辑，陈独秀的第一本书《小学万国地理新编》就是商务印书馆出版的；在李达、李汉俊介绍下，《小说月报》主编沈雁冰加入中国共产党，成为商务第一位中共党员，也是中共最早的党员之一；陈云同志也是从商务印书馆做发行所文仪柜台的学徒，逐渐成长为工人领袖，加入中国共产党，走上了革命道路。当时，地处沪上的商务印书馆拥有4000余人的产业工人大军，文化素质高，在他们的发动、组织和领导下，商务印书馆很快成立起了党组织，发展党团员，开展革命活动，成为党的早期活动的一个重要据点。1921—1927 年，商务印书馆的共产党员和共青团达 200 余人，有真名实据的 146 人。商务印书馆还一度因茅盾的杂志主编身份成为中共中央与各省党组织的秘密联络点，商务的东方图书馆更是周恩来同志领导上海工人第三次武装起义的指挥部所在地。这种自强不息、坚韧不拔的革命精神铸就了商务的文化胆识。

二、"商务精神"是始终坚持理想信念不动摇的使命精神

车尔尼雪夫斯基曾经说过："人的活动如果没有理想的鼓舞，就会变得空虚而渺小。"同样，出版活动如果没有坚定的理想鼓舞，只会沦为书商的逐利行为。商务印书馆的一个重要财富就在于商务的先辈们在建馆之初，就以自己心系家国的使命精神为商务确立了高远的出版目标与文化理想，从而在源头上塑造了商务的精神气质，而这一理想信念在每一辈商务人手中得以坚守和传承，使商务超拔于普通意义上的出版企业，成为影响中国近现代文明进程的重要出版文化机构。

120 余年前，夏瑞芳、张元济等文化先辈，怀着强烈的民族自尊心和报国心，在创办商务印书馆伊始，共同立下了"吾辈当以扶助教育为己任"的盟誓，明确了"从教育着手，改变中国，变法图强"的方向，把"昌明教育，开启民智"确立为自己的使命。

商务印书馆的格局也由此定立。120余年来，商务印书馆始终秉持
"教育救国""文化救国"的理念不断前行，无论在任何时候都
坚定这一理想信念不动摇。

　　商务在创立之初即以编辑出版新式教科书为舟楫，在"教育
救国"的理念下，勉力推出了以《最新教科书》为始的一系列新
式教科书，率先击破了长达数千年的传统经学教育模式，建立了
一套完整的面向普通百姓的现代教育理念和教科书体系，为中华
民族摆脱封建束缚，培育现代新人，奠定了精神文化基础。1898
年以印度的英语教材为蓝本出版《华英初阶》，1904年与日本金
港堂合作引入日本的编辑队伍和编写理念推出《最新教科书》，
以此为始，商务印书馆"在一无凭借之下"，筚路蓝缕，木铎启
路，用心至真，用力至勤打造新式教科书，真正推进了中国的现
代教育和现代化进程。王云五曾介绍《最新教科书》的编纂过程：
"编辑是书时，聘有一位日本学者及教育家为顾问，首先取日本
的小学教科书，研究其教材，次就我国人最常用之文字与应具之
常识，编定大体的计划，执笔人为富有教育经验之高梦旦、蒋竹
庄，庄百俞诸君。每成一课，菊生先生则亲自主持，与执笔诸君，
字斟句酌，务求取材切当，浅显易解。因此，任何一册小学教科
书，皆集各方面之人才，研求至当。"《最新教科书》包括了最
新初高小教科书16种，教授法10种，详解3种，中等学校用书
13种，该系列教科书出版时正值学堂"方始萌芽之际，国人渐知
儿童教学，不宜专用文字深奥之古籍，而苦于无适当之儿童用书"，
所以一经问世就不胫而走，使"教学之风为之一变"。此后，商
务印书馆坚持扶助教育之理想，先后出版了《共和国教科书》《新
法教科书》《新学制教科书》《新时代教科书》《基本教科书》《复

兴教科书》等多套教科书。

1932 年日军进犯淞沪，商务印书馆作为中国文化教育的大本营，被日本军国主义分子列为重点轰炸目标，东方图书馆更是遭到纵火焚毁。商务人坚持理想信念不动摇，从"一·二八"日本侵略军轰炸后的废墟中顽强地站立起来，提出了"为国难而牺牲，为文化而奋斗"的口号，在战火中实现了"日出一书"的目标，以实际行动重申了自己以出版、以学术报国之宏志，凭借一己之力担起了当时中国文化的半壁江山。尤为值得一提的是，此前的 1930 年，商务就已首倡有系统地出版大学教科书，并得到了蔡元培的重视与支持。1931 年 10 月商务决定编印《大学丛书》，并组织各界知名人士如胡适、马寅初、郑振铎、李四光等 54 人成立了《大学丛书》委员会，惜因"一·二八"事变而搁浅。但 1932 年 8 月，商务总馆一经复业，王云五便将组织编写大学用书列入"复兴编辑计划"，同年 10 月即重新启动了《大学丛书》的出版，从而开辟了我国成功出版本土化大学教材的先河，促进了我国现代高等教育的发展和现代中国学术的独立，并确立了大学教科书成为图书出版专门类别的地位。

全面抗战时期，即便是在战争的艰苦条件下，商务印书馆的市场占有率仍为全国总数的 52%，上海沦陷以后，商务辗转迁到香港，后又迁到长沙、重庆，却始终奉行着把国家和民族的文化扛在肩上的精神，一直坚持出版战时读物、书籍和大型丛书，成为颠沛流离的文化坚守者。

新中国成立后，商务印书馆成为社会主义文化的重要传播者和建设者。面对社会主义文化建设的艰巨任务，商务印书馆不仅把东方图书馆的藏书全部无偿捐献给了百废待兴的新中国，还以工具书、学术著作的出版为主线，肩负起文化普及与学术建设的双重重担。这一时期，商务既出版了《缩印百衲本二十四史》《中华人民共和国药典》等中华文化精粹；也出版了亚里士多德《政治学》、卢梭《社会契约论》、孟德斯鸠《罗马盛衰原因论》、黑格尔《法哲学原理》、凯恩斯《就业、利息和货币通论》等外国学术名著系列；还出版了《英华大辞典》《俄汉大辞典》和德汉、法汉以及张道真《实用英语语法》和薄冰、赵德鑫《英语语法手册》等多种外语辞书和工具书。堪称重中之重的是推出了承载深厚大国文化、担当新中国国民教育和推广普通话与现代汉语规范化重任的《新华字典》新一版和《现代汉语词典》试用本送审稿，及时、全面地反映了社会主义建设各个阶段的新成果，对普及全民族的文化知识，担当新中国国民教育，促进中国文化教育事业的发展，甚至推动中国建立完善的社会文明秩序，都有着极为深远的影响。

20世纪六七十年代，商务仍执着于理想信念不动摇，成为那个特殊年代文化沙漠中少有的一片绿洲。《新华字典》1971年修订本在当时恶劣的出版环境下，得到周总理的亲切关心和指导，商务印书馆坚持着自己的出版操守，用智慧挽救了这本字典；《现代汉语词典》的试用本送审稿被姚文元勒令销毁，商务印书馆不为所动，悄悄封存到"文革"结束，充分体现了商务人的胆识；"汉译世界学术名著丛书"这一浩大工程更是经历了诸多令人难以想象的曲折，迫于形势压力，"文革"期间商务对当时的西学著作均冠以"供批判用"的"灰皮书"等形式坚持译介出版，使得这项伟大的学术出版工作得以延续至今，并保证了其体系的完整性和系统性。因为商务人始终坚持一个朴素的信念，即一个拥有几千年文明的国家学习和借鉴世界其他国家的优秀文化遗产，来发展自己的文化，这一点总不会错。这就是胆识，没有识就没有胆，胆是建立在理性的识之基础上的。这些至今仍屹立在书架上的人类学术文化史上里程碑式的著作，成为商务印书馆坚持理想信念不动摇最重要的体现。

改革开放时期，商务成为改革开放的见证者和践行者，结集出版的"汉译世界学术名著丛书"不仅成为改革开放最重要的文化成果，还成为一个时代的文化标志。《辞源》第 2 版、《古汉语常用字字典》、《新华词典》、《汉英词典》、《牛津现代高级英汉双解词典》、《便携俄汉大辞典》、《中华人民共和国地名词典》、"世界名人传记丛书"、"商务印书馆文库"、"日本丛书"、"美国丛书"、"莎士比亚注释丛书"、"中国自然地理知识丛书"、"中国文化史丛书"、"中国文化史知识丛书"等等也相继出版，《英语世界》创刊，构建起商务出版文化的新版图。

120 余年来，无论是编纂新式教科书工具书，还是整理出版中国传统古籍；无论是译介西方现代化思想的学术著作，还是创办杂志、开办学校，在文化教育领域做实业；无论是雄踞"亚洲第一，世界前三"之高地，还是饱受战火的摧残和洗礼，商务印书馆始终坚守着"昌明教育，开启民智"的创立初心，坚持理想信念不动摇，在传承与光大中华文化的宏阔语境下从事出版，在创造与建设现代文明的出版实践中塑造文化，服务教育，引领学术，坚持传播先进思想与先进文化，澡雪民族精神，推动社会进步，在文化理想的光照下走出了一条波澜壮阔、利国为民的出版自强之路。

三、"商务精神"是始终把自身事业与国家和民族命运紧密相连的责任意识和担当精神

　　120余年前，商务印书馆创立于中国半殖民地半封建社会晚期，彼时中国社会的主要任务是反帝反封建，其中思想和文化的启蒙任务远重于中国历史上的任何一个时期。然而，当时的社会却如张元济在1901年致盛宣怀的信中所指出的："中国号称四万万人，其受教育者不过四十万人，是才得千万之一耳。且此四十万人者，亦不过能背诵四书五经，能写几句八股八韵而已，于今世界所应知之事，茫然无所知也。"因此，当时中国的思想与文化启蒙运动所面临的其实是一个传承文化遗产与引进西方新学的双重难题：要把一个文盲占有绝对比例的古老国度推入到现代文明发展的主航道，必须引进西学；然而，在一个受教育者仅占全体国民"千万之一"的国家，大力引进西学而忽视对本民族传统文化的继承与培护，很可能会衍生出殖民文化的怪胎，这对有着数千年悠久历史的中华民族来说不亚于亡国灭种。凭借对家国命运的深入思考，凭借对中国文化大转型时期历史走向的宏观把握，商务的开拓者并未被当时中国知识界、文化界西学东渐的狂飙突进所裹挟，而是极具远智地将整理国故与引进西学并重，将民族文化普及与学术现代化并举，尚古而不泥古，推新而不迷新，借出版之力为中华现代文明打造了传统与现代平衡壮大的两翼。

　　在民族文化普及方面，商务跳出故纸堆，勉力用现代学术的方法与范式梳理文化遗产。如商务推出的《辞源》就有着深刻的时代和思想背景，主编陆尔奎在谈到编纂《辞源》的缘由时就曾说过："癸卯、甲辰（1903、1904年）之际，海上译籍初行，社

会口语骤变。报纸鼓吹文明，法学哲理名辞，稠叠盈幅。然行之内地，则积极消极，内籀外籀，皆不知为何语。由是缙绅先生摒绝勿观，率以新学相诟病。及游学少年，续续返国，欲知国家之掌故、乡土之旧闻，则典籍志乘，浩如烟海，征文考献，反不如寄居异国。其国之政教礼俗可以展卷即得。由是欲毁弃一切，以言革新。又竟以旧学为迂阔，新旧扞格，文化弗进。"可以看出，《辞源》编纂的重要起因，在于商务前辈看到了那个西风炽盛、社会急剧变迁的年代延续传统文化的重要和迫切。强劲的西风让一些人对中国的汉字文化悲观至极，汉字文化处于生死存亡的危机关头。因此，蔡元培先生把编纂《辞源》看成是"留根保种"之举。《辞源》的"留根保种"至少包括两个大的方面：一是从辞书本身的编写原则、宗旨和特点来说，它从形、音、义三个方面全面追溯汉字的根源，为汉字保存下了可以追本溯源的系统档案，因此保存下来破解汉字文化的密码；二是通过辞书"无言的老师"之功能，让更多的中国人习得和掌握汉字，使得汉字及其所承载的文化真正传承下去，只停留在书本上而不被人认识，不能说是真正的传承。在文字和知识的普及方面，辞书与图书馆和博物馆发挥着重要作用。《辞源》编纂者说："一国之文化，常与其辞书相比例。吾国博物院图书馆未能遍设，所以充补知识者，莫急于此。且言人之智力，因蓄疑而不得其解，则必疲顿萎缩，甚至穿凿附会，养成似是而非之学术。古以好问为美德，安得好学之士，有疑必问。又安得宏雅之儒，有问必答。国无辞书，无文化之可言也。"正是这样的一种家国情怀和担当精神成就了以现代辞书编纂范式承载中华优秀传统文化渊薮的百年辞书——《辞源》。

在学术现代化方面，商务以翻译出版《天演论》《原富》《法意》等外国先进的思想学术名著，以及《鲁滨逊漂流记》《茶花女遗事》《伊索寓言》等一大批文学名著为始，将西方最新的科学成就和思想理论介绍到中国，使中国知识界大开眼界，并为此后一个多世纪不断垒筑"汉译世界学术名著丛书"奠定了基础。同时，积极推介本土学者以先进学术理论所进行的原创学术研究，借以争取中国学术的时代话语权，其中极具标志性的是出版了国内第一部原创学术著作《马氏文通》、大型综合性丛书《万有文库》等一大批图书，普及学术、传播新知，构建起中国现代学术研究的范式，为中国现代化进程准备了充分的思想动力，极大地促进了中国的思想解放和民族复兴。

由此，商务印书馆孜孜以求地在普及民族文化和促进学术现代化的道路上奋力前行，无论在任何艰苦的情况下都没有停止学术出版和工具书的编撰，至今成就了"工具书王国"和"学术出版重镇"的美名，最为重要的一个原因就是商务印书馆深切体会到出版的重要作用和价值，并始终将自己的出版工作与国家和民族的命运紧密联系在一起。

四、"商务精神"是始终顺应时代之需，勇于探索、敢为人先的创新精神

从建馆之日起，商务印书馆就在出版经营活动中体现出一种大智慧和大格局，这是一种在深度关切家国命运的前提下才有的大智慧，也是一种把出版提振到关乎家国命运的高度才有的大格局，这样的智慧与格局铸就了商务顺应国家之需、民族之需和时

代之需，勇于探索、敢为人先的创新意识，在120多年的发展进程中始终走在时代和文化的前端，在更高远的家国层面规划自己的出版活动，不仅出版了一系列引领学术、激动潮流的传世精品，并且在教育和文化的诸多领域创造了举世瞩目的辉煌成绩，引领了时代前进的方向。

熟悉商务历史的人都知道，商务印书馆创造的第一不胜枚举：出版我国第一部原创学术著作《马氏文通》，出版我国第一部现代意义上的大型语文辞书《辞源》，出版我国第一部专科类词典《植物学大词典》，出版我国最早的术语审定汇编《物理学语汇》；第一个聘请外国技术专家，创制我国第一部汉字打字机，首次使用纸型印书，首次使用自动铸字机，第一个采用胶版彩印，第一个制作教育幻灯片，创立中国第一家电影制片厂，拍摄我国第一部动画广告片，等等。这一系列"第一"带来的是中国出版史、学术史、教育史乃至于文化史上一系列革命性的转型与进步。

商务印书馆的这种引领时代的创新意识在她各个历史时期的标志性产品上体现得更为淋漓尽致。众所周知，商务兴于上海，而当时沪上是全国最重要的商埠，学习英语的人很多，但苦于教材难觅。商务的创始人夏瑞芳敏锐地洞悉到了当时的这一社会需求，顺势而为，将教会学校用的英国人为印度小学生编的课本翻印出版，风行一时。但该课本只有英文，初学者有所不便，夏瑞芳就请谢洪赉逐课翻译成汉文并加上白话注释，用中英两种文字排版印刷，定名为《华英初阶》，出版后大受欢迎。接着，商务又请谢洪赉把高一级的课本以同样的形式翻译出版，名《华英进阶》。这两种教材出版后，成为英语学习者的首选课本，一版再版，畅销多年。既为商务的发展壮大打下了经济基础，也激活了商务绵延 120 余年的市场意识和创新精神。

　　由王云五策划整理的"万有文库"，堪称 20 世纪上半叶最有影响的大型现代丛书，其编纂目的是"把整个大规模的图书馆，化身为无数量的小图书馆，使散在全国各地方、各学校、各机关，而且在可能时，还散在许多家庭。……协助各地方、各学校、各机关，甚至各家庭，以极低的代价，创办具体而微的图书馆。"在那样的年代里，这样的出版规划显然超越了一般出版商单纯赢利计划，将出版与为国民提供百科知识的国民教育与家庭教育联系起来，因此被美国《纽约时报》称赞为"为苦难的中国提供书本，而不是子弹"。纵观世界各国的文化启蒙运动，似乎都离不开这样一种顺应时代需求、满足思想启新的出版创新之举：1828 年德国的雷克拉姆出版社、意大利的利索里出版社和日本明治维新时期的岩波书店，都曾经以"万有文库"为名出版过这样宏富的大型丛书。而这样的出版壮举，最根本也最伟大的意义就在于它用新知识和新思想建立起了新的科学，通过这些新的科学知识传播了新的文化，同时孕育出了新的社会和新的国家形态。从这个角度来说，商务印书馆出版的这套"万有文库"，实际上正是顺应了新旧社会之交，中国文化启蒙运动中人们对于新思想全面渴求的需求，更为中国新的社会形态的出现奠定了无可替代的文化基础。

　　新世纪以来，商务印书馆顺应国家发展大势和时代呼声，将主题出版视为中国国家知识体系建设当中的重要组成部分加以认识和挖掘，强调加大顺应中国经济建设、政治建设、社会建设、文化建设和生态文明建设需要的主题出版力度，以出版和内容创新，回应时代课题。其中，围绕"一带一路"主题，推出《世界是通的："一带一路"的逻辑》《"一带一路"战略研究》

《"一带一路"年度报告》《"一带一路"沿线国家语言国情手册》
和《丝瓷之路博览》等"一带一路"理论、国情、语言研究著作;
围绕中国特色社会主义道路和国家治理实践,陆续推出"中国道
路丛书""国家治理丛书"系列图书;围绕依法治国主题,推出《中
国特色社会主义审计理论研究》《中国特色社会主义审计制度研究》
等;围绕生态文明建设,策划出版《黄河三角洲生态环境史研究》、
"青藏高原生态文化丛书"和《自然文库》等图书,用自有的内
容题材和故事,传播社会主义核心价值观。

面对新时期日新月异的数字出版技术和先进理念,商务不仅
开发了"百种精品工具书"数据库、《东方杂志》全文检索数据
库等专业的数据库产品,开发了品牌工具书《新华字典》《现代
汉语词典》《牛津高阶英汉双解词典》APP;还率先实施了以纸
电同步为标志的全媒体出版战略,全媒体生产运营平台和人文社
科知识服务平台已经成功上线,语言知识服务平台也上线在即。
在新的历史时期,一个"数字的、科技的、智能的"新商务已经
启航。

可以说,商务的一系列"第一""领先""率先"带来了中
国出版、文化乃至教育领域的一次次变革,不仅标志着商务在出
版技术方面的领风气之先,也深刻影响了中国出版的发展走向。

五、"商务精神"是始终承续文化传统,博采中西、兼收并蓄的开放精神

120 余年来,商务印书馆出版了 6 万余种图书,凝聚和培养了

一大批中国优秀的知识分子，为中国的文化进步和现代化转型做出了巨大的贡献。在中国近现代历史上，一家机构，以一己之力，打破新与旧、中与西、商业与文化、精英与民众等许多对立性的存在之间的藩篱，在出版、教育、文化、市场、企业制度、经营管理、人才培养等等各领域都堪称先锋，可以说这在近代中国乃至世界上除商务印书馆外绝无仅有。能够取得如此的成就，更多地得益于商务印书馆博采中西、兼收并蓄的开放精神，而这种精神的来源则是商务印书馆与生俱来的文化理想和社会使命感。

在海纳百川的胸怀下，20世纪初期的商务印书馆展现出了文化巨擘兼容并包的姿态。那一时期，社会上各种思潮和文化力量汇集于商务印书馆这个大舞台上，以康、梁等为代表的维新派，以蔡元培等为代表的资产阶级革命派，以陈独秀等为代表的新文化派，以及中国共产党组织的早期成员，无不活跃在商务印书馆，借助这一平台开展思想、学术和政治活动。商务印书馆还凝聚甚至培养了中国近现代众多重要的思想家、教育家、文学家、艺术家，如陈云、茅盾、郑振铎、周建人、叶圣陶、胡愈之、鲁迅、巴金、老舍、冰心、严复、林纾、胡适、梁漱溟、郭沫若、朱自清、竺可桢、黄宾虹、徐悲鸿、钱穆、冯友兰、贺麟、费孝通、赵元任、王力、吕叔湘、周谷城、朱光潜等，都与商务印书馆有着千丝万缕的联系。这种多元交融的文化形态，使得商务印书馆成为中国学术史上无可取代的思想源地和中国知识分子的精神家园。

这种有容乃大的气质，在商务印书馆的众多出版物中体现得更加淋漓尽致。我们可以看到，严译林译作品为尚处混沌的国人带来惊雷般的思想震撼，新式教科书和普及读物为平民大众打开接受新知识的大门，《万有文库》《大学丛书》助推学术，为国

难中的民族提供通往胜利之路的文化慰藉，《百衲本二十四史》
《四库全书》博采善本、校勘精良，又在西学鼎盛之下竭力保留
住民族的文化之魂；新中国成立后，《新华字典》《现代汉语词典》
为扫盲和汉语规范化打响头阵，坚持百年梦想移译垒筑的"汉译
名著"更成为一个时代的标志。凡此种种，正可谓博采中西，融
通古今，连通上下，包罗万象，兼收并蓄，铸就了商务的文化襟怀。

　　承续这一传统，进入新时代，商务印书馆致力于展现人类文
明多样性，展现中国文化魅力，正体现了新时期中国出版开放并
包的气度与自信。商务印书馆不仅推出了"汉译波斯经典文库""国
际文化版图研究文库"和《当代外国文学纪事》（10卷）等一系
列大型图书，还出版了世界各国与民族的代表性作品，如葡萄牙
民族英雄式的作家佩索阿、德国诗人里尔克、印度诗人泰戈尔和
墨西哥印第安人作家波尔蒂利亚的作品等，在忠实反映人类文化
多样性的同时，以开放的心态借鉴和吸收人类文明的既有成果，
为国人打开了通向世界和了解人类文化的窗口。

　　商务还积极与国外知名出版社，如牛津大学出版社、剑桥大
学出版社、德国德古意特出版社、荷兰威科集团、英国卢德里奇
出版公司、德国斯普林格出版社等建立了引进与输出双向出版的
战略伙伴关系；出版了80个语种的汉语图解词典系列，商务印书
馆已经成为世界上出版语种最多的出版社；出版了英文版中国语
言生活状况年度系列报告；出版了中国法律译丛；输出了"中国
道路丛书"和"国家治理丛书"等主题出版图书的海外出版权等。
积极努力将《新华字典》《现代汉语词典》等品牌辞书向海外推广。
进一步加大了向世界传播中国文化和思想的力度，国际传播力和
影响力进一步加强。2016年，《新华字典》荣获两项吉尼斯世界

纪录，进一步吸引了世界的目光。

六、“商务精神”是始终追求卓越品质，精雕细琢、精益求精的工匠精神

奇葆部长在商务调研讲话中特别强调：“辞书出版、学术出版最讲究‘慢工出细活’……正是依靠老一辈编辑家这种孜孜以求、精益求精的‘工匠精神’，《辞源》才成为传世之作。要把这种精神作为‘传家宝’一代代传下去，不断提升图书的思想内涵、学术价值、格调品位、艺术境界，为广大读者提供更多更好的精神食粮。”120 年来，商务印书馆以自己所出版的 6 万余种图书，搭建了中国出版和中国文化的一座殿堂，这座殿堂正是一代代商务人发挥大国工匠精神倾力打造而成的。

商务的大国工匠精神体现在她始终坚守着先进经营理念，待合作者以诚、对合作者倾心维护之上。120 年来，商务印书馆始终待作者以诚，与一代代中国优秀知识分子建立了深厚的友谊，赢得了一代代优秀作者的信任与支持，也因此成就了一系列传世佳作。

例如，自 1903 年林纾翻译《伊索寓言》开始，他在商务出版作品总数达 140 余种，林纾和商务联袂创造了“林译小说”这一文化品牌，成为出版家和作译者合作双赢的佳话。不过，林译小说畅销十年后，译笔逐渐变得草率，译稿色彩黯淡，且存在不少错误。如何处理与这位为潮流所不容，且书稿质量日趋下降的老译者的关系？商务的处理细致入微，兼顾大局与人情，既有原则

又有变通，体现出一种出版大家才有的气度与智慧：发现来稿有问题的，起初仍照单全收，并做必要的编辑处理，例如修改书名；渐渐地质量问题突出起来，便开始对稿件进行仔细校订，张元济一度竟亲自看稿。期间由于市场和译稿质量的双重问题，商务不再印行单行本，改由在《小说月报》等杂志上发表。"对待不同境遇的作者、不同的文化主张、不同的社会力量，必要的时候果断取舍，但始终持有善意的初心、稳健的定力、开放的期待和温和的宽容，是商务迥异于历史洪流中众多大小出版机构之独到之处，也是促成商务百年蔚然基业的文化基因之一。"再如，"汉译世界学术名著丛书"至今已经出版了七八百种之多，素有西学体系"振裘挈领"之誉，最为重要的原因在于选目之精。自丛书规划以来，商务便邀请政、经、哲、史、地、语言学等各个学科的专家学者组成百余人的学术委员会，共同商讨论证入选标准和书目。对于具体书稿，更是字斟句酌，精雕细琢，"一名之立，旬月踟蹰"，因此成就了"汉译名著"这一传世精品。商务印书馆还是中国第一个与作者订立版权合约的出版企业，1903年商务就出版《社会通诠》与严复订立了合约；1909年即尝试与英国泰晤士报社协议印行《万国通史》；改革开放后更是第一家对国外出版社支付版税的出版社。商务总是以谋求长远合作为首要原则，不计眼前的私利，以善、以诚、以合作共赢的态度对待所有的合作者。这正是一种独具商务特质的现代意义上的大工匠精神。

　　商务的大国工匠精神更体现在她对经典产品的潜心琢磨之上。120余年来，商务出版的以《辞源》《新华字典》《现代汉语词典》为代表的工具书一印再印，以"汉译世界学术名著丛书""中华现代学术名著丛书"为代表的学术著作蔚为大观。商务在打造经典产品的过程中精益求精，潜心琢磨，最集中地体现了大工匠的精神。

　　以《辞源》为例。《辞源》第一任主编陆尔奎1906年入馆，甫一进馆，他就向张元济建言，"国无辞书，无文化可言"，"决意编纂"《辞源》，张元济随即拍板成立了商务印书馆字典部，陆尔奎任部长。陆尔奎和他的同事们本以为完成这件工作要两年时间，没有想到的是"及任事稍久，困难渐见。始知欲速不达"，"往往因一字之疑滞而旁皇终日，经数人之参酌而解决无从。甚至驰书万里，博访通人，其或得或失，亦难预料"；最后"罗书十余万卷，历八年而始竣事"。1915年12月23日，《辞源》正编面世。全书收有单字1万余个，词目近10万条。陆尔奎则因编辑《辞源》致双目失明，于1935年去世。然而，《辞源》的事业并没有停止。在编纂《辞源》的过程中，商务的编辑们对音韵学和检字法都做了深入的研究，因此由林语堂、王云五构思创造，经高凤谦修订完善的"四角号码查字法"得以应运而生，1928年10月出版的《四角号码学生字典》实际上正是编纂《辞源》的副产品——因为用心，《辞源》启动整整20年后，更加普及的《四角号码学生字典》影响到了更多的中国少年。因为用心，《辞源》第二版主编吴泽炎先生每天坚持做60张卡片，最后积累了30余万张卡片，为《辞源》的修订注入了鲜活的内容。因为用心，《辞源》第三版的编辑们逐条检索、考证，涉及3200余种文献，在出版百年之际推出第三版，并与网络版、U盘版全球同日首发，为当代国人搭建起通往传统文化的桥梁。一家出版社，几代编辑者，百年琢磨不辍，终于成就了一本至今生机无限的传世精品，这其中的恒心、定力、执着与担当，非大工匠而不能为也！

毫无疑问，无论是对合作者的诚心相待，还是对图书产品的精心打磨，都离不开人的因素，商务的大工匠精神正是通过一代代商务人"一名之立，旬月踟蹰"的苦心孤诣，通过一代代商务人"切磋琢磨，以致其精"的学术追求，通过一代代商务人"不厌其烦，锲而不舍"的执着奉献而成就的。而这应该是中国出版人最宝贵的职业操守与职业良心。

120 余年来，商务印书馆为中国现代出版创造了无比丰厚的出版财富与精神财富，作为寄托着我国几代出版人的文化使命和理想追求的百年品牌，商务印书馆已经不只是商务人的商务，也是全体出版人的商务，是国家的商务、民族的商务。对"商务精神"的总结应该是商务人，也是中国出版人对出版事业的过去与未来的一种深层的思考，是对中国现代文化精神和企业精神的礼敬。对"商务精神"的传承、维护与发展将为我们找到继续推进出版事业和民族文化产业向前进的原动力。

第四章

品牌的厚度

品牌之道　价值为要

商务印书馆为什么 120 余年来能够长盛不衰？思考这个问题不仅是为了总结历史，更是为了着眼未来，因为我们相信，商务凭什么走过了 120 余年，就还能够凭这个走过更多的 120 年。这就是品牌的奥秘，120 余年的实践告诉我们，商务品牌的奥秘根植于其文化基因中，是独特的文化推动着商务印书馆不断地乘风破浪、勇往直前。商务文化中的一个重要特质就是创新精神，1897年那样一个时代，商务印书馆本身就是那个时代的创新之物。

历经百余年，跨越三个世纪，跨越几种社会形态，作为一个文化品牌至今保持旺盛的生命力，堪称奇迹。深刻地理解品牌的内涵，理解商务印书馆品牌的内涵，是续写 120 余年传奇的关键所在。创新是成就这个奇迹的重要因子，所谓的创新，就是"创造新价值"的简称。真正的创新就是随着时代的脉搏而跳动，因时代之需而不断创造新价值。再好的品牌，都要不断融入新的时代精神，这样品牌才能保持长久的生命力。

一、品质是品牌的基础

中国出版已经进入具有品牌意识和品牌管理的时代，这也是产业走向市场、走向成熟的标志。在自由竞争的原始积累阶段，是没有品牌效益、品牌意识的。只有进入一个相对成熟和稳定的市场，品牌的作用才会凸显出来，企业品牌管理才会提到企业管理的重要层面。

应该说，中国出版业的品牌认知度还比较低。就国内品牌而言，说到某个行业、某个产业，人们都能列举出一两个领先的企业品牌和产品品牌。而图书，无论是企业品牌，还是产品品牌，都很少有人能如数家珍地列举出来。严格地说，在公众认知的层面，中国出版业只有两个品牌称得上是家喻户晓：一是《新华字典》，二是新华书店。然而细究的话，《新华字典》俨然已经成为字典的代名词，新华书店则是书店的代名词。在眼下产品和企业多元化的时代，关于这两个品牌的准确认知，其实还是模糊的。

我国出版社的品牌建设才刚刚起步，关于品牌认识、品牌建设等都存在认知方面的误区和实践上的偏差。整个出版业的竞争状况反映出了这一现实。什么书赚钱就出什么书，跟风现象泛滥，等等。其实做品牌，首先要有明确清晰的定位。并非什么赚钱就一窝蜂地做什么书，毕竟各类书都拼到前几位不仅不现实，而且出书种类杂乱也就偏离了品牌的核心要义，品牌的核心要义在于差异化。品牌建设不仅要求"是"的胆识，更要求"否"的果决，也就是敢于放弃。

我们可以从词的构成上来理解品牌的概念。品牌的"品"，意味着"品类"和"品质"，"牌"则是指"招牌"。所谓的"品类"，就是要求企业首先选择进入的产品领域。关于品质，人们普遍有一个误区，认为产品的质量越高，就越有"品质"。实际上，品质是指达到合格标准基础上的有区别的定位，大致可以分为高中低三个档次，即在合格产品之上，有最高品质、中等品质和基本品质之分。这就好比汽车一样，马路上行驶的汽车都是合格产品，但其中有两三万元的经济适用车，也有价值不菲的豪华车，还有中档的家用车。企业就是要在这三个层次间去选择定位。由于存在认识上的误区，人们往往将品质等同于"高、精、尖"的产品。实际上，品质虽有高低之分，却没有贵贱之别。做产品并非一定要追求最高的品质。因为品质越高，也就意味着成本越高、售价越高，这些都会在一定程度上影响到品牌在大众市场的普及。而品牌影响是靠单件产品的销售量和产品销售的经济总量，即销售总规模来进行评估的。买的人越多，受益的人群就越广，则品牌的影响力就越大。从这个意义上说，高品质只是意味着高端的市场领域，和品牌影响力没有必然的联系。相反，面对中低端市场，产品的品质不见得是最高的，但由于市场容量相对较大，也完全可以创造全球范围内的广泛影响力，最典型的例子就是肯德基、麦当劳和可口可乐。

认识误区一定会造成出版社在品牌建设方面走弯路。很多出版社出版了许多赚钱的教材教辅图书，有了经济积累后，就开始想着要打造品牌，于是涉足高层次的学术著作、大规模的工具书等领域，开展"贴金"工程。其实这些出版社将教材教辅一以贯之地做下去，在这个领域里已经是在进行品牌建设了，完全没有必要再去"贴金"。教辅不过是图书领域的一个低端产品，但出版社在达到合格产品要求的前提下，在这一领域按照品牌建设的规律去做品牌，也可以是理直气壮的事。而实际上，教辅领域也有一些好的品牌。

二、差异化是品牌的固有特征

"招牌"是指企业区别于别人的东西，即差异化。我曾经在哈佛的课堂上，听到世界著名战略管理大师迈克尔·波特的一句名言，做企业"不是要争第一或争第二，而是要做出独特性来"，也就是说，要做出差异化来。差异化包含有两层意义：一是做别人没有做过的事，用近十几年来哈佛另一品牌营销理念来说，就是蓝海战略，寻找蓝海，开辟无人竞争的新领域；二是虽然做大体同样的事，但做法和追求不同。市场实践告诉我们，蓝海很快就会变成红海，红海竞争是市场竞争的常态，即便是在红海中竞争，生存和发展之道，仍然是保持品牌独特性。

如果说品质是品牌的基础，那么差异化就是品牌的固有特征。因此，跟风是造就不了品牌的。前两年开卷公司关于各个图书细分市场出版社参与程度的调查报告显示，我国图书总计六七个细分市场中，每个细分市场至少都有500家以上的出版社在竞争。最极端的是英语图书市场，全国几乎没有出版社不参与其中。这就说明我们还是"什么畅销就出什么"，并没有把品牌定位作为最重要的经营战略。从这点也可以判断，我国出版市场的品牌建设目前还处于初始时期。无论是"贴金"，还是跟风，都犯了品牌建设的"忌讳"。品牌属于企业发展战略的范畴，品牌建设是一个长期持久的过程，一方面要求持久性、持续性（continuity），不可朝令夕改。而在"贴金"、跟风的道路上，出版社极易产生政策摇摆行为，自然就缺失了延续性。另一方面要求内外一致性（consistency），即出版社一旦将某类图书作为自己的品牌定位，则整个组织的内外工作都要协调一致、全面配合，否则也无法铸就品牌。商务印书馆长期坚持出版高品质的学术书，不将赚钱作为主要的考核标准，而是思考怎么才能把书做好、做精，正是围绕这样的品牌定位一以贯之，才铸造了百年的金字招牌。

三、价值是品牌的核心

一说品牌很容易海阔天空，不着边际，其实品牌的核心就是价值，品牌价值用一句话来概括就是"品牌给消费者、给顾客甚至给整个社会带来的好处"，所以它也是顾客凭什么花钱买产品的一个最根本的依据，顾客以货币的形式换取产品的使用价值。实际上，做企业的过程，就是创造价值的过程；铸造品牌的过程，也是创造价值的过程。

品牌的价值关键是定位，因为任何企业都不可能满足消费者的所有需求和所有消费者的需求，只能满足消费者的一部分需求和一部分消费者的需求，部分需求就意味着价值定位。定位之后，就是价值创造如何按照定位达成预设价值，不折不扣地实现其价值。最后，就是把这个价值传播出去。从产品品牌价值方面来说，商务印书馆在价值创造和创新的过程中，大概注重这么几个层次：

一是老品牌不断赋予其新价值。否则，再好的品牌都会有暗淡的一天，《新华字典》是最典型的成功案例。从50年代开始出版，这么多年来；要不是不断地提升它的品牌价值的话，它早就成为旧书了。这个提升的过程我们把它分成三个阶段：第一阶段，我们强调的是"集举国之力修成的大国经典"，是工具书的"国典"或"母典"；第二阶段，我们提出"承载深厚的大国文化"，以第 11 版为契机，将品牌价值从工具书提高至国家和民族的文化层面；第三阶段，从 2013 年起，提出"文化民生，从《新华字典》开始"，把《新华字典》提升至社会和民生的新高度。我们还注重挖掘《新华字典》的情感价值，"融入几代人的成长记忆，记录共和国的发展变迁"，就是把个人的情感和民族的情感连接到《新华字典》的品牌上。

另一个案例是"汉译世界学术名著丛书"。它的历史可以追溯到严复翻译《天演论》那个时代，到现在有 100 余年，这刚好是中国现代化的 100 余年，"汉译世界学术名著丛书"主要译介古代经典，传播现代学术思想，先贤们对"汉译世界学术名著丛书"的评语为"引领时代，奠基学术，担当文化，激动潮流"，以及"迄今为止人类已经达到过的精神世界"。"汉译世界学术名著丛书"经过几代人不懈的努力，已经出版了 700 余种之多。

二是要开拓新领域，创造新品牌。近些年来，除了继续巩固工具书和学术著作的优势之外，不断开拓新领域，创造新品牌方面，取得了一些初步的成果，有的还具有填补空白的意义。例如《中国设计全集》（20 卷）就是填补空白之作，获得了国家出版基金资助。"国际文化版图研究文库"同样也是填补空白的，我们将目光聚在了世界主要发达国家，考察它们是如何发展文化的。这套书在外国是不存在的，是我们自己选目、翻译和编辑在一起的，现在已经出版二三十本了，包括《主流》《论美国的文化》《法兰西道路》《文化战略》《造假的知识分子》《莫斯科的黄金时代》《作为武器的图书》等。

另一个开拓的领域是大众文化，其中自然博物系列图书渐成规模，成为市场上的领先者。包括《发现之旅》《草木缘情》《看不见的森林》《一平方英寸的寂静》《花与树的人文之旅》等连连获得各种奖项，包括中国好书奖等。《中国常见植物野外识别手册》、"自然文库""自然观察"和"自然雅趣"等系列图书不仅规模不断扩大，市场表现也越来越好，越来越受到读者的喜爱。在此激励下，"生态文明建设丛书"正在规划出版中。

品牌创新既需要理性，更需要胆识。理性是指要保持原有的品牌形象不走样，胆识是指必须要随着时代变化而创新。在这方面，较突出的例子就是主题出版。由于长期致力于工具书出版和翻译世界学术名著，商务在主题出版方面显得资源不足和积累不够。但主题出版是国家之需、民族之需和时代之需，我们必须努力为之。为此，我们确立了主题出版学术化、大众化和国际化的总战略，出版"'一带一路'系列图书""中国道路丛书""国家治理丛书"、《见证：中国改革开放 40 年 40 人》《国家相册》和《我和我的祖国》等有影响的图书，其中《国家相册》获得了 2018 年中国好书奖。"一带一路"系列图书中的很多种，实现了"走出去"的国际出版与传播。

三是企业品牌价值创新。企业不仅仅是通过产品在创造、传播自己的价值，塑造和传播自己的形象，还通过企业自身创造和传播价值，这就是企业品牌价值。所谓的企业品牌价值，指的是超越产品之外的价值创造，为顾客、公众和社会创造不需要付费的价值，主要是通过创办和参与社会公共活动实现的。企业品牌价值的创造，有利于品牌社会传播和吸收社会资源。企业在不计名不计利的情况下，不断为社会创造服务的时候，就在社会、公众中树立起了良好的形象，社会、公众是会记得企业的品牌的。这有利于聚集社会资源，有利于实现品牌价值的持续创造。

典型案例是一年一度的"汉语盘点"活动。到 2019 年，"汉语盘点"活动已经举行14年了，内容是让网民用当年最流行的一个字和一个词来描述当年的中国和世界。这纯是通过网上投票的方式，由网民自己来选出的。"中国梦""土豪""雾霾"还有"小伙伴们都惊呆了"等，是网友选出的。包括中央电视台、新浪网、人民网、腾讯网都参与其中，它的影响越来越大。对于商务而言，为什么要举办这样的活动？我把其意义概括为三个层面：第一，通过举办语言文字活动，树立商务印书馆在语言学界及语言文化活动领域里的权威地位，把握与语言文字和语言生活相关的话语权和制高点；第二，通过举办语言文字活动，以及具有全国乃至国际影响的文化事件，树立商务印书馆在社会文化和公众当中的文化影响力；第三，通过"汉语盘点"活动加强与网民和公众互动，有效地了解社会思想潮流和舆情。所以，这样的活动创造的是企业的品牌价值，如果要把它也算成一种产品的话，那是企业创造的公共产品。

四是经营缔造价值。品牌是在经营活动中创立起来和传播开来的，品牌又反过来为经营活动助力。进入新的历史时期，分馆建设是商务印书馆最重要的经营活动之一，分馆建设实行"五跨"经营：跨地区、跨行业、跨媒体、跨所有制和跨国。现在商务印书馆旗下已经有十几家子公司，这些家子公司实现了"五跨"。分馆建设是期望能达成三个层面的目标：第一，创新产品线或产品集群，为产品品牌价值创新服务；第二，是增强我们企业的总体经济规模，为壮大经济实力服务；第三，就是最高层面的，最终是为了创新和传播商务印书馆的品牌价值积极做出自己的贡献。

四、文化是品牌的灵魂

企业的品牌价值，核心是在产品，是在价值这个层面，但是它的影响力不仅仅是依靠一个一个的产品，更重要的还要依靠产品所代表、所反映的抽象的思想和理念的传播。思想和理念的传播一定是有具体的产品作为支撑，反过来说，是具体的产品在支持着反映着所传播的理念，两者达成一致，品牌才可以既有穿透力，还有持久力。

商务印书馆品牌文化的思想和理念，包括企业层面和产品层面两部分。企业层面的品牌文化思想和理念包括使命、核心价值观和核心经营理念。"昌明教育　开启民智"是商务印书馆在创立之初就为自己设定的使命，120余年来，它成为商务印书馆不断前行的指路明灯和强大动力。这八个字是否过时了，还管不管用？在新的历史时期，我们的回答是没有过时，但我们要赋予它新的意义。

在新的历史时期，昌明教育不一定需要我们办具体的教育，但是出版是另一种形式的教育，是在承载着教育使命。民智开没开，一个时代有一个时代的标志和标准，中华人民共和国刚成立的时候识不识字、扫盲成为民智开不开的标准，但是现在这个时代再用这个标准就完全不够了，能否熟练地使用计算机可能上升为新的标准了。所以，民智开不开是相对于时代需求而言的，时代之需是判断它的根本标准。从人类文明演进的趋势看，民智的开与未开，永远都只是相对的，不断开智是绝对的。开启民智，永远都不会过时。只不过在新的形势下，我们需要考虑怎么样理解和践行"昌明教育　开启民智"的八字使命。为此，我们提出并确立了新时代的企业宗旨——服务教育，引领学术，担当文化，激动潮流。"服务教育"是基础，是本职；"引领学术"是需要，是勇气；"担当文化"是责任，是骄傲；"激动潮流"是理想，是追求。

核心价值观。"昌明教育　开启民智"的使命是祖上传下来的，我们确立了新的企业宗旨，让其获得了新时期的意义，而核心价值观同样是全新的，是我们自己根据商务百余年的历程提炼出来的。我们把它梳理成八个字：品质，责任，创新，合作。品质，是商务印书馆品牌价值和品牌形象最核心的部分，品质源于责任，责任铸成使命。100余年来我们拥有一个个数不完的第一，所以，说明创新是商务印书馆100余年来最核心的动力，也必将成为今后发展的驱动力。商务印书馆从创立的时候起，就开始了广泛的对内对外合作，开放的商务印书馆才始终保持活力。合作还具有内部提示作用，即企业内部各部门也要精诚合作，合作才能干大事业。

核心经营理念。所谓的核心经营理念就是要告诉我们，我们应该做什么，应该怎么做，尤其是对企业各级经营管理者来说，这个最最重要。为此，提出并确立了商务印书馆的核心经营理念："在商言商，文化当先；创意无疆，品牌至上。""在商言商，文化当先"，指的是在商品经济的浪潮中，既要符合商品经济的规律，顺应商品经济规律办事，又要把文化放在第一位，没有文化的事赚钱也不能做。"创意无疆，品牌至上"，指的是我们在"在商言商，文化当先"这样一个大前提下，可以大胆策划选题和产品，但是一定要紧紧围绕商务印书馆的品牌，脱离这个品牌，与品牌相抵触的东西不能做。

　　产品层面的品牌文化，主要体现在图书出版的宗旨上，这是把品牌做深、做透的关键，因为品牌价值最终要落在产品上。像"中华现代学术名著丛书"出版的时候，我们把它设计成这样三个出版宗旨，这三个出版宗旨同样也是有层次的。其一，"探寻百年学脉，承启思想创新"是这套书的学术价值，也是它的基础价值，整理了100多年中国的学术思想。其二，"让中国思想走出去，为中华学术在世界上赢得应有的尊严和一席之地"，是其更进一步的延伸价值。中国人所写的关于中国的这100余年的事，就代表世界水平。丛书的选目标准，就是开山之作、奠基之作或具有里程碑意义之作，第一批100种，像王国维、梁启超等大师名家，每人也只能有一种入选。为此，我们确立了英文版和数字版同时推出，让中国的思想"走出去"。其三，"为中国模式或中国道路探寻思想和文化根源"，这是这套书的最高宗旨。中国模式和中国道路已经为国外不仅学术界乃至政界所公认，就是因为我们跻身世界第二大经济体，所取得这样的成就，才有了国际上对中国模式和中国道路的认可，但中国模式和中国道路一定有其自己的思想和文化根源，这个文化根源一定不在西方文化当中，一定在中国自己的文化当中。这套书出版后受到学界和社会的好评，让我们觉得树立这样的宗旨非常恰当。

　　好的品牌要为自己树立适当的愿景和目标，好的品牌需要好的战略行动，新时期商务印书馆的战略行动用一句话概括为："坚持一个中心，两个基本点，实施'六大'战略，把商务印书馆建设成为国际知名的出版传媒企业。"一个中心是以内容为中心。两个基本点是坚持改革和品牌创新。实施"六大"战略，第一，"大担当"，即担当的是国家和民族的使命和责任，这是我们存在的根本依据和理由。第二，"大产品"，要出版立足大时代、反映大思想的大作品，这样的作品才更有可能成为传世之作。第三，"大出版"，是以内容为中心，实现全媒体出版。第四，"大经营"，是以出版活动为中心，进行文化创意产品的创造。在这方面，《哈利·波特》和迪士尼提供了很好的可资借鉴的案例。第五，"大营销"，在具体产品营销方面肯定也会下力气，但是要把企业整个品牌价值传播作为大营销，否则的话，仅仅是搞一个活动，而且不是所有书都值得搞这样的活动，只有通过大营销的办法才能带动一般图书产品的销售。第六，"大文化"，坚持文化就是生产力的理念，确立商务印书馆的文化，从根本上来说，就是一种使命文化，让文化成为企业发展的永恒推动力。这是我们所说的"六大"战略。这是时代赋予我们的一个使命，我们必须努力为之。

一生有缘　三生有幸
《辞源》精神　代代相传

　　2015 年，在《辞源》出版百年之际，商务印书馆适时推出了《辞源》第三版，12 月 24 日，在人民大会堂隆重举行"《辞源》出版百年暨《辞源》第三版出版座谈会"，随后又召开了《辞源》第三版总结与表彰会。其目的就是希望鼓舞干劲，激励后学，把《辞源》事业一代代传下去。

　　《辞源》让我们收获很多，让我们学到了很多，我自己感触也很多。可以说，《辞源》是一所大学校，我们每一个人有幸参与到《辞源》事业当中，都在这个大学校里接受教育，享受着收获与成长。《辞源》是一个大家庭，它让我们享受到了温情，尤其是大家一致感觉到有苦也有甜、苦尽甘来的幸福。我自己由于是外行，没有亲身参与《辞源》修订的具体工作，但即使是这样，我也仍然感觉收获最多。我愿意把自己的收获和体会简要地记录下来，为历史做个见证。

　　在我看来，《辞源》是一笔财富，但修订《辞源》这个过程同样甚至更是一笔财富。这样一笔财富只有我们认真去总结，才能够汲取它的营养，它才能成为真正的财富。

一、三大目标　达成所愿

我感觉收获有三个。第一个大的收获就是我们此次《辞源》修订的三大目标达到了。第一个目标是此次《辞源》修订，要能体现和代表近30年的学术成果。第二个目标是修订《辞源》的过程就是进行新的学术研究、学术探讨和学术积累的过程，除了《辞源》（第3版）本身之外，我们还要积累一大批的，有关《辞源》，有关古汉语，有关中国古代传统文化的文献和优秀科研成果，在《辞源》第3版出版的时候这些学术成果也应该陆续出版。这些成果都是难能可贵的，是《辞源》之外更加丰富的成果。第三个目标是通过《辞源》的修订，要锻炼和培养一支队伍，一支《辞源》和古汉语的独特的队伍。这支队伍是两方面的队伍，一个是专家团队，我们这次确定的老中青三结合的队伍建设原则和思路是非常成功的；还有一支队伍是编辑团队，我们编辑和编辅团队达到20多人，他们在《辞源》修订过程当中，也付出了艰苦的努力，所有的精力都投入到《辞源》上，这支队伍的培养和锻炼比什么都宝贵。《辞源》是一辈人接一辈人的事业，第三版能找到何九盈、王宁和董琨三位先生主持，能找到这么多的修订专家，是《辞源》的幸运，是中国文化的幸运。《辞源》的事业必须要后继有人才可以，我们不能只干眼前的事情。商务100多年的传统，靠的就是不断地未雨绸缪。

二、三大战略　圆满实现

第二个收获就是我们事先确定的"三大战略"全都实施、实现了。编辞书我虽然是外行，但是任何事情都有普遍的规律可循，都有关键的窍门可以寻找。我不能亲身参加修订，但是可以为修订做好服务和保障工作。我们今天能够顺利完成修订工作，有赖于当时制定的三个大战略，我想对于这三个大战略，每一位参与者一定能够感同身受。

第一个大战略就是目标战略，即2015年一定要完成修订并出版。对于专家学者来说，一般领导说这样的话就意味着行政命令和不太切实际的口号，但是我也顾不上这些了。《辞源》修订工作从"十一五"进而到了"十二五"，我们必须要完成，时不我待。2015年为什么非常重要？这一年是《辞源》出版100年，我们不是简单地一定要有一个什么样的符号，我当时给我自己，让我自己能够相信的理由就是，100年是有意义的，100年是有价值的，100年是有故事的，100年是不可多得的，这些意义、价值和故事就构成了文化，其不可多得就创造了珍贵感。我们在人民大会堂举办的活动，叫"《辞源》出版百年暨《辞源》第三版出版座谈会"，如果没有《辞源》出版百年这样的文化符号，《辞源》的影响力、号召力就会大大减弱，我们换在别的年份里就仅仅说《辞源》第三版，还得花多大气力宣传《辞源》历史多么悠久，第三版修订多么不易呀。有了《辞源》百年的概念，就不用花费太多的口舌了，人们都知道一个百年品牌意味着什么，透过百年品牌就能感知其价值。所以我非常感谢三位主编对我的支持，三位主编一再说感谢商务领导，我说错了，应该是我们非常感谢主编们和作者们。

何九盈老师都跟我一起喊"一切为了2015"！何老师说这样的话意味着什么，一般学者转变一个观念是很难的，转变对一般领导者的成见也是很难的，这说明我们统一了思想认识，我们为了目标能够不顾一切。所以我说"2015目标战略"相信大家一定会有感触，现在已经印证了它的意义和价值。

第二个是实施战略，即主编负责制。特别感谢三位主编和22位分主编，辞书界特别看重的一件事，是主编不虚挂名，一定要干实事。我多年跟辞书专家们一起工作，向他们学习，感触最深的是，主编负责制的关键在于找对主编。今天我们可以说，我们不仅找对了，而且找得大对特对。对在三个方面：第一，对《辞源》的奉献，对文化的情怀，可以浓缩为两个字"责任"，三位主编都是非常有责任心的。第二，学术水准，三位主编的学养都是非常高的，能够担当起来。第三最重要的，我最看重的是人品，三位先生的人品都是顶呱呱的。他们不计名利和得失，不畏惧困难，经常一起开完会，然后由王老师做代表来找我反映问题，提出希望馆里帮助解决的措施和办法。他们认为我还是个明事理、能讲通话的人，我认为这是学者对我最高的评价。感谢他们对我们的支持，对我们的信任与肯定。

除此之外，三位先生对《辞源》整个修订流程、规矩的设置，也值得称赞。《辞源》是一台大机器，里边零部件不知有多少，所以认知要非常精细。在这个方面，还是辞书专家们说的一句话，深深印在我的脑子里，就是大型辞书，三分修订，七分组织。在组织过程中，我能做的就是帮助主编们克服修订过程当中的非学术障碍。我对自己说，我是清道夫，别人搬不了的一般路障我可以去搬。修订《辞源》整个组织过程感觉非常顺畅，主编们对修订流程原则的制度设计功不可没。主编负责制不仅仅是单一的学术水平问题，还包括人品和组织能力等。

第三个战略是成果战略。我们明确提出，《辞源》出版的时候一定是纸质书和数字版同时面世，事实证明，《辞源》的数字版引起了广泛的关注和兴趣，它代表的是与时俱进的创新。站在媒体融合时代的《辞源》，一定要体现出这个时代的精神，就是用新技术实现创新价值。一部纸质的《辞源》凝聚大家的心血，但是它的价值有限，转化成数字之后价值又被无限扩大。网络版和 U 盘版仅仅是《辞源》数字化的开始，《辞源》要更多地发挥出数字魅力的价值。如果第三版发布的只是单一纸质图书的话，其价值在新时代就没有完全彰显出来。在这方面也是王宁先生和其他主编们反复给我鼓劲，大家齐心协力，才有今天的成果的。

三、《辞源》精神　代代相传

第三个收获，就是让我强烈感受到了《辞源》精神。梳理和总结《辞源》精神，是很多人的愿望，我自己也感受非常深。我的第一个感受来自于当年编商务印书馆一本书《品牌之道》的时候，有一篇专门讲《辞源》的，我们的编辑写完稿子，我改过两遍，当我看到陆尔奎先生编《辞源》几乎以命相搏时，我就把题目改成了"用生命谱写的世纪传奇"。这是《辞源》的奉献精神，在编辞书不以成果计入学术评价体系的时代，一代代辞书人只有苦，只有苦的事业，不计名利，不计得失，不顾高龄，这就是一种奉献精神。今天我们还可以说，现在的学者苦中有乐，如果大家都是一点乐没有的话，我就感觉我像黄世仁一样，好在大家还有甘。苦中还能体验到甘甜，这是超越奉献精神的一种境界。

第二个感受比较多的就是科学精神。何九盈老师说可以修也可以不修的就不修，要修的一定要慎重下笔再三再三慎重，等等一系列原则都体现出科学的态度。对书证的再考证，对形、音、义的溯源，等等。大家都是专家，我不敢多说。我所理解的科学精神还包括实事求是的精神。当时我说2015年一定完成，何老师、王老师都说不可能啊，但是我跟王老师说了一句，我说斗胆说一句，我平时也做学问，从事人文社会科学研究，我说一个时代有一个时代的学问，我们这个时代把这个时代学问成果展示出来就已经很了不起了，不能指望解决所有问题。其他的问题，或者说所留的遗憾，留着给后来人做，我们不可能解决所有的问题，不能期待解决所有问题，学问就是一代人接一代人做的，这也是学问得以事业长青、与时俱进的奥秘。如果一代人把学问做完了，后来人便无学问可做了，《辞源》的事业也就停止了，《辞源》的生命也就停止了。所有的学问都是这样，学问家都是完美主义者，我们必须要解决自己的心结，永远没有尽善尽美。企业界有一句话，永远都没有完美的产品，永远都没有成熟的产品，只有成熟的经理人，呈现一个时代最好的东西就够了，接下来再随着下一个时代去完善。好在三位主编对我很包容，认可了我的说法之后，确定了有限修订的原则。说得很保守，实际上改动近40%，有限修订原则成就了无限大的成果。所以这是一种科学的精神，实事求是。

科学精神还要立足当代、面向未来。王宁先生一再跟我说数字版要同时上，但难度很大。《辞源》里有很多需要造的字，简单造字没问题，印出来也没问题，但是要进行大规模文字检索，必须一个字对着一个符号，所以要再造一个文字体系，这个工作第一需要投钱，第二可能会延误时间。我说投钱没问题，但延误时间不行，延误的时间能不能从其他什么地方找回来，这个很重要，因为时间很紧，哪个地方拖一点，2015年真完不成，时间也是要争分夺秒。每当哪里延误一点时间，必须要在其他环节抢回来。我很佩服王宁先生，她不仅是学者，而且具有现代眼光，具有宽容和慈爱之心，她表示一定会争分夺秒。数字化的《辞源》为以后的修订，提供了极大的便利，可以说是一劳永逸。

《辞源》的科学精神体现在方方面面，最为大家交口称赞的还有创新精神，创新既来自于责任担当意识，也来自于丰厚的学养和学识。《辞源》精神是一种财富。只有它能激励后人，不断有人继承这个事业的时候，它才成为财富，否则它就是个传说。王宁先生甚至说，第四版修订现在就可以开始，趁着大家对这些东西还熟，趁着大家还有这份激情，但是大家不用担心，稍作休整，收拾一下紧张的心情，我们现在开始谋划第四版如何修，然后一点一点开始做。新一版的出版之日就是下一版修订之始。

《辞源》的修订过程也是一笔财富。包括《辞源》在修订过程当中诸位先生采用了的和没有采用的资料，前辈们修订时搜集的几十万张卡片，所有这些都是财富，是第四版开始修订的财富，这个工作稍后要开始做。第三版修订过程当中专家所使用的资料都要保留，采取检索方式很容易检索到，对后来人的修订是一笔宝贵的财富。《辞源》第三版的总结会和研讨会也是一个财富，我们都要认真学习、吸收。

我一直有一个感觉，《辞源》这样伟大的事业，一生能够参加到这样的事业当中来，是一个人一生的宝贵财富。所以，我说《辞源》让我们一生有缘，三生有幸，这样的缘分和幸运一定会成为新的动力，驱使着我们把《辞源》事业一代一代传下去。

"汉译名著"：新时代　新使命

在国家博物馆举办的"伟大的变革——庆祝改革开放40周年大型展览"上，参观者欣喜地看到他们所熟悉的"汉译世界学术名著丛书"作为出版事业改革开放的重要成果在显著位置上得以陈列。这套出版数量达到700余种，堪称蔚为大观的丛书自80年代初确定设计风格后，持续以醒目的彩虹色作为学科分类的标志，橙色的哲学、黄色的历史地理学、绿色的政治法律社会学、蓝色的经济学和绛色的语言学，其所形成的彩虹墙早已成为各大书店和学者书房的标志性陈列，这道时代彩虹不仅成为中国改革开放之初一扫阴霾、拨云见日所唤醒的科学理性之光的聚焦，更是融入一代又一代学人的成长记忆，成为他们看向世界的起点。

商务印书馆翻译外国学术名著的传统，可以追溯到建馆之初出版严复翻译的《天演论》等西方巨著，这些著作的出版使商务得以开现代学术、思想和文化风气之先，把中国社会引入现代文明的主航道。此后，学术译事在商务从未间断，并于中华人民共和国成立之初被百废待兴的共和国将"翻译出版国外哲学社会科学"确立为其重要的出版任务，成为国家看向世界的眼睛。1981年，乘改革开放的东风，商务印书馆以先行者的勇气率先结辑出版"汉译世界学术名著丛书"，所收书目均为一个时代、一个民族、一个国家学术史和思想史上具有里程碑意义的经典著作，为中国打开了一扇关闭许久的、向世界开放的窗口。时任商务印书馆总经理兼总编辑陈原先生在《人民日报》上发表的"汉译世界学术名著丛书"发刊词中指出："通过这些著作，人们有可能接触到迄今为止人类已经达到过的精神世界。"他还说，"这套丛书的出版说得大一些，标志着一个时代的开端"。可以说，"汉译名著"是改革开放在学术出版和思想文化领域取得的最重要的标志性成果。迄今，这套书已经出版逾700种之巨，她凝聚了几代学人的心血，滋养了几代国人。"汉译名著"不仅成为改革开放时代的最重要成果，更成为改革开放时代的重要标志。在新的历史时期，她必将成为中国出版人不忘初心、重衔使命的新寄托，并为新时代构建人类命运共同体的宏大事业发挥独特的重要作用。

一、奠基中国现代学术　铺路人类文明互鉴

中华人民共和国成立后，为适应社会主义现代化建设的需要，商务印书馆克服种种困难，在五六十年代出版了300余种学术名著。其中多为19世纪中期前作为马克思主义来源的经典，也包括一些当代学术名著。即使是在"文革"期间，商务仍然步履维艰地走在"汉译名著"的出版道路上。"汉译名著"的出版再现了马克思主义三大来源，即德国古典哲学、英国古典政治经济学和法国空想社会主义，为我国哲学社会科学发展和马克思主义中国化提供了重要的理论借鉴。即将出版的"马克思主义三个来源丛

书",将成为这种探索的最新成果结辑。

"满足学术界学术研究的需要",是商务一直引以为己任的使命。"汉译世界学术名著丛书"中很多著作成为高校的教材和教学参考书,以及学者的科研资料。商务之译著也对深化国内各种学术讨论推动巨大。例如在 90 年代初关于儒家伦理与东亚经济发展之间的关系的学术讨论中,商务及时推出韦伯的《儒教与道教》,以助于深化讨论。在这一理念下,"汉译名著"丛书出版本身就构成了中国学术发展的一个有机组成部分。

40 年来,"汉译名著"始终坚持科学严谨的选题和出版规划,始终紧紧跟随我国改革开放的历史进程,不断吸收借鉴人类文明的优秀成果,坚持古为今用、洋为中用,为我国的哲学社会科学发展、马克思主义中国化和改革开放提供学术借鉴和理论滋养。丛书促进了中国的现代人文社会科学的学科建设,促进了中国现代学术的成形、发展与繁荣。

丛书的出版还促进了中国哲学社会科学的繁荣,"可以说,对于推动我们的哲学、社会科学的影响,恐怕它的作用完全不亚于一个社会科学的大学"。作为我国现代出版史上规模最大、最为重要的学术翻译工程,"汉译世界学术名著丛书"被誉为"对我国学术文化有基本建设意义的重大工程"。

二、精益求精做书 稳健执着成业

在市场经济的大潮中,出版业也难免遭遇巨大的冲击和激荡,但"汉译名著"丛书始终秉持稳健、执着和坚韧的格调。第六辑、第七辑、第八辑……第十七辑，这棵根益深、叶益茂的大树既不"随风倒"，也不"朝钱看"（陈原语）；既不随波逐流地迎合市场，又勇于直面市场的竞争。在厚重的历史积淀基础上，经典与品质的理念和实践，即选目的经典性和译文的高品质，早已成为"汉译名著"以不变应万变的立根之基。

所谓"有千年的著作，没有千年的译作"。由于不同时代的文风变化、对经典的理解会随着学术进步有所深入和侧重，因此，同样的经典原著在不同的时代有不同译本，是保持译著生命力的必要之举。经典重译是商务译著的一大特色，不少经典著作都经过了一再修订乃至一译再译。如卢梭的《社会契约论》，早在1936年，就有徐百齐、丘瑾璋的译本，题为《社约论》，收在《汉译世界名著丛书》中；1963年，商务又出版了何兆武的新译《社会契约论》；2011年，商务还出版了李平沤先生的译本。

以"汉译名著"的经典著作为基础，汇集并扩充出版经典思想和学术大师的全集或文集。"大师文集"系列是对"汉译名著"的另一维度的综合，它标志着国内对西学的研究和出版达到了一个新的高度。"大师文集"最早的产品是2012年6月"卢梭诞辰三百周年"之际整体出版的《卢梭全集》。为保证《卢梭全集》风格体例的统一，商务印书馆特地委托李平沤先生对部分作品进行了重新翻译。在将近六年的时间里，李先生以耄耋之年、多病之躯，独自一人，勉力完成了这个规模庞大的出版工程。《卢梭全集》出版后，得到了学界和读书人的广泛好评，也拉开了"大师文集"出版的大幕。之后，商务陆续推出了《罗素文集》《神学大全》《托克维尔文集》《大卫·李嘉图全集》《海德格尔文集》

《亚当·斯密全集》《斯宾诺莎文集》和《黑格尔全集》等，已有近 20 种。"大师文集"作为这些经典单行本的"升级版"，其所展现的学术眼光、翻译质量和编辑水准，将成为商务印书馆的又一经典品牌，其浓郁、高雅的学术品位和斑斓、博大的思想内涵，则是商务印书馆百年品格的象征。

如果说"汉译名著"丛书是商务这个学术出版重镇的核心产品的话，那么围绕这一核心品牌，商务又开发出版了一系列相关丛书品牌，形成众星拱月之势，从而更巩固了商务在西学译著方面的地位和影响力。这些相关的拓展品牌包括以其他脉络集结的名著系列。如以国别为脉络的《美国丛书》《日本丛书》，以学科为脉络的《公法名著译丛》《社会学名著译丛》和《历史与理论译丛》等。此外，《世界名人传记丛书》中的思想家和大学者传记，"通过介绍历史人物的生平和思想，帮助读者透彻地了解有关学术名著的时代背景和时代局限性，认识作者的心路历程，以更好理解它所蕴藏的思想财富和价值，作出正确的取舍"。

三、不忘出版初心　重衔文化使命

"汉译名著"始于中国社会现代化进程的需要，必将在中华民族伟大复兴的新时代承继既有使命，展现新的价值，发挥新的作用。为此，新时代的"汉译名著"出版至少将体现以下几方面的新特点。

其一，以世界的眼光，展示人类文明与文化的多样性。

　　知识和文化是把人类连接起来的天然纽带，人类相互学习、共同创造、代代相传，才有共创共享的文明成果。如果说从历史的视角上看，"汉译名著"是应中国社会的现代化进程之需而生，选目重点在于开启现代社会之门的西方民族国家的现代化成果而兼顾其他，这是非常合适和合理的，也确实起到了非常好的效果，那么站在今天新时代的新起点上，"汉译名著"的出版在继承传统思路的同时，更要充分展示各民族和国家在人类文明发展史上的贡献，充分展示人类文明的多样性，因为文明的多样性是世界的基本特征，也是人类进步的动力和源泉。人类文明是所有民族共同创造的，每种文明都有其魅力和底蕴，都是人类的精神瑰宝。这套丛书的出版也引起了国外学界的注意和好评。1985 年，斯坦福大学政治学教授约翰·刘易斯看到《联邦党人文集》中译本，大加赞赏。认为商务出的有关美国政治思想的著作，都是重要作品，这是中美文化交流的大事。在与关在汉（《联邦党人文集》的译者，《政治正义论》的校者）交谈后，他认为中国学生读了关译的有关美国政治的著作后，对美国在这方面经典著作的了解，可能超过大多数斯坦福大学的在校学生。近年来，"汉译名著"在选目方面更多地关注了非西方世界的经典作品，重在向世人表现文明与文化发展的多样性，传播世界各国人民为人类文明发展做出的独特贡献，揭示知识连接人类共同命运的理念。这是这个伟大时代赋予我们的伟大使命，也是一个新时代的标志。例如"汉译名著"历史类就收录了《印卡王室述评》《治国策》《东南亚的贸易时代》《琉璃宫史》等，或为一个国家，或为一个地区，或为一个失落的文明。世界就是在这时空的交错和流逝中展现其真相和意义。哲学类著作也收录了很多非西方文明的作品，如体现古波斯文化的

《阿维斯塔》和《卡布斯教诲录》，体现印度教哲学的经典文献《奥义书》《薄伽梵歌》《示教千则》等，它们记录了两千多年来人类追求智慧、探索世界的足迹。

中国开放的大门不会关闭，只会越开越大。在改革开放这场中国的第二次革命中，"汉译世界学术名著丛书"将继续做好选题规划，以文明交流超越文明隔阂、文明互鉴超越文明冲突、文明共存超越文明优越，加强"一带一路"沿线文明的交流，站在"人类命运共同体"的高度，不断吸收一切人类文明的优秀成果，继续为新时代改革开放的伟大事业提供思想和理论滋养。

其二，以时代之需，促现代经典。

2016 年 5 月 17 日，习近平总书记在哲学社会科学工作座谈会上发表重要讲话，指出，"我们要坚持不忘本来、吸收外来、面向未来，既向内看、深入研究关系国计民生的重大课题，又向外看、积极探索关系人类前途命运的重大问题"，"要按照立足中国、借鉴国外，挖掘历史、把握当代，关怀人类、面向未来的思路，着力构建中国特色哲学社会科学"。总书记不仅是这样说的，也身体力行地做出了表率。他列举了柏拉图的《理想国》和亚里士多德的《政治学》等 17 部著作，"过去我都翻阅过，一个重要感受就是这些著作都是时代的产物，都是思考和研究当时当地社会突出矛盾和问题的结果"。习近平总书记讲话中提到的这些著作都出自商务印书馆出版的"汉译世界学术名著丛书"。这套丛书中的其他图书，也多次被习近平总书记提起，或者出现在总书记的书架上。总书记的讲话和要求为"汉译名著"今后的出版工作进一步指明了方向。

一个时代有一个时代的问题，一代人有一代人的使命，一代有一代的学问。"问题就是时代的口号，是它表现自己精神状态的最实际的呼声。""汉译名著"以往的选目偏重古代、古典和近代的作品，对于在时间上与现实更近、联系也更紧的现代作品则稍嫌谨慎。无论是古代作品还是近代作品，"挖掘历史"的目的，是为了"把握当代"，"汉译名著"在继续出版古代和近代经典的同时，要加大现当代经典的出版力度，以适应新时代读者需求和文化建设的需要。实际上，近些年来，作为"汉译名著"的补充，商务已经开始出版更着眼于现当代学术进展的《现代性研究译丛》《文化与传播译丛》和《法国思想文化译丛》等，多译介与时代结合更紧密的各种新思潮。例如《法国思想文化译丛》就收录了许多后现代思想家如德里达、德勒兹和布尔迪厄等人的著作。这些著作都具备"汉译名著"的水准，今后可以则其要收录"汉译名著"中。再如在经济学领域，以往选目注重古典经济学，今后将加大诺贝尔经济学奖的篇目比例。

其三，以新知识的视野，拓宽学科领域。

"汉译名著"以往注重传统学科及其经典，即以文、史、哲、政、经、法等学科为主，不仅形成了自己鲜明的特色，同时也清晰地标注了人类知识与文化发展的时代特征，这是有先见之明和符合时代之需的。20世纪以来，新知识、新技术、新学科不断涌现，传统学科也不断生成新的侧重各异的分支，尤其是信息技术及其伴随而生的新思想、新思维越来越深刻地影响着人类的生产与生活，"汉译名著"也自然应该适应人类社会的发展和中国文化、教育和科技发展的新需求，扩大选题范围，拓展学科领域，尤其是科技思想、教育理论、艺术思想、自然史和城市与文化研究等方面的代表性著作。在科技思想方面，有关科技史、科技与人文和科学哲学等领域对促进我国科学教育和科技发展具有重要意义的经典著作，要加大翻译和出版力度。

其四，以新技术为支撑，实现全媒体出版。

面向以信息技术为主要特征的新的科技革命，媒体融合已成为新时代之需，"汉译名著"理应顺应科技革命发展的新趋势，以媒体融合的新思路，实现全媒体出版。2014年，"汉译名著"作为纸电同步出版的重点标志性项目，在亚马逊电子书上线，迈出了全媒体出版的第一步；紧接着开发"汉译名著"主题检索数据库，其中基础数据库已经完成，主题检索功能也已接近完成；目前，更具服务功能的人文社科知识服务平台已经投入运营，在知识服务平台上，"汉译名著"可以听（听书），可以看（名家讲解视频），读者可以以适当的方式参与内容建设、进行互动等。

"汉译名著"是一个民族重新崛起、伟大复兴必需的一项文化奠基工程，几代先贤对它给出了这样的评价：引领时代、奠基学术、担当文化、激动潮流。自信的中国人正以更开放和更理性的心态吸收、借鉴全人类的精神成果。"汉译名著"的诸多新品种也反映出中国人文社科学界的研究触角在各学术领域中的拓广和加深，体现出中国学术界站在本土立场上对人类文明的理解。

"汉译名著"的出版已经拥有了一百余年的光荣传统，已经成为我国现代出版史上规模最大、最为重要的学术翻译工程，它是学术界和出版人共同的荣耀，也离不开广大读者的支持与厚爱。在此我们必须向一代代学人、一代代出版人和一代代读者致以崇高的敬意！"汉译名著"以自己的实践和成就再次证明并将永远证明，一个自信的民族是从不惮于接触外来的思想和文化的，它会在与外来思想文化的碰撞和融汇中结出自己的果实。"汉译名著"

将秉承"不忘本来、吸收外来、面向未来"的精神指引，以出版为津梁沟通世界。这是商务人代代相传的事业，更是与国家和民族的命运始终紧密相连的事业，我们将继续不忘初心，牢记使命，砥砺前行。

《新华字典》与文化民生

经济学上的"创新"概念,最早由奥地利裔美籍经济学家熊彼特在《经济发展理论》一书中提出。这本书是 1912 年出版的,商务在 1990 年出版了中文版。后来收入"汉译名著"的《资本主义、社会主义与民主》,是熊彼特对于创新理论的进一步阐释。熊彼特提出了创新的五种具体情况:第一,开发新产品;第二,使用新的生产方法;第三,发现新的市场;第四,发现新的原料或半成品;第五,创建新的产业组织。

从中可以看出,熊彼特的创新理论主要聚焦于生产和销售领域。熊彼特所说"发现新的市场",对于企业的"营销创新"就极富启发性。从营销创新角度来讲,《新华字典》与文化民生就是一个值得分享的营销传播和价值创新的故事。

一、新时代　新营销

根据世界著名营销学大师菲利普·科特勒的理论,市场营销的核心是创造顾客价值。哈佛营销管理之道认为,真正的市场营销百分之九十处于冰山之下。两者与熊彼特的创新理论之指向,即主要聚焦于生产和市场领域,在理念上是暗合的。在实践中,现代企业则把营销活动更多地放在了销售一端，这反映出企业对市场营销的理解出现了偏差，而且较少有人去纠正它，导致了企业在进行所谓市场营销时，缺失了最重要的东西，即价值创造与创新，而把市场营销变成了简单的推销活动，通俗地说，就是想尽各种办法把东西卖出去。

纵观世界企业发展史，我们可以把市场营销的历史，以20世纪70年代为界，简单划分为两个时期。在此之前是产品导向期，在此之后是市场导向期，市场导向期又大体上经历了四个发展阶段。

1. 20 世纪 70 年代前的产品导向时期

这一时期所有企业都是以产定销，属于产品导向型。这是由两个因素决定的。一是从全世界范围来看，在20世纪70年代之前，基本处于供给不充分或短缺经济时代，多数人口和地区甚至处于贫困中。从市场态势上来看，是处于总体卖方市场的格局，也就是说是卖方或生产方、供给方占有市场主动权，只要生产出来产品，自动就有市场，是消费者"求购"的时代。生产企业的管理目标主要集中在生产环节或产品的策划、设计和生产工艺与流程等方面，也就是专心于产品的价值创造方面，而对于销售或者传播不用花费太多心思。也才会有在经济学领域，产生著名经济学家如19世纪萨伊的"生产会自动创造需求"之类的理论。二是当时高科技产品都具有垄断性。高科技企业的技术保密和封锁意识，加之信息传播的局限性，使得在20世纪70年代前世界高科技企业具有一定的垄断性，高科技产品也呈现供不应求的局面，企业的目标就是不断延揽更多更高级的技术人才，不断升级自己的产品，以保持垄断地位，而无需把目光投向所谓的市场。这些条件决定了企业基本不需要主动营销，因为生产出来的产品，根本不愁销路。

2. 20 世纪 80 年代以来的市场营销主要特征

随着技术和信息传播逐渐打破传统的束缚，全球市场一体化进程的加速，产品和物质不断丰富，世界多数地区基本告别短缺经济时代，高科技产品也不再由少数企业垄断，市场竞争成为主导，以市场为导向的产品营销和营销学得到了广泛的发展。自 20 世纪 80 年代以来，市场营销大体上经历了以下四个发展阶段。

一是产品营销阶段：有什么产品，就推广什么产品。这一方面是因为企业仍然沿着"以产定销"的传统前行，使得销售只能依靠既有的产品；另一方面产品供过于求，又需要企业必须加大推广或推销的力度。

二是品牌营销阶段：通过塑造品牌，提升企业影响力，带动总产品的销售。品牌的核心是价值，塑造品牌就是持续创造和创新价值，创造和创新价值的源头或依据是顾客需求或市场需求。这就是让营销又回归至原点或核心，即以市场为导向创造价值。

三是社会营销阶段：营销开始突破产品和企业本身的范畴，更关注消费者的长远利益和公共利益。材料和工艺的环保性，生产过程中的耗能性和破坏性，以及产品本身的慢性"迷醉作用"等等，都是企业必须专注的问题，也是社会更加关注和考量产品及企业的重要方面。

四是文化营销和公益营销阶段：文化营销就是发掘产品价值，并将之提升到社会文化的高度。做产品和做企业，说到底就是做文化。做产品就是造物，造物就是创造物质，造物文化就是创造人类的物质文明，文化就是存在于物质中，并通过造物所彰显出的人性。公益营销是实现企业利益和社会利益的统一，企业在获得经济增长的同时，更强调回馈社会。慈善和公益是企业的归宿，企业的成功和成就全赖社会的滋养，全赖社会资源的供养。

3. 商务印书馆新营销理念的提出与实施

基于对世界企业发展史和营销发展阶段的理解，在新时期，商务印书馆提出了新的营销理念，强调读者、社会和企业三者利益的和谐统一。体现在产品策略上，就是"大时代，大思想，大作品"的产品策略；体现在营销理念上，就是以文化营销和公益营销为核心的"大营销"理念。大营销中的"文化营销"，就体现在商务将很多重要出版活动，办成了影响全国的文化活动。例如，"中华现代学术名著丛书"和"国际文化版图研究文库"出版后，都以学术研讨、文化论坛等方式，启发了学界、知识界、产业界、政界的思考与讨论，成为一段时期内媒体关注的文化热点。再如，2006 年创办的"汉语盘点"活动，一直持续至今，在华语世界产生了很大影响。2012 年的"汉语盘点"还登上了《新闻联播》，并在《焦点访谈》节目中得到详细报道。"大营销"中的公益营销，主要体现在长期坚持的捐书助学行动、资助基础教育研究、免费教师培训、公益阅读推广活动，真正践行"昌明教育　开启民智"的初心使命。商务印书馆学术大讲堂、菊生大讲堂、涵芬楼公共讲堂等公益讲座，则从另一侧面体现了公益营销和文化营销的理念。

二、文化民生，从《新华字典》开始

在中国，《新华字典》可以说是家喻户晓，从 20 世纪 50 年代出版至今，影响更广、更深。伴随国人成长，品牌代代相传，其秘密就是与时俱进，不断修订，不断创新价值。

1.《新华字典》（第 11 版）的大营销理念和措施

2011 年《新华字典》（第 11 版）修订完成，即将在暑期出版。我们延续"大营销"的思路，制定了《新华字典》大营销方案。包括三个方面，即学术价值、文化价值和社会价值。

这三个方面的价值传播，实际上体现了营销的三个层次。第一，集举国之力修成的大国经典。凝聚着新中国几代学人的心血和智慧，影响了亿万民众的语言生活，这是在基础的学术价值层面；第二，承载着深厚的大国文化，浓缩新中国 60 年来的建设和成就，记录着社会观念的更新与演进，这是在更高的文化价值层面；第三，创造文化民生新高度。承载了党和国家解决文化民生的愿望和不懈追求，"文化民生，从《新华字典》开始"。这进一步把学术和文化的影响引入了社会，使其产生了社会价值，也很好地诠释了出版"用知识和思想促进社会进步"的理念和使命。

在新版上市前，商务印书馆精心筹划、设计了《小字典 大文化——〈新华字典〉（第 11 版）纪念特刊》；主办了面向教师和学生的《新华字典》征文活动，扩大文化影响；举办小学生查字典大赛，为传承语言文化助力；主办中学语文界的教学大赛，关注教师语言文化素养的养成；《新华字典》（第 11 版）出版座谈会之后，全国媒体将改版内容作为重要的文化事件进行报道，引起全国人民的关注和重视。其中中央电视台就有四次重点报道，全国30余家省级电视台都以大篇幅进行正面报道。

《新华字典》（第11版）在践行"文化惠民"理念方面，除了原有的"单色本"和"双色本"外，还增加了"平装本"。这是中国出版集团公司和商务印书馆为贯彻落实中央领导同志、中宣部、新闻出版总署"文化惠民"的要求而承担的一项出版任务。"平装本"通过多方面节约成本而实现，始终都得到中宣部和新闻出版总署领导的关心、支持，这也使得《新华字典》（第11版）在文化教育和文化普及外，具有了"文化民生"的意义。

2.《新华字典》与文化民生——一则社会新闻提供的契机

对商务印书馆而言，文化营销和公益营销，不仅仅是经营活动，更是担当作为文化企业的社会责任。长期坚持的"字典下乡"活动，已经成为一个传统。这种长期的坚持和担当，结合一次社会新闻事件，让《新华字典》的文化价值与民生内涵得到了有效的融合。

2010年12月，中央电视台报道广西部分贫困小学缺少正版字典，盗版字典充斥校园的现象。商务印书馆第一时间赶赴广西龙州县、马山县进行公益捐赠，并与贫困小学签署了长期的"爱心辞书工程项目合作协议"，以及"教师培训支持项目合作协议"。为襄助社会各界的公益捐赠，承诺对捐赠善款设立低至9元的爱心价，使社会各界的捐赠款发挥最大效用。此后，为联合公益组织、辞书专家、教学专家、全国媒体和社会各界共同解决贫困地区孩子缺少正版字典的问题，承担了大量的联络和组织工作。中央电视台《新闻联播》四次深度报道《新华字典》公益捐赠活动，引发了社会各界的广泛关注和支持。

2011 年初，刘云山同志要求全国宣传文化系统积极行动，强调从"文化惠民"的高度着手解决贫困地区学生缺少正版《新华字典》问题，并对此多次做出批示。为贯彻落实刘云山同志的指示精神，中宣部、新闻出版总署先后出台了多项举措。商务印书馆成为这些文化民生举措的主要承担者，首先开展《新华字典》公益捐赠活动。商务印书馆积极捐赠的同时，还义务承担了大量的联络和协调工作，使得社会各界积极参与、地域广泛、投入量大、持续时间长，产生了很好的效果。

2011 年两会期间，商务印书馆向集团领导和多位新闻出版界政协委员专文汇报了《新华字典》对于基础教育的意义以及在贫困地区的匮乏现状，数十位政协委员联合提案，建议将《新华字典》纳入国家"两免一补"政策范畴。首次将《新华字典》的文化价值，与民生内涵紧密地联系在一起，并为全国人民所认知。2012 年 10月，财政部、教育部联合下发"财教〔2012〕334 号"文件，将《新华字典》纳入"国家免费提供教科书范畴"。2013 年 1 月，新闻出版总署下发通知，要求商务印书馆做好生产和供货工作，并要求各地不得以其他工具书替代。两部委及新闻出版总署相关文件的出台，标志着《新华字典》文化民生政策的正式形成。

3. 攻坚克难，年产过亿册，创造出版史上的奇迹

按照两部委文件精神和总署通知要求，中国出版集团公司要求商务印书馆正式将《新华字典》的出版、发行作为政治任务，举全馆之力予以保证。"昌明教育　开启民智"是商务印书馆 100多年来奉行的企业使命，"始终与中国教育同行"是商务印书馆在新时期对这一宗旨新的阐释。国家出台《新华字典》文化惠民

政策，是商务印书馆的光荣，更伴随着沉甸甸的责任。为贯彻落实两部委和总署文件精神，必须争分夺秒、加紧工作，商务印书馆在生产和发行方面都面临着巨大的压力。商务印书馆为此汇集了全馆最精干的力量，投入到高强度的项目工作中。

在财政部、教育部下发文件之初，熟悉出版业的人们就都意识到，保证按时印制供货，是最大的难题。因为《新华字典》是64开精装书，有特殊的工艺要求和严格的生产流程，全国有能力承印的厂家为数不多，要在短时间内保质保量地完成过亿册的供应任务，几乎就是不可能做到的事情。

商务印书馆出版部门在承担这一生产任务后，就几乎没有了休息日。他们高强度地连续出差，对全国的印厂进行考察，就生产工艺进行沟通和协商。在短时间内，几乎调动了全国所有的精装联动线，把已经停产的经过修复再上马，有条件的厂家购置新的精装联动线，甚至动员了香港在深圳的精装联动线，经过艰苦的努力，最终与全国三十余家印厂签订了生产协议。特别值得一提的是，为了更好地执行国家的这一文化民生政策，很多印装厂都斥资购置了新的生产线，表现出了较高的政治素养，他们与我们一起，更多地把这一工作当作政治任务来完成。为了保证品质，即便在这样紧张的生产工作中，工艺和用纸仍坚持高标准。所有人心里都装着这样的原则："小字典事关民生大问题。不管有多大量，必须在工艺流程设计、装帧材料及印装生产等方面都要做到最好。"为了保证按时、保质完成这一文化惠民工程的生产供应任务，商务印书馆还打破长期以来的行业惯例，突破"印装量越大工价递减"的规律，向印厂按照印装量支付阶梯式上升的工价，以保证工厂生产的积极性。这一办法产生了良好的促进生产的效果。

商务印书馆发行部门也做了大量的信息沟通和组织协调工作。为帮助各省尽快启动《新华字典》采购流程，发行部门主动在第一时间联系全国各省的新华书店，授权代理《新华字典》的发行工作。商务印书馆表示，"既然是文化惠民工程，就要无差错地保证将《新华字典》及时送到每一个学生手中"。选择各省新华书店独家代理，一是新华书店是有着良好传统的国有发行企业；二是新华书店有从省级城市到县乡镇的完善发行渠道；三是各省新华书店有着发行《新华字典》的丰富经验及与商务印书馆长期、良好的合作关系。

实践证明，各省最终经过法定流程确定的供货商，多数都是省级新华书店。部分省市由本省出版集团中标，实际最后也交由其下属的新华书店发行。经过共同的努力，各省承担《新华字典》发行任务的单位都与商务印书馆形成了良性配合机制。尤其是针对一到九年级学生的巨大配发量，还共同制订了分阶段的合理配供方案。

《新华字典》被纳入国家免费提供教科书的过程，是党和政府改善和解决文化民生问题的典型案例，是商务印书馆践行"昌明教育　开启民智"宗旨的重要实践，也是商务印书馆在新时期营销创新的一次重要出版生产、发行实践。正是在强烈的使命感的驱动下，商务印书馆投入大量的人力物力，保证了与各个环节的顺畅对接，保证了《新华字典》的按时保质供应。

纵观世界印刷史，在一年内印装完成1亿册的精装书，被世界称为不可能完成的奇迹！"《新华字典》（第11版）亿册印制工程"也因此荣获2014年《中国出版传媒商报》、法兰克福书展、法兰克福学院联合颁发的"首届中国创意工业创新奖"

新管理模式金奖。

三、放飞梦想的翅膀

"如果文字之光，能够照亮每一个孩子的心田，那么这个世界，将永远充满智慧和希望……"这是商务印书馆发起《新华字典》文化民生工程的初衷，也道出了全国无数民众的心愿。

几年来，商务印书馆继续努力贯彻落实好《新华字典》文化民生工程，目前，除了原有的《新华字典》版本，商务还协调各方，并与其他兄弟出版社合作，积极开发少数民族语言版的《新华字典》和双语《新华字典》，如维吾尔文、哈萨克文、蒙古文和柯尔克孜文等。另外，盲文版《新华字典》的出版，也在进行中。同时，广泛开展捐资助学、助教活动，将文化民生工程向文化脱贫靠近，为文化脱贫贡献力量。例如建立商务印书馆乡村阅读中心，与中国文学艺术基金会联合举办"小乡村　大课堂"系列助学活动等。

2012年，央视新闻主播们罕见地在同一则公益广告中集体亮相，由李瑞英、李修平、郎永淳、康辉、海霞等5位《新闻联播》主播拍摄的《插上放飞梦想的翅膀》在中央电视台等连续播出，山区孩子们渴求知识的眼神、主播们手捧《新华字典》公益爱心的形象借助荧屏迅速传播，触动了海内外亿万观众的心灵！借《新华字典》文化民生工程的东风，商务印书馆实施了《新华字典》助学系列行动，把《新华字典》文化公益精神推向纵深。与央视新闻中心合作的"放飞梦想的翅膀"公益行动就是其中范例。

1. 梦想的翅膀在秦巴山区首次放飞

2014 年 4 月 16 日—17 日，第 19 个世界读书日来临之际，在陕西学前师范学院的支持和配合下，"'放飞梦想的翅膀'秦巴山区公益行动"在陕西洋县华阳希望小学和洋县南街小学等地举行。中央电视台新闻中心党委专职副书记冷建军，著名主持人李瑞英、李修平、贺红梅、长啸、郭志坚、章伟秋、胡蝶、何岩柯、顾国宁、苗凯、张仲鲁、郝红梅等 12 位中央电视台的主播走进秦岭山区，给华阳希望小学等学校的孩子们上了语言文字规范课、朗诵课，并与南街小学师生、洋县新闻工作者做了深入交流。来自全国中语会的阅读推广专家和陕西师范大学的学者还给数百位当地教师和基层公务员带去了精彩的讲座。这次活动，商务印书馆联合中央电视台等单位，给大山里的师生们捐赠了《商务馆小学生字典》《如何阅读一本书》《文化战略》等精品图书。

2. 与草原的孩子共度"六一"儿童节

2016 年"六一"儿童节来临之际，在内蒙古新华发行集团的大力支持下，商务印书馆再次携手中央电视台新闻中心，走进内蒙古自治区，先后走进新华图书大厦、中国人民解放军 66265 部队、内蒙古师范大学、呼和浩特市民族实验学校和四子王旗乌兰花镇蒙古族小学等，与普通读者、解放军战士、教师、大学生、小学生等一起畅谈读书，推动阅读，助力教育。我们特别为民族学校的孩子们设立了"《新华字典》奖学金"，为大草原的孩子们送去了很多他们喜爱的精品图书，给当地农牧区、社区、家庭、学校、机关、企业和军营带来了精神食粮，也给孩子们送去了儿童节最有营养的礼物。中央电视台新闻中心党委专职副书记冷建军，著名主持人康辉、李修平、贺红梅、长啸、纳森、何岩柯、严於信、章伟秋、苗凯、王音棋等参加。当坐满一操场的乌兰花镇蒙古族小学六七百名学生，从他们平时只能在电视上才看到的叔叔阿姨们的手中接到一本本朝思暮想的图书时，他们脸上灿烂的笑容告诉我们，他们度过了一个永远难忘的"六一"儿童节。

3. 向汶川灾区献上一份爱心

2018 年 7 月 3 日—6 日，在汶川地震 10 周年之际，商务印书馆联合中央广播电视总台中央电视台新闻中心播音部、四川新华发行集团，在四川举行"弘扬伟大的长征精神，走好新时代的长征路""放飞梦想的翅膀"四川公益活动。我们设立了"《新华字典》奖学金"，建立了以爱国主义教育和防灾应急为特色的"映秀乡村阅读中心"，为汶川县映秀小学的每个班级配备了班级工具书书架和阅读类书架。中央电视台新闻中心党委专职副书记冷建军，著名主持人康辉、贺红梅、长啸、章伟秋、何岩柯、宝晓峰、潘涛、黄峰、陈怡博、王言、周丽、商亮等 12 位主播为汶川县映秀小学的孩子们分别上了阅读课，并和孩子们共同朗诵长征精神等爱国主义篇章。主播们还来到四川文轩 BOOKS 书店，与读者交流。同时，还开展了"不忘初心、牢记使命"主题教育活动，来到达维会师桥、红军懋功会议旧址、红军长征两河口会议纪念馆、长征干部学院等地，重走长征路，接受革命文化洗礼，弘扬伟大的长征精神。

4. 走进"扶贫第一村"

2019 年 8 月 14 日—16 日，商务印书馆联合中央电视台新闻中心播音部、海峡出版发行集团、福建新华发行集团，在福建宁德、福州举行"放飞梦想的翅膀"福建公益活动。我们设立"《新华字典》奖学金"，建立了"下党乡村阅读中心"，助力乡村书香家庭建设。本活动旨在助力老区脱贫，开展"四力"教育实践。8 月 4 日，习近平总书记给福建寿宁县下党乡乡亲们回信，祝贺他们实现了脱贫，鼓励他们发扬滴水穿石精神，走好乡村振兴之路。在下党乡，中央电视台新闻中心党委专职副书记冷建军，著名主持人贺红梅、长啸、章伟秋、何岩柯、陈怡博、郑丽、宝晓峰、黄峰等 8 位主播，与乡亲们重温习近平总书记的回信，与孩子们手牵手，共同诵读中国梦。同时，主播们还来到被誉为"闽东沿海船民上岸第一村"的宁德福安市下岐村，与村里的孩子们一起朗诵《可爱的中国》。我们共同为孩子们和村民赠阅精美图书。在宁德市新华书店，主播们与读者面对面，朗诵经典作品，分享读书心得，向市民推荐图书，倡导全民阅读。此外，大家还来到中国工农红军闽东独立师展陈馆、百丈岩战斗展陈馆等实地学习老区革命精神，学习闽东精神。

若干年后，当人们回顾中国文化民生建设所走过的历程时，相信一定不会忘记央视主播们《插上放飞梦想的翅膀》的公益广告，不会忘记《新华字典》带动的文化公益活动，及其散发的文化正能量，带来的温暖以及具有的标志性意义。这样的温暖还将继续在祖国各地传递，继续为渴求知识的孩子们插上放飞梦想的翅膀。

一本小字典，记录着共和国的发展变迁，在传承和发展大国文化方面达到了新的高度；一本小字典，因文化和教育普及而生，在新的历史时期，被提升到了"文化民生"的高度；一本小字典，通过文化营销和公益营销，在国内外的影响达到了一个新的高度。《新华字典》创造了并将继续创造人类图书出版史上的一个又一个奇迹。

《现代汉语词典》：
迈入融媒体辞书新时代

　　我想我们每一个文化工作者和语言工作者不仅熟悉《现代汉语词典》，而且它还是我们日常工作和生活的拐棍，我们时刻离不开它。《现代汉语词典》被誉为现代汉语的"国典"，这是就它的科学性、权威性而言。第 7 版自问世以来，也以其诸多特色迅速得到广大读者的认可和喜欢。《现代汉语词典》（第 7 版）总体上反映了我国现代语言生活状况，中国语言学和词典学研究的最新成果，也反映了马克思主义中国化的最新成果，在这个意义上可以说是一部与时俱进的词典。

　　《现代汉语词典》（第 7 版）APP 的发布，是在产品形式和传播形式上又一次与时俱进的体现。关注商务印书馆的读者朋友们应该记得，2019 年 8 月 19 日，我们刚发布了全媒体生产运营平台和人文社科知识服务平台，它标志着在新的历史时期我们再造一个数字的、科技的、智能的新商务的开始。作为新商务的新目标，我们的语言知识服务平台，也将在今年年内上线。今天发布的《现代汉语词典》（第 7 版）APP 可以说是语言知识服务平台最重要、最受期待的产品之一，加上已发布上线并深受读者好评的《新华字典》APP，还有《牛津高阶英汉双解词典》（第 7、8、9 版）APP，正在制作中的《新时代俄汉详解大词典》《罗马尼亚语汉语大词典》等小语种词典的APP，必将形成一个更加强大的工具书产品集群，为语言知识服务平台奠定强大的查询、学习的功能基础。

《现代汉语词典》（第7版）APP的功能特点比较突出，我自己从一个读者的角度，通过亲身使用感受到以下几点。

其一，它与一般词典的简单查询功能相比，最大的优势是它的学习性。原来传统的工具书只是据字查义，据词查义，而这款APP远远超出了简单的查询功能。输入一个字、词之后，它的同义词、近义词、反义词不仅全都显示出来，而且在同义词里给出了词义辨析。比如我查"美丽"这个词，"漂亮""标致"这些词都跟着显示出来，随即给出它们之间意思的相同点，尤其是不同点，指出用法区别在哪里。所以，它是一个重点在于学习的工具。另外APP里提供了成语接龙的功能，现在我们习惯用电脑敲字，提笔忘字的现象太常见，很多时候想不起来某个字、词，影响了效率，甚至有些小尴尬，APP的这种功能帮助我们排除了这种困扰。如果你有兴趣参加各种语言类大赛的话，像《中国诗词大会》里面就有接龙这种比赛形式，接不下去就被打败，如果借助这个工具事先有所准备，说不定就能战无不胜了。还有一个功能是提供每天一个字的学习，在首页上设置，这个字可以是从自己关注的某一类字选出来，对孩子来说特别便捷和醒目。另一个学习功能是收藏夹，可以收藏生字、生词，便于按照计划有步骤地学习。还可以按类别学习，如读"轻声"的字。当然，这款APP强大的学习功能远不止这些。

其二，是它的便捷性。除了传统的拼音、笔画、部首检索之外，在不知道某个字发音、笔画、笔顺的情况下，直接用摄像头一照，它就能识别检索出来。如果知道发音，只需"呼叫"，发出该字读音也能识别检索。另外，在全文浏览的过程中，任何一处有不认识的字、词，只需点击，它相关的读音、释义也会全部呈现出来，相当便捷。

其三，是它的体验性。如果在其他网络上搜一个字、词，它只是生硬地蹦出一个解释，是一个条状的框，没有任何上下文比照，更没有其他语言环境，因而没有一点儿温度和感觉。而在《现代汉语词典》APP里，它搜索出来的是跟纸质词典一样的页面，还有跟翻阅纸质书一样的感觉，并不是简单查询的概念，又把学习者带回到他们熟悉的翻阅纸质词典的体验之中。

其四，对孩子们而言，这款《现代汉语词典》APP还有它的趣味性。里面设计了很多游戏，自我测试、打分之类，打破了孩子们面对枯燥的一个个语言文字的障碍，激发他们攻克这些字词的兴趣。这些设计都体现了开发《现代汉语词典》APP时融入的人性化理念，这样的理念显然会受到读者喜爱。

《现代汉语词典》（第7版）APP发布将成为我国辞书发展史上的一个重要标志性事件。首先,鉴于此前中国辞书著名品牌《辞源》（第3版）已经出版了U盘版和网络版，《新华字典》（第11版）APP已经上线，以及国际著名辞书《牛津高阶英汉双解词典》（第7、8版）APP已经上线，《现代汉语词典》（第7版）APP上线标志着中国辞书全面进入媒体融合的新时代，标志着融媒体辞书的到来；其次，《现代汉语词典》（第7版）APP连同其他著名辞书APP一道，标志着工具书向知识服务迈出了重要的一步。这是我们用传统的编纂工具书的方法向着知识服务迈出的重要而正确的一步。虽然我们说《现代汉语词典》（第7版）APP是标志着我们知识服务的一个重要产品，但是知识服务对于《现代汉语词典》（第7版）APP而言仅仅是一个开始。传统的辞书编纂方法离知识服务的要求还有一定的距离，这点我们要深刻认识到，将来我们要和中国辞书学会一起，继续探索研究把传统的辞书编纂沿着知识服务的新的编纂方法引向深入。《现代汉语词典》作为知识服务的产品，也会升级到一个更好的阶段，现在还仅是依据传统辞书编纂方法所产出的内容做出的知识服务的尝试而已。我们期待《现代汉语词典》这样标志性的产品真正用知识服务的方法编纂，那一天的到来将给我国辞书事业带来开天辟地的变化。《现代汉语词典》的品牌也必将伴随着每一次科技革命而不断实现价值创新，商务印书馆将不遗余力地努力为传播我们的汉字文化做出应有的贡献。

携手四十年　共创新时代

　　2019 年是商务印书馆与牛津大学出版社合作 40 周年。四十年是一段传奇，是两个国家之间交往的传奇，是两种文化交流的传奇，是两个著名出版机构从陌生人到融为一家的传奇，这个传奇是由一代代牛津人和一代代商务人共同努力谱写的。

　　这样一段传奇还是我们每一个牛津人和商务人个人成长的见证。就我个人而言，它甚至成为我个人成长的一个个坐标。1979 年，当商务印书馆与牛津大学出版社正式签约合作的时候，我还是初中三年级的学生；随后的 80 年代初，《牛津现代高级英汉双解词典》（即《牛高》第三版）出版，我已经成为它的读者，也由此开始了我与商务和牛津的缘分；而非常幸运的是，《牛津高阶英汉双解词典》（第 6 版）出版的时候，我已经成为商务印书馆的员工，成为这一版的发行者和销售者；更加幸运的是，到《牛津高阶英汉双解词典》（第 7 版）出版时，我已经成为了它的出版者。到第 8 版和第 9 版的时候，我们更加见证了我们双方的合作，还包括中国辞书的发展，进入到了一个新的时代，即全媒体出版的时代。

　　从进入到全媒体出版的新时代开始，我自己作为一个出版者，对辞书、对双语辞书的出版有了全新的认识。传统辞书、工具书最基本的特征就是据字、据词查义的功能，进入到全媒体时代，正如《牛津高阶英汉双解词典》（第 7、8、9 版）APP 所具有的，它已经不是一种简单的查询功能，而是完全进入到了学习型功能的阶段，进入到了从简单的工具书查询到知识服务的新时代。所以它为我们提供了新的机会，也为我们双方的合作提供了全新的动力，这个动力就是顺应数字技术的发展，将传统工具书的出版向着媒体融合、向着知识服务再迈进一大步，在此驱动下，双方的合作前景将变得越来越广阔。也正如这些年来，我们双方合作的产品不断地开拓，思路不断开阔所彰显的一样，我们有各种各样的纸质产品，而且延伸到了少儿产品，并开始策划多种学习、教学产品。进入到数字技术新阶段、媒体融合新时代的时候，面对传统的读者群，我们需要开启新的教育模式，需要开启新的语言知识服务的模式。语言知识服务的模式，有牛津英语的强大内容支持，有商务印书馆多年在中国英语市场强大的品牌号召力，还有商务印书馆《新华字典》《现代汉语词典》《古汉语常用字字典》《新华成语词典》等老师指定推荐使用的一系列汉语辞书作为基础和同样的用户、读者群，一定会大有作为，双方的强强联合将是我们未来在英语教学、学习领域拓展知识服务的强大的合作优势所在。

　　《新华字典》《现代汉语词典》从简单的纸质版本到APP版本的出版，标志着中国辞书出版事业发展到了一个崭新的阶段，那就是从传统辞书出版进入到真正的融媒体辞书出版的新阶段，从简单的查询功能进入到知识服务的阶段，尽管这个知识服务可以说还仅仅刚开始，但是以《牛津高阶英汉双解词典》APP为代表的系列产品，在这方面具有独特优势，因为它先天带有学习性的因子，由学习性的因子转化为知识服务，可以说是它先天的优势。而真正开启中国辞书出版由传统辞书向着融媒体辞书发展，由简单查询向知识服务迈进的，也恰恰是《牛津高阶英汉双解词典》APP 的开发。在这一点上，《牛津高阶英汉双解词典》（第 7 版）APP 起到了先锋的作用，它先于《新华字典》和《现代汉语词典》APP 上线，也先于它们在市场上取得了好的效果，并在用户中率先开启了新的体验模式。所以，《牛津高阶英汉双解词典》《新华字典》《现代汉语词典》APP 的全面上线，标志着中国辞书编纂事业进入到新阶段。而《牛津高阶英汉双解词典》（第 7、8、9 版）APP 具有开先河的作用，功不可没，必将载入中国辞书发展史册。

值此商务印书馆与牛津大学出版社合作 40 周年之际，我对牛津大学出版社多年来与商务印书馆亲如兄弟、亲如一家的合作表示衷心感谢！我们双方每年在北京图书国际博览会（BIBF）上都有很多场活动，每年都举行高层会谈和编辑业务的深层交流，与牛津大学出版社的合作、交往、洽谈是每年 BIBF 最重要的事，投入的时间比重也是最大的。在新的时期里，我们愿意并且相信，商务印书馆与牛津大学出版社必将携手继续走过更多的 40 年，为两国的文化交流，为人类文化交流，做出更大贡献！

新商务的新起点

在商务印书馆 122 年的历史上，拥有很多令人难忘的瞬间，2019 年 8 月 19 日也必将荣列其中。商务印书馆全媒体生产运营平台和人文社科知识服务平台成功上线，标志着"新时代 新理想 新商务"的正式起航。

自建馆之初，商务印书馆以"昌明教育 开启民智"为使命，始终将自身的事业发展与国家和民族的命运紧密相连。122 年来，商务不仅开创了中国现代出版业，还在民族教育和文化事业等方面，创新不辍，屡开先河。编辑出版了《最新教科书》《辞源》《四部丛刊》《东方杂志》《小说月报》、"汉译世界学术名著丛书""中华现代学术名著丛书"、文津阁《四库全书》《新华字典》《现代汉语词典》等近 6 万种影响巨大、惠及数代国人的图书，被誉为"工具书王国""学术出版重镇"。商务还持续将最新的现代科学技术运用到出版事业中来，创造了包括中国第一台中文打字机等现代出版业的诸多第一。

进入新时代，商务人在新理想、新追求驱动下，提出了建设一个数字的、科技的、智能的新商务的新目标。商务印书馆全媒体生产运营平台和人文社科知识服务平台正式上线运营，将成为我们努力建造新商务的新起点和新标志。在此之前，我们已经做了较长时间的准备，取得了一个个阶段性的成果，包括 2014 年实

现了纸电同步出版，"百种精品工具书"数据库和《东方杂志》
数据库投放市场，《辞源》（第3版）同时推出网络版和U盘版，《新
华字典》（第11版）APP和《牛津高阶英汉双解词典》（第7、8版）
APP上线，"汉译世界学术名著丛书"数据库完成了一期开发等。

当今，科技发展推进出版事业走进了媒体融合时代，新技术
必将引领新的知识创造、新的知识传播和新的文化建设。《习近平
新时代中国特色社会主义思想学习纲要》中强调："全面把握媒
体融合发展的趋势和规律，推动媒体融合向纵深发展，要坚持一
体化发展方向，实现各种媒介资源、生产要素有效整合；实现信
息内容、技术应用、平台终端、管理手段共融共通；打造一批具
有强大影响力、竞争力的新型主流媒体。坚持移动优先策略，让
主流媒体介入移动传播，牢牢占据舆论引导、思想引领、文化传承、
服务人民的传播制高点。探索将人工智能运用在新闻采集、生产、
分发、接收、反馈中，全面提高舆论引导能力。"由此可见，总
书记对媒体融合向纵深发展的要求，从新闻、媒体、传播到思想
引领、文化传承和服务人民，一直延伸到我们的出版领域——我
们的出版就是在做文化传承、服务人民这样一个伟大的事业。所
以，媒体融合是新时代最重要的标志，是新时代的新需求，也是"昌
明教育　开启民智"的使命在新时代的具体实践。

为此，商务印书馆决心在120余年辉煌历史发展、近6万种
图书以及多年数字化信息化的丰厚积累上，积极推进媒体融合发
展，努力打造一个数字的、科技的、智能的新商务。"全媒体生
产运营平台"的建设就是新商务的起点，它作为我馆今后全媒体
时代的生产运营的有力支撑。同时，以全媒体生产运营平台为一
体化支撑，建设"商务印书馆人文社科知识服务平台"。两者整

体运行，根据不同层面的用户需求，提供数据内容集聚、多形态内容发布、知识图谱勾勒等向人工智能转化的知识服务，同时具备电商门户功能，旨在形成融查考、咨询、学习、出版、购销为一体的全产业链型知识服务体系。

"全媒体生产运营平台"和"人文社科知识服务平台"在开发设计之时，特别强调了三大理念。其一，基于百年商务的独特资源，打造具有独特价值的知识服务；其二，基于传统编辑流程和内容把控流程，打造科学、权威的知识服务；其三，超越单向知识服务，打造让读者有高参与度、强互动性的"共创共享"知识服务。尤其是共创共享的理念，它符合新时代知识生产、知识创造的新特点和新趋势，在互联网环境下，人人都是作者、人人都是读者。

本次平台上线，首次将我馆众多独特核心资源开放线上产品与服务。首先是"汉译世界学术名著数字图书馆"。"汉译世界学术名著丛书"是商务印书馆最为知名的人文社科学术品牌，汇集了文明开启以来，各时代、各国家、各民族的思想与文化精粹，代表着迄今为止人类已经达到过的精神世界。而平台开发的"汉译世界学术名著数字图书馆"，以数据库、知识化、移动化、互动化、多媒体化的方式赋予其内容以新价值，充分利用新技术手段，面向新的知识服务需求和应用环境，进一步释放、增强原系列的学术价值、教育价值与工具价值。实现全文主题检索、中外文对照阅读、听书（机读）、社群互动等知识服务功能。此外，为便于学术传播，促进学术发展，商务印书馆还应广大读者要求，推出了"汉译名著名家导读"，延请对该书具有精深研究的学界名家，以视频的方式，对已经出版的汉译名著逐本进行导读。首批推出

25 部名著的 100 集视频导读，深入浅出，颇具特点。

平台另一重点产品"商务印书馆名家大讲堂"视频课程，邀请国内外有深厚学术功底并具有较大社会影响的学术大家、名家开讲，分享他们的真知灼见、治学之道、人生智慧及个人成长历程等等。旨在与更广大的读者分享知识的盛筵，使更多人受益于这些思想精华，让这些学术思想成为我们中国思想的代表，也成为人类智慧的一个重要组成部分。

"论文导师"系统是首次基于大数据搜索、智能搜索，具有人工智能特征的知识服务系统。为读者用户提供内容检索，实现精准检索、精准指导、精准服务。定期提供各领域权威专业化的年度报告。包括定制知识图谱、面向人工智能服务的论文综述和年度学科报告等。

平台一期工程还提供商务印书馆出版的 1300 余种电子书、听书、《四部丛刊》数据库、《中国设计全集》数据库、《东方杂志》数据库、《小说月报》数据库等，还有我馆全品种纸质图书以及部分文创产品的线上销售。作为平台服务的线下延伸，我们还在涵芬楼书店设立了商务印书馆融合出版体验中心，商务印书馆知识产品和服务在体验中心汇聚展现，在那里可以以商务印书馆历史为视角了解现代出版业的发展；可以体验自己编辑、设计、制作一本图书的乐趣；可以阅读、查考、听书、看视频，定制独特的文创服务；通过最新的 VR（虚拟现实）技术，还可以对中华古建筑的瑰宝拥有沉浸式的实景体验。我们希望将这个展厅建成为新的科技环境下出版社与受众沟通的最直接通道，成为读者和周边学生了解出版业，接触中国传统文化，爱上阅读和知识学习的窗口和实验场。

目前，平台已聚合的数字资源达 30 亿字。马上还将有《剑桥大师访谈录》（200 余位）、《名家精品课》、《百部中外名著诵读》等陆续上线，内容资源，源源不断，数字畅游，精彩无限。对此，我们和广大读者一样充满期待。

当然，全媒体生产运营平台和人文社科知识服务平台上线，仅仅是起点、是开始。平台需要逐步完善，并在实践中接受广大读者和市场的检验。我们还要不断聚合其他知识服务平台和机构，共铸共建共享知识服务体系，共同促进中华文明的进步和发展。人文社科知识服务平台是基于商务 120 余年的学术出版传统和积累打造的，我们基于同样拥有 120 余年传统和积累的工具书出版而打造了另一知识服务平台——语言知识服务平台，也可望在短时间内上线，这两大知识服务平台将构成数字的、科技的、智能的新商务的两大支柱和基础，这两大平台将使商务的传统出版优势得到淋漓尽致的发挥，将使商务的品牌得到进一步弘扬。

习近平总书记在党的十九大报告中指出，文化是一个国家、一个民族的灵魂。文化兴国运兴，文化强民族强。今后，我们将不忘初心，牢记使命，继承和发展商务印书馆品牌，坚持"品质、责任、创新、合作"的核心价值观，提供更丰富更优质的精神文化食粮，满足人民日益增长的美好精神文化的需求，为新时代文化建设贡献自己的力量。

论传天演，木铎启路。

日新无已，望如朝曙！

知识服务仅仅是开始……

第五章

出书的向度

一个时代的标志——
与时俱进的"汉译名著"

  作为我国现代出版史上规模最大、最为重要的学术翻译工程，商务印书馆出版的"汉译世界学术名著丛书"被誉为"对我国学术文化有基本建设意义的重大工程"。几代先贤们对她给出了这样的"定评"：引领时代（陈原）、奠基学术（胡乔木）、担当文化（王云五）、激动潮流（王云五）。

  1982年，商务印书馆总经理兼总编辑陈原先生在《人民日报》上发表的"汉译世界学术名著丛书"发刊词中指出："通过这些著作，人们有可能接触到迄今为止人类已经达到过的精神世界。"他还说，"这套丛书的出版说得大一些，标志着一个时代的开端"。2017年，商务印书馆创立120年之际，这套丛书已经从1981年结辑出版时的50种，涓涓细流汇聚成洋洋大观700余种。站在今天的时间节点上，回望"汉译名著"所走过的路程，以及怀抱着对其未来的寄望，我们有理由对"汉译名著"所标志的时代给予更富于历史纵深的理解。

  首先，"汉译名著"是中国开启现代化时代的标志。"汉译名著"的出版可追溯到晚清时期，以严复翻译的西方思想经典为代表。严复所处的时代，中国处于半殖民地半封建社会，是封闭的中国被迫"睁眼看世界"的时代，是中国被"逼上"现代化之路的时代。

"师夷长技以制夷"，向国外学习救亡富强之道成为时代的主题，现代文化由此兴起。甲午中日战争之后，译书事业从之前侧重引进西方器物技术知识转而以引进西方先进思想为宗旨，这是中国近代翻译史上的一个新气象。商务版"严译名著"可称得上开此风气之先，其中最著名的包括赫胥黎所著《天演论》、亚当·斯密所著《国富论》、约翰·穆勒所著《论自由》、孟德斯鸠所著《论法的精神》等西方思想史上的经典著作。此后的新文化运动时期，商务不仅坚持出版包括休谟《人类理解研究》等思想巨著，还出版了 20 余种马克思主义书籍。中华人民共和国成立后，为适应社会主义现代化建设的需要，商务印书馆克服种种困难，在五六十年代出版了 300 余种学术名著。其中多为 19 世纪中期前作为马克思主义来源的经典，也包括一些当代学术名著。即使是在"文革"期间，商务仍然步履维艰地走在"汉译名著"的出版道路上。

然后，更为重要的是，"汉译名著"不仅成为改革开放的最重要成果，还成为改革开放时代的标志。没有改革开放，就没有"汉译名著"今天的成果。1981 年，商务印书馆以先行者的勇气率先结辑出版"汉译世界学术名著丛书"。这套丛书的策划者之一陈原先生所说的这套丛书标志着一个时代的开端，指的就是一个改革的时代，一个开放的时代，一个中国知识界和出版界自觉地将视野投向全人类思想文化的时代。这也是一个理想主义的时代，是一代读书人的"阅读狂欢"时代。长期封闭的中国社会百废待兴，上上下下充满着蓬勃生机，这种生机最直接地表现为对读书的饥渴，对现代思想的饥渴。"汉译名著"的大规模出版犹如一场及时雨，为久旱的大地注入了甘霖。

"汉译世界学术名著丛书"，所收书目均为一个时代、一个民族、一个国家学术史和思想史上具有里程碑意义的经典著作，为中国读书界打开了一扇关闭许久的、向世界开放的窗口，是改革开放在学术出版和思想文化领域取得重要成果的标志，既汇聚了几代学人的心血，也滋养了几代国人。自1982年上大学成为这套丛书的读者，1990年毕业有幸加入商务印书馆成为编辑，责编过其中部分图书，一直到现在，这套书伴随了我35年的历程。有学者认为，"如今35—60岁的中国学者，没有读过商务印书馆出版的汉译名著，几乎不存在。在我的同行中，差不多每人至少有一百到两百种"。

1982年，丛书第一辑一出版便被一抢而空。武汉大学和华中工学院，得知《经济学》出版后便立即联合行动，派出专车，在全市及郊区各书店搜购此书。更有年轻读者来信表示："知道你们出版了'汉译世界学术名著丛书'，感到无比高兴。对于一个青年人来说，恐怕只有恋爱可以跟这件事媲美了。"

1984年，邓小平同志作出重要指示，要用几十年的时间把世界古今有定评的学术著作都翻译出版。这表明了一个开放的国家对待人类思想文化遗产的态度，也代表了当时社会发展的需求：中国的现代化建设需要了解西方国家的现代化经验。40年来，"汉译名著"始终坚持科学严谨的选题和出版规划，始终紧紧跟随我国改革开放的历史进程，不断吸收借鉴人类文明的优秀成果，坚持古为今用、洋为中用，为我国的哲学社会科学发展、马克思主义中国化和改革开放提供学术借鉴和理论滋养。丛书的出版促进了中国哲学社会科学的繁荣，"可以说，对于推动我们的哲学、社会科学的影响，恐怕它的作用完全不亚于一个社会科学的大学"。"汉译名著"的出版再现了马克思主义三大来源——德国古典哲学、英国古典政治经济学和法国空想社会主义，为我国哲学社会科学发展和马克思主义中国化提供了重要的理论借鉴。另一方面，"汉译名著"的诸多新品种也反映出中国人文社科学界的研究触角在各学术领域中的拓广和加深，体现出中国学术界站在本土立场上对世界文明领域的研究成果。丛书促进了中国的现代学科建设，促进了中国现代学术的成形、发展与繁荣，被誉为对中国学术文化有基本建设意义的文化工程。

最后，"汉译世界学术名著丛书"也一定会成为中国特色社会主义伟大实践新时代的重要标志。中国社会仍然在向着现代化的目标迈进，现代化离不开改革开放，改革开放已经成为中国特色社会主义伟大进程中的重要特征，改革开放仍然会成为中国特色社会主义新时代的坚定方向。改革的中国内部充满活力，开放的中国更受世界欢迎，改革开放必将成为中国社会发展的常态。"汉译名著"也必将永远充满活力与魅力，为改革的中国和开放的中国再立新功。

2016 年 5 月 17 日，习近平总书记在哲学社会科学工作座谈会上发表重要讲话，指出，"我们要坚持不忘本来、吸收外来、面向未来，既向内看、深入研究关系国计民生的重大课题，又向外看、积极探索关系人类前途命运的重大问题"，"要按照立足中国、借鉴国外，挖掘历史、把握当代，关怀人类、面向未来的思路，着力构建中国特色哲学社会科学"。总书记不仅是这样说的，也身体力行地做出了表率。"柏拉图的《理想国》、亚里士多德的《政治学》、托马斯·莫尔的《乌托邦》、康帕内拉的《太阳城》、洛克的《政府论》、孟德斯鸠的《论法的精神》、卢梭的《社会契约论》、汉密尔顿等人著的《联邦党人文集》、黑格尔的《法哲学原理》、克劳塞维茨的《战争论》、亚当·斯密的《国民财富的性质和原因的研究》、马尔萨斯的《人口原理》、凯恩斯的《就业、利息和货币通论》、约瑟夫·熊彼特的《经济发展理论》、萨缪尔森的《经济学》、弗里德曼的《资本主义与自由》、西蒙·库兹涅茨的《各国的经济增长》等著作，过去我都翻阅过，一个重要感受就是这些著作都是时代的产物，都是思考和研究当时当地社会突出矛盾和问题的结果。"习近平总书记讲话中提到的这17部著作都出自商务印书馆出版的"汉译世界学术名著丛书"。这套书中的其他图书，也多次被习近平总书记提起。总书记的讲话和要求为"汉译名著"今后的出版工作进一步指明了方向。

一个时代有一个时代的问题，一代人有一代人的使命，一代有一代的学问。中国开放的大门不会关闭，只会越开越大。在改革开放这场中国的第二次革命中，"汉译世界学术名著丛书"将继续做好选题规划，以文明交流超越文明隔阂、文明互鉴超越文明冲突、文明共存超越文明优越，加强"一带一路"沿线文明的交流，站在"人类命运共同体"的高度，不断吸收一切人类文明的优秀成果，继续为新时代改革开放的伟大事业提供思想和理论滋养。近年来，我们在选目方面更关注了非西方世界的经典作品，重在向世人展示文明与文化发展的多样性，展示世界各国人民为人类文明发展做出的贡献。这是这个伟大时代赋予我们的伟大使命，也是一个新时代的标志。

"汉译名著"的出版已经拥有了一百余年的光荣传统，已经成为我国现代出版史上规模最大、最为重要的学术翻译工程，它是学术界和出版人共同的荣耀，也离不开广大读者的支持与厚爱。在此我们必须向一代代学人、一代代出版人和一代代读者致以崇高的敬意！同时也寄望新时代的学人和出版人勇敢地肩负起新时代的重任，在中华民族伟大复兴的道路上，坚定文化自信，为中国特色社会主义文化建设砥砺前行。"汉译名著"以自己的实践和成就再次证明并将永远证明，一个自信的民族是从不惮于接触外来的思想和文化的，它会在与外来思想文化的碰撞和融汇中结出自己的果实。

　　"汉译名著"将继续承担以出版为津梁沟通世界的使命。这是商务人代代相传的事业，更是与国家和民族的命运始终紧密相连的事业。我们必须做好我们这代人的传承和创造，为此，才能不负前贤，无愧来者。

"一带一路"：新学问与新出版

"一带一路"研究正在成为一门新的学问，这是人类社会发展的时代之需，也是中国特色社会主义文化建设之需。人类社会发展的复杂性，以及面临的众多问题，引起了人们更多的忧虑和更多的思考，思考问题的解决之道和人类社会的发展之道。这是一个方面。另一方面，知识为人类所共创和共享，人类拥有共同的知识体系，但每个国家也都有自己独特的文化，其中学术文化代表着一国文化之高度。中国特色社会主义文化，除了包含人类共有的知识体系之外，其独特之处应该包含中国独特的历史文明发展轨迹，中国独特的现代化之路，即中国特色社会主义伟大实践，以及新时期中国对人类命运和社会发展的独特理解，即独特的世界观和价值观。"一带一路"研究可谓恰逢其时，它成为这个时代中国人对世界的独特理解，对解决人类面临问题提供了我国自己的方法，彰显出中国人独特的世界观、价值观以及对社会发展之道的理解，它将成为人类共融、共享、共同发展的一种新理念性文化。

"一带一路"研究作为一门新学问，其基础一是丝绸之路这一历史传统的情感记忆；二是对人类共同命运的现实关照。"一带一路"研究是一门新的综合性学问。它与其他学问的不同，表现在既注重知识性和学理性，又重视将这些学理转化为社会实践。

对这一话题感兴趣的人、研究它的人，以及从事这个行动的人，包括学者、政府官员、企业家和媒体人等，他们不仅仅是看客，不仅仅是研究者，还是其中的建设者和参与者。另外，这门学问与别的学问的不同，还表现在它既注重于理论研究和文化建设，更注重社会和经济发展实践，把人类共同命运的主张落到实处。

所有的学问研究都离不开出版，无论是学术研究成果还是企业发展的实践总结，都依赖出版的整理与传播。"一带一路"出版是当前中国规模最大的主题出版之一。其学术思想和文化产品，不仅是当代中国文明和知识体系的重要组成部分，未来也会随着该倡议在沿线国家的落地和实践，而成为世界文明和知识体系的重要组成部分。

商务印书馆着眼"一带一路"文化建设，首先立足于自身的出版资源和出版传统。我们始终秉承"昌明教育　开启民智"的使命，抱持用思想推动社会进步的出版理念。拥有百余年传统的"汉译世界学术名著丛书"，代表着人类文明开启以来各个时代、不同民族的思想精华，对中国各行各业的人才精英起到了思想启蒙和文化熏陶的作用；在新的历史时期，"汉译世界学术名著丛书"重衔使命，顺应文明交流与互鉴，倡导文明与文化多样性，以及人类命运共同体等新理念，顺应新的国家之需和时代之需，在继承传统的同时，加大"一带一路"沿线国家和民族学术经典的引进和翻译力度，例如历史类就收录了《印卡王室述评》《治国策》《东南亚的贸易时代》《琉璃宫史》等；哲学类著作收录了体现古波斯文化的《阿维斯塔》和《卡布斯教诲录》，体现印度教哲学的经典文献《奥义书》《薄伽梵歌》《示教千则》等。同样拥有百余年传统的工具书出版，在新时期则推出了包括《印地语词典》

《普什图语汉语词典》《阿拉伯语汉语词典》《波斯语汉语词典》《汉语拉脱维亚语大词典》《僧伽罗语汉语词典》等"一带一路"沿线国家的词典和工具书。

然后，对于"一带一路"沿线国家的历史和文化以及与中国关系的研究，注重译介最新的研究成果和文化知识的普及，旨在探讨和追寻"一带一路"倡议的理论依据和文化基础。出版了诸如《印度与世界文明》《伊朗文化及其对世界的影响》《文明的十字路口：奥斯曼帝国的兴衰》《古代波斯诸帝国》《古代美索不达米亚诸帝国》《阿拉伯通史》《中东国家通史》《阿拉伯伊斯兰文化史》《爪哇史颂》等；出版了《波斯经典文库》《阿拉伯伊斯兰经典文库》《丝瓷之路博览》《欧亚备要》等丛书。

关于"一带一路"研究本身，我们的图书出版分三个层次。

其一，以学术研究为基础和根本，重学理阐释，重理念传播。出版了诸如《世界是通的："一带一路"的逻辑》《"一带一路"战略研究》《"一带一路"引领包容性全球化》等。荣获2016"中国好书"的《世界是通的："一带一路"的逻辑》，采用理论阐述与案例分析相结合的方式，从大历史、大未来来理解"一带一路"的逻辑，即从人类文明史与全球化反思角度，分十章深入浅出地阐述了"一带一路"时代的全球化、文明、战略、经济、政治、外交逻辑，以"世界是通的"智慧超越了"世界是平的"思维，揭示了"一带一路"倡议所展示的中国智慧与世界智慧，堪称21世纪新全球化宣言。《"一带一路"战略研究》力图从经济全球化角度，构建"一带一路"的理论基础，认为"一带一路"是经济全球化深入发展、世界经济格局变化以及中国自身发展模式转变共同作用的结果。从这个角度看，"一带一路"建设是"丝路精神"与经济全球化理念的有机结合，是开创包容性全球化道路的一种尝试。《"一带一路"：引领包容性全球化》则是更具体、更详细的专题阐述。进一步发展"包容性全球化"的理论概念，探究"一带一路"建设之"道"。在挖掘"丝路精神"的基础上，回顾经济全球拓展的历史过程，分析经济全球化出现的背景及其对全球发展格局的影响。探讨"一带一路"倡议提出的宏观背景，结合"一带一路"国际合作高峰论坛的成果，阐释"一带一路"建设的核心理念（即包容性全球化），讨论"一带一路"建设的若干重大问题。提出中国经济的高速发展得益于经济全球化，需要为维护经济全球化的成果、发展经济全球化的机制做出更大的贡献。包容性全球化的倡议，是探索推进全球化健康发展的尝试，既符合中国"走出去"的需要，也是让全球化惠及更多国家和地区的需要。国家要在全球化中发挥作用，更多的国家拥有良好的基础设施及发展机会，道路选择的多元性，不同发展道路和模式的对接，将成为有利和重要条件。本着"开放包容"和"平等互利"的建设理念，不划小圈子、不搞"一言堂"，秉持开放的态度，欢迎所有愿意参与的国家或地区平等地参与。以"共商、共建、共享"为原则，"一带一路"特别强调共同发展、共同繁荣等。奉行"和而不同"的文化观念，在维护文化多元性的基础上共谋发展、共求繁荣、共享和平，是大多数国家的共同愿望。

其二，汇集企业实践研究成果，向更多人传播"一带一路"理念的同时，让更多人分享"一带一路"的实践研究成果，进而去推进"一带一路"建设。《"一带一路"年度报告：从愿景到行动（2016）》《"一带一路"年度报告：行者智见（2017）》《"一带一路"年度报告：智慧对接（2018）》《"一带一路"年度报告：

企业践行（2019）》《全球商业共同体：中国企业共建"一带一路"的战略与行动》《"一带一路"建设进展第三方评估报告（2013—2018年）》《新世纪海上丝绸之路：东南亚发展与区域合作》等。

其三，资料与知识工具型研究成果，旨在为推进企业实践和文化建设提供咨询服务。从2015年开始，我们先后出版了《数说"一带一路"》《"一带一路"大数据报告（2016）》《"一带一路"大数据报告（2017）》《"一带一路"大数据报告（2018）》《"一带一路"沿线国家语言国情手册》《"一带一路"沿线国家职业教育概览》《"一带一路"沿线国家五通指数报告》《读懂"一带一路"蓝图》《共建绿色丝绸之路：资源环境基础与社会经济背景》等。

积极推动"一带一路"图书走出去，是推动中国文化国际传播力和影响力的重要方面，是讲好中国故事，传播好中国声音的重要题材。商务印书馆在这方面也在不遗余力地努力着，并取得了初步的成果。其中《世界是通的："一带一路"的逻辑》已经与国外出版机构签约英语、阿拉伯语、保加利亚语、蒙古语、土耳其语、俄语、乌兹别克语和印地语八个语种的出版合同；《"一带一路"引领包容性全球化》签约英语版、法语版和阿尔巴尼亚语版；《世界遗产视野下的"一带一路"》签约阿拉伯语版；《读懂"一带一路"蓝图》签约乌兹别克语版；《数说"一带一路"》签约韩语版等。其中《"一带一路"：引领包容性全球化》英文版发布会，在2019北京国际图书博览会期间隆重举行，该书由世界著名学术出版机构英国卢德里奇出版公司出版。

我们出版"一带一路"图书，着力"一带一路"文化建设，既看重当代学者的文化视角和研究成果，也看重企业的生产经营实践，既看重理论研究的学术性，综合研究的基础性和工具性，也看重企业生产经营的实践性。我们出版推广"一带一路"的学术研究成果，就是要向更多的人传播"一带一路"的理念，让更多的人分享"一带一路"的研究成果，进而去推进"一带一路"建设。

"一带一路"，文化铺路，文化建设必将为"一带一路"总体建设打下良好的基础，文化交流与交融，从心开始，打开心灵之窗是打开共创共享、共荣共通之路的关键所在。"一带一路"是一门正在兴起的大学问，这门大学问与实践同行，在实践中发展，又反过来有效地指导实践。这门大学问是综合性的，是复杂的，是关乎新全球化和人类共同命运的，因此是值得我们认真研究的，也是我们必须认真研究的。同时，这门新学问也必将为我们的新出版带来新活力。

连接中国与世界的万里长桥

　　《钱锺书手稿集·外文笔记》是国家新闻出版广电总局立项，国家出版基金资助，由商务印书馆承担的一项标志性出版工程。该项目出版钱锺书先生的外文笔记手稿，这些手稿由杨绛先生妥善保存至今，其书写时间从 20 世纪 30 年代至 90 年代，数量惊人、内容丰富。

　　原稿约 35000 多页，订成了 211 本，共分 48 册，另附总索引一册。这套书是钱先生循序攻读英语、法语、德语、意大利语、西班牙语、拉丁语、希腊语等七种语言的历代书籍所做的笔记。所涉及的题材包括哲学、语言学、文学、心理学等各个领域，涉及外国作家 260 余位，外国图书期刊 4000 余种。

　　外文笔记不仅是钱锺书先生读书治学的重要资料，也是至今罕见的现代学术大师治学研究方面保存完整的珍贵史料。这次出版使这批珍贵资料得到面世良机，对学术界具有非凡的意义。商务印书馆充分利用这次难得的机会，担当起大师与读者沟通的桥梁，做了大量准备工作，自立项之初便聘用专人、购置专门的设备，对手稿进行仔细的扫描，在编校过程中更是针对原稿反复核对，力求做到完整再现。同时外文笔记并未止步于简单的影印出版，而是重新整理和编目，极大地提升了其使用价值。应该说这是出版史、编辑史上难度最大的编辑工程之一，它不仅是对编辑技能的培养，而且对工匠精神的锤炼都大有益处。

2012 年杨绛先生请来通晓多国语言的德国汉学家莫芝宜佳博士和她的丈夫莫律祺先生共同承担起这项艰巨的任务，他们曾先后三次来到北京查阅笔记手稿，回国后又借助网络为编辑答疑解难，经过四年的不懈努力，他们不仅将全部笔记按时代先后重新编次，还为全书各集笔记撰写中、英、德三种文字的序言，编订了详细的目录和文字，审订了分集索引和总索引。可以说，《钱锺书手稿集》中《外文笔记》是体量最大、出版难度最高的部分。

随着外文笔记的推出，共计 72 卷的《钱锺书手稿集》也全部出齐。我馆 15 年如一日坚持出版钱先生的全部读书笔记，这是对商务印书馆近 120 年来"昌明教育　开启民智"使命的接续，也是对新时期"服务教育　引领学术　担当文化　激动潮流"宗旨的践行。《钱锺书手稿集·外文笔记》必将对中国文化走向世界贡献出积极的力量。

莫教授称赞它像一座万里长桥，把中国和世界连在一起，外文笔记所展示的对中外文化的理解和尊重，将在跨越国界的高度，对世界文明交流突显出非同寻常的意义，将前辈学者的智慧和心血凝结成文化桥梁，必将在国际文化交流中焕发出自身的光彩。在文明交流与互鉴的新形势下，时代呼唤着像钱先生这样通晓世界的人才，中华民族伟大复兴注定会为人类文明做出更多更大的贡献，而通晓世界的人才同样是不可或缺的，但缺少这样的优秀人才是我们目前最大的短板之一。

在大力倡导全民阅读的今天，《钱锺书手稿集》的出版更具有了新的意义，它是传承爱读书、好读书精神的起点，对激励后辈学者不断探索钻研，可以说是一种鞭策。因此，也是建立文化

强国的一块基石。正如著名学者陆谷孙先生所说，出版钱先生的
外文笔记，对后学热爱读书和读书方法方面的启示，也是巨大的。
钱先生为我们树立了兼通中西、融通中外的榜样，希望中国能够
涌现出更多的"世界通"。

　　《钱锺书手稿集·外文笔记》之所以有今天的成果，我们要
感谢社会各界对商务印书馆的大力支持，最要感谢的是杨绛先生，
她以百岁高龄坚持出版《钱锺书手稿集》，竭尽全力，令人敬佩不已。
杨先生把全部手稿交给商务印书馆，是对我们最大的信任和鼓励。
我们要感谢莫芝宜佳博士和莫律祺先生多年来付出的辛勤劳动和
智慧，同时非常感谢清华大学在这项工作中给予我们极大的帮助。
国家出版基金对我们的襄助也是我们要非常感谢的，因为这样一
部非常大、工作非常繁琐的出版工程前期投入的成本非常高，后
来国家出版基金给予了资助以后，这个项目可以说是不断地提速，
才能在今天如期如愿出版。商务印书馆也将以不懈的努力，源源
不断的精品回报社会各界一如既往的支持与深爱。

拥抱晨曦　迎接天明

2018 年 5 月 10 日，杨振宁先生和翁帆女士新作《晨曦集》发布会在清华大学隆重举行。我代表商务印书馆，对在百忙之中前来参加我们的新书发布会的各位嘉宾表示感谢！特别感谢杨振宁先生与翁帆女士将他们的合作成果《晨曦集》交由商务印书馆出版！

《晨曦集》是杨振宁先生在九五华诞之际完成的一部珍贵的书稿，他将这部书稿托予有着 120 年历史的商务印书馆来付梓，这其中也传达了先生与商务之间一种深深的契合与认同。先生在书中说，现在曙光已转为晨曦，"看样子如果运气好的话，我自己都可能看到天大亮！"这令我想起在商务印书馆八十华诞时，叶圣陶先生所献祝词"日新无已，望如朝曙"。百年华诞时，陈原先生把它辑录到馆歌中，他勉励商务"要努力啊，要像早上初升的太阳那样努力，去迎接天天出现的世界新事物"。以这样的精神，商务印书馆走过了 120 年的奋斗历程，如今依然奋发向上。《晨曦集》正是表达了同样的积极奋进和乐观旷达的情怀。正如翁帆女士在"后记"中所阐述的：杨先生很喜欢"晨曦集"这个名字，因为它"寄托了先生一生的期望"。

《晨曦集》反映了一代科学巨擘的治学心迹与家国情怀，也是一部了解先生近期思想和心路历程的重要著作。其中既有他放弃美国国籍的声明，也有关于加速器、高能物理等热点问题的专论，还有近期科学史研究的代表性文章，兼及研究生培养等多方面的社会议题，这些题目都反映了当今世界最先进、最前沿、最高端、最新鲜的思想、哲学和科学境界。这本书中展现出来的先生，正是一个站在人类精神和科学探索的前沿，奋力迎接光明的、温暖而热情的形象。

清华大学曾送给杨先生一个生日礼物，上面刻有他在场论、粒子物理、统计物理和凝聚态物理四个领域的 13 项重大贡献，这些贡献不是局部的，而是改变了整个物理学的前沿，是划时代的和革命性的。有人认为，先生是 20 世纪以来，物理学史上紧随爱因斯坦之后的世界级物理学大师，这并非谬赞。而更让我感动的，是先生在物理学和数学研究中感受到的美，先生说，"那是一种庄严感、神圣感，一种初窥宇宙奥秘的畏惧感。物理学家从中体会到的美，我想正是筹建哥特式教堂的建筑师们所要歌颂的崇高美、灵魂美——最终极的美"。先生的这种体验，是一种在科学追求中所获得的，超越了宗教境界的审美体验，是美的极致。

杨先生对中国科学界发展的关注、对后学的提携和对科学普及的关切，也深深地打动了我。实际上，"物理学的巨大成就仅仅是杨先生的一半，另外一半是他的中国情怀，两者互为表里，关系密不可分"。杨先生的爱国，是爱到骨子里的，而且是一贯的、永远不变的。就在几年前，我们在这栋大楼里，拜会了杨先生、翁女士。记得他当时说到，现在有的年轻人为找不到工作担心，其实有什么可担心的呢，撰写科学普及图书，做科学普及工作，就是很好的机会呀，我们的国家太缺少这样的好书，太缺少有能力的人来做这项工作了！在这一点上，先生的拳拳之心、殷殷之情与商务印书馆致力于"昌明教育　开启民智"的使命再一次达到契合。

120余年来，商务印书馆始终致力于用先进的知识、思想观念和科学技术推动社会进步，在此过程中，我们幸运地始终有学界相伴，商务与学界早已结成了风雨同舟、荣辱与共的血肉关系。与清华的历史渊源就是其中一例。就在近些年我们合作出版了规模浩大的《钱锺书手稿集》（72卷），在新图书馆开设了服务清华师生的阅读体验店——邺架轩等。今天《晨曦集》的出版，又为两家关系增添了新的色彩。近期，商务将启动一项出版计划，出版最具代表性的十个领域中最顶级的十位大家的传记。我们十分荣幸也非常骄傲地宣布，《杨振宁传》将作为中国人物传记的第一部。

晨曦载曜含辉，光照大地万物。它的巨大能量，让我们震撼，让我们欢欣，让我们期待。让我把商务百岁颂歌中的一句送给先生："森森兮千丈之松，矫矫兮云中之龙。言满天下兮，百龄之躬！"并期待先生百龄之际，我们能够再出新著来贺！

历史是谁书写的，又为谁书写？

2017年4月20日，《战败者见闻录》新书发布会在墨西哥驻中国大使馆举行，墨西哥驻华大使及其他拉丁美洲国家驻华大使参加了发布会。

2017年是中国与墨西哥建交45周年，在此之际，商务印书馆有幸与墨西哥驻华使馆、墨西哥国立自治大学墨西哥研究中心一起举办《战败者见闻录》新书发布会，具有特别的意义。为此要特别感谢墨西哥驻华使馆和墨西哥国立自治大学，还要特别感谢本书的译者孙家堃老师和黎妮老师。

人们常说，历史是由胜利者书写的。关于16世纪地理大发现之后欧洲殖民者对新大陆的征服活动，不少历史学家撰写了诸多著作，其中最有名的诸如《印卡王室述评》《西印度毁灭述略》《征服新西班牙信史》《秘鲁征服史》等，这些书均已翻译成中文并在我馆出版。这些作品无一例外都是从征服者的角度书写的。多年以来，我们很少听到被征服者的声音，也无从了解他们对征服的看法。

早在1989年商务印书馆出版《征服新西班牙信史》中文版之际，时任墨西哥驻华大使豪尔赫·爱德华多·纳瓦雷特先生就曾经说过："《征服新西班牙信史》是从征服者的角度写的，其他一些作者则从被征服的角度写了不同的书，也许有朝一日，那些由印第安史学家撰写的有关墨西哥征服史的另一面，也能介绍过来，以飨中国读者。"今天，就是大使先生说的"有朝一日"。作为出版社，我们何其有幸，能够在20多年后的今天，翻译出版由印第安史学家米格尔·雷昂－波尔蒂利亚选编的、有关拉丁美洲（而不仅仅是墨西哥）征服的原始文献——《战败者见闻录》。

米格尔·雷昂－波尔蒂利亚是墨西哥著名历史学家，曾荣获墨西哥参议院颁发的"贝利萨里奥·多明克斯"荣誉勋章、墨西哥国家文化艺术委员会及墨西哥国家人类学和历史学院颁发的"雄鹰骑士"勋章等。《战败者见闻录》共印刷29次，被翻译成15种外国语言。《战败者见闻录》记载了阿兹特克王朝的毁灭和印第安族群反抗侵略者的不屈斗争经历。该书由《战败者的见闻》和《战败者的见证》两部分构成，前者收录了印第安人对征服的论述，后者收录了墨西卡人、玛雅人和克丘阿人对征服的回忆。在我看来，本书的出版除了提供了翔实珍贵的史料和反映了印第安人的风土文化的学术价值之外，还具有其他特别重要的意义。

其一是为中墨乃至中国与拉美的文化交流谱写了新的篇章。

2017年，恰逢商务印书馆创立120周年。120年来，商务印书馆秉承"昌明教育　开启民智"的理念，一直致力于移译西学、沟通中外，历年来翻译出版了许多西方经典学术著作。但在这些作品中，涉及拉丁美洲的图书屈指可数，主要是欧洲殖民者书写的关于征服的记述。而此次《战败者见闻录》的出版，可谓是填补空白之举，也为中墨乃至中拉文化交流谱写了新篇章，它将激励我们更多地引进翻译墨西哥和其他拉美国家的经典学术著作，为中墨和中拉文化交流做出更大的贡献。

其二是这部著作的出版将给人类以警示。

　　我是学历史的，我读过古罗马将军恺撒的《高卢战记》，它记录的是强盛的罗马对所谓的蛮族的征服，展现的是胜利者的姿态。纵观人类文明史，我们不难发现，胜利者通常把胜利的果实转化成所谓的文明的印迹，这只是所谓的文明光鲜的一面，只具有一种味道；但在光鲜的一面的背面，却是文明的另一面，即粗糙的一面，带有苦涩甚至血泪的一面。《战败者见闻录》就让我们尝到了这种苦涩的滋味。这种苦涩的滋味给人以警示，让人反思，让人反思至今仍伴随战火的文明。

　　正如米格尔·雷昂-波尔蒂利亚教授在书中提到的那样，我们今天再次重温当年的历史，"不是为了煽动已逝的仇恨，而是为了深入了解印第安人和西班牙人相遇后必定诞生的拉丁美洲的那一关键时刻。因为，既然征服的创伤已经深深地印在了我们很多人的心里，那么，自觉研究那些不可能抹去的事实，正是为了巩固人类自身存在，并净化人类的情感"。

　　其三是催人奋进，在深刻理解世界历史进程和人类共同命运的基础上，加快关于人类命运共同体的思想性阐释和学理性建设，这是中国当代学人和出版人应有的责任意识。2017 年，商务印书馆还出版了智利著名诗人贡萨洛·罗哈斯的诗选《太阳是唯一的种子》，纪念他诞辰 100 周年。罗哈斯是拉美诗坛的旗手，一生获奖无数，包括久负盛名的塞万提斯文学奖。他曾多次来中国，受到周恩来总理的接见，是智利与中国文化交流的使者。

　　人类的所谓文明是共创共享的，过去是这样，现在是这样，将来也一定还是这样。人类命运共同体应该上升到人类的信仰，这是人类存在和发展的前提和奥秘。

家书非仅关家事

根据一般认知，《寄父家书》看书名就知道，这并非一部商务印书馆的典型出版物，为什么要出版这样一部书信集呢？而且不但出版了，还为显示其重要性，于2018年11月14日召开了出版座谈会。这部《寄父家书》，说普通很普通，说不普通很不普通。说普通，就是在一般人看来，它就是一位普通学子写给同样普通父亲的信；说不普通，就是在商务印书馆看来，它记录了一位学者的成长之路，反映了两代人的思想交流，商务印书馆很看重知识和知识分子，很看重学术和学术人生。一位学术名家的成长之路，不仅是学术传承和学术创新可资借鉴的宝贵财富，家书所涉及非家事，即便是个人之事和家庭之事，其意义也超越个人和家庭，成为从个人成长和家庭变迁视角所反映的社会史和民族史。

邢福义教授是著名语言学家，主要从事汉语语法学研究，是"二十世纪现代汉语语法八大家"之一，发表文章数百篇，出版各类学术著作、教材数十种，在语言学界有重要的学术影响和较高的学术地位。邢先生是商务印书馆的老朋友、好朋友，在商务出版了《汉语复句研究》《语法问题献疑集》《汉语语法学（修订本）》《词类辨难》《汉语语法三百问》等重要的学术著作，其中《汉语语法学》等还实现英文版、俄文版版权输出，产生了重要的国际影响。他领衔语法学界专家撰写的"全球华语语法研究"项目也将在我馆出版。邢教授还受聘担任我馆语言学出版基金评审委员会的评审委员，《中国语言生活状况报告》审订，《全球华语词典》《全球华语大词典》学术顾问等，为我馆图书学术质量把关，贡献才识智慧。在此，我们要对邢先生表示崇高的敬意和衷心的感谢！

邢先生这本《寄父家书》，收录了他 1955 年至 1991 年间寄给父亲的两百多封书信。先生从 1952 年外出求学，32 年之后第一次回乡省亲才与父亲重逢。之后先生又返乡四次，遗憾的是后两次返乡时父亲已经离世。短暂的几次见面，并不影响他们的父子情深。正所谓"尺短情长"，先生写给父亲的每封信都饱含深情，描述自己学习、工作、生活中的点点滴滴，倾诉自己在人生成长过程中的每一个烦恼，分享自己在学术进步上的每一份成绩。

该书不仅记录了邢先生的人生经历，更重要的是，它还勾勒了作者从青年学子到学术名家的成长之路，先生在学术道路上前进的每一步，都有其父亲的默默支持。先生写的第一篇儿童文学作品《小公鸡和小麻雀》、第一篇语言学论文《动词中的两动动词》，在《中国语文》发表的处女作《动词作定语要带"的"字》，都第一时间寄给父亲，之后发表的每篇文章、出版的每本书，都会及时寄给父亲听取意见，还在信中与父亲讨论"不亦乐乎"与"无亦乐乎"等问题，虚心接受父亲提出的建议。几十年来，先生一直在紧张地"赶路"，追求专业钻研上的进展，他在给父亲的信中常常警醒自己："嫩芽是否能变成华茂的大树，船儿是否能驶到遥远的目的地，得靠嫩芽和船儿的不断努力。""'学海无边苦做舟。'苦做行舟，千难万险都不怕。我一定努力学习，刻苦研究，敢于去攀登科学的最高峰！"相信邢先生的这本书，对青年学子如何做人，如何做好学问，都会有所启迪。对于学术名家，出版代表他们学术研究成果的得意之作固然重要，也是我们义不容辞的责任，把他们的学术思想、人生经历和治学与生活感悟，以适当的方式记录下来，传至后代，也是有意义和价值的，这些与他们的科研成果一样，都是宝贵的财富。

说到邢福义先生这本书，我在很早选题立项时就很期待，像《寄父家书》讲的事情，我小时候也都或多或少地有所体验，书信当中体现的家国情怀、家风家教等，这自不必说。我是学历史背景出身，更看重一个家庭父子两代跨越长时间书信往来，它记录的是老百姓的生活史、社会生活史，从这个层面反映出来的是中国社会史。我们现在的历史著作都是鸿篇巨著，有的还真让人摸不着头脑，不如现在倡导的"小切口，大时代"，通过一个个小的点来反映大的背景。小的东西好是因为什么？因为它精致、细致，最重要的是真实，有真情实感，透过这个再让人回味一个个的时代、一个个的社会，领悟其特征与精神，这对人的成长有非常大的帮助。我作为一个学历史的人，也许是学历史人的职业习惯，看什么东西都习惯于先往后看，再往前看，先从小到大看，再从大（整体）往小（局部）看。

学术名家的学术成果固然对中国的学术和思想文化建设具有重大的贡献，学者们的学术经历乃至人生经历以及所体现出来的精神追求，更成为我们文化积淀的财富。近几年来，我们开始有意识地出版这类的作品，它们稍显"另类"，因为它们不是商务印书馆传统的严肃的学术图书，而是类似于各个领域名家的随笔、口述史。例如率先出版的法学家们的学术随笔，没想到很快就重印了。这可能有两方面的因素，一是法律圈的学生们从先辈们治学的方法、态度、精神受到的感动，还有一个是每位先生能写出这样的东西，都有很丰富的人生经历和感悟，这种精神是超出于学界之外的。紧随其后，我们又出版了历史学家和哲学家等的学术随笔集，都受到好评。

我们还举办商务印书馆"名家大讲堂"。第一讲是一个偶然的机会，我拜访厉以宁先生，跟他谈书稿和出版计划，厉先生说："不用谈书稿，书稿的事你们定。"然后，就跟我聊别的事情，聊着聊着就聊到他的管理思想。我也没想到，我说您的经济学思想有论文和图书出版，管理学的思想也需要广泛传播，他随口说了一句："我去你们那儿讲。"我一听真是喜出望外，然后就约定时间来讲了。厉先生讲了一个小时，加上提问，一个半小时，八十六七岁高龄，讲的东西看起来随意，但却是真知灼见，是思想精髓。我们整理出来，加上字幕和知识框，就形成了很好的视频课程，放在我们的人文社科知识服务平台上广泛传播。我们还邀请新加坡著名学者周清海先生做了一期讲座，效果也很好，还做了他的学术人生短片。

我觉得这些先生们的学术思想通过正规严肃的学术著作的方式传播是一方面，通过其他的方式传播也很好。我们也非常希望语言学界的大家名家，都能来我们的"名家大讲堂"，像邢先生这样讲语法，很专很细也没问题，但我们相信能够通过很专很细的学术问题，讲出很有趣的东西，让一般人能够理解，让一般人从中也能够受到感动和启迪。名家大家的学养和成就，决定了无论他们讲什么内容，都会对后学有所启发。人生有涯而学无涯，传播知识、启迪智慧的方式与方法也需要丰富多彩。

水墨丝竹再相识

　　我与严克勤先生相识，缘于全国文化名家暨宣传文化系统"四个一批"人才工程，我们是"批友"，他做电视，我搞出版，一起学习、一起开会、一起考察。但相知则源自于看似完全不相干的爱好：他爱艺术，我爱学术；他痴迷于水墨丹青，我钟情于古典文明。对于艺术，我绝对属"文盲"一类，从小画圆不圆、画方难方，所以对艺术家有着天然的崇拜，对艺术作品有着天然的神秘感。以我这等艺术"文盲"，本与克勤先生难有共同语言，但我的古代美索不达米亚文明研究让他同样有着某种神秘感，苏美尔人、巴比伦人和亚述人的伟大艺术创造，成为我与他交流艺术话题的唯一"资本"，因为除此之外我再也说不出关于艺术尤其是中国传统绘画艺术的哪怕点滴话语了。就是这么一点爱好的"交集"，当然还有新闻与出版的天然"兄弟"关系，使我们越走越近。然而，真正让我们保持亲近且持久关系的，还是我们在艺术内外的思想相通、性情相投。他作为艺术家对于艺术的见解，与我作为外行对艺术的浮观，竟时有妙合之处。在这里不是内外有别，而是里应外合：他居里，我于外。他赠予我的代表绘画艺术最高成就的人美版的"大红袍"作品集以及他关于紫砂和明式家具的论道，让我产生这种感觉；这本《味绿居闲话》让我的这种感觉愈益强烈。

可以说，通过水墨丝竹、诗书画乐，我再一次认识了克勤先生。他是绘画艺术名家，集诗书画于一身；紫砂壶、明式家具和扇子等中国传统艺术的研究者、鉴赏家和收藏家；他还酷爱音乐，对音乐如醉如痴。2011 年我们一起随"四个一批"人才赴美学习、考察文化产业。在二十余天的时间里，我们在哥伦比亚大学上课，考察《洛杉矶时报》《华盛顿邮报》和大都会歌剧院等，其中也包括参观纽约大都会艺术博物馆。在大都会博物馆，我们只有短短两个小时的时间，我全部花在了巴比伦和亚述文物馆，克勤先生则一直陪伴着我，人类最早期文明的伟大创造也同样深深吸引着他。离开大都会博物馆，我便如约到香港商务印书馆在纽约开办的东方书店考察，没想到克勤先生竟愿意陪我一同前往，作为出版的"局外人"，他同样对图书的文化传播感兴趣，这让我深受感动。

正是在纽约的东方书店，我第一次见识了克勤先生的艺术品鉴力，具体说是他在紫砂和砚台方面给我露了一手儿。在 20 世纪七八十年代，东方书店曾引进一批紫砂壶和砚台，我们去的时候还剩下几把壶和几方砚台摆在不太起眼的位置。不起眼的摆放也没有逃过他的眼光，他很快叫我一同过来，他一把壶一把壶地端起来审视，我也忍不住拿起了一把颜色和形状我都喜欢的，并让他把关。这把壶吸引我的是它不似传统的紫色，而是宝石蓝色。他接过壶翻过来掉过去仔细端详，最后把目光聚在了壶底的落款上，跟我说："你中彩了，赶紧买下，这是紫砂壶名家何道洪的作品，你可以上网查一下。"我随即上网一查，果然第一幅图片便与眼前的这把壶一模一样。至于架子上摆放的几方砚台，他说也有可以挑选的，有一方竹子造型的砚台我甚喜欢，但碍于太重不方便携带只得作罢，回国后很长时间还心心念之，后有机会托人购买，惜已被买走了。借着紫砂壶和砚台的兴，克勤先生不无得意地跟我炫耀说，几天前他还在纽约的旧货跳蚤市场上，淘到了一把日本宫廷用的艺术折扇。这把古旧扇子看起来不起眼，不惹人注意，只有他这般行家里手才能识得。

　　见识克勤先生的绘画艺术造诣，是在中国美术馆举办的严克勤水墨画展，我受邀冒充艺术爱好者临场。说实话，对于绘画我真的是一窍不通，对于技法和画派什么的，一点儿也说不出来。本来是不愿意到艺术家堆里露怯的，但朋友之邀不能不去捧场，反正静静地看不露声色就罢了。不露声色就不会露马脚吧？我抱定这样的想法。可是到了展览现场，我发现我错了，面对克勤先生的一幅幅画作，不出声即不发表任何评论是可以通过克制而做到的（作为外行就算有所感受也不敢造次乱说呀），但不露色却是无论如何也无法做到的。我虽没有用笔、着墨、深浅、繁简、结构和留白等技术眼光，但一幅幅画作呈现的意境和意念却不时叩击着我的心灵，它们仿佛呼应着我从非艺术的角度和领域对世界的理解。

　　古往今来曰世，宇宙纵横为界。世为人世，界为人寰。在我看来，世界乃人类所创设，又为人类所预设。世界是彼在，而非此在。世界只存在于远离自己的地方，人一旦抵达，世界便不复存在。当我们说"世界那么大，我想去看看"时，我们心向往之的是远方。当我们抵达远方的巴黎时，巴黎已不再是世界，巴黎只是巴黎。当我们在巴黎说"世界那么大，我想去看看"时，巴黎已不在其中，这时的世界指的是远离巴黎的地方。当我们到达远离巴黎的纽约时，纽约也已不再是世界，纽约只是纽约。世界是所有地方，世界不是任何地方。世界是一种虚幻的存在，似有却无，说无还有。

于我而言，艺术就是以自己的方式表现和传达世界，其表现和传达之妙，必在虚实之间，有无之间。水墨画所描绘的意境和传递的意念，就是虚幻的存在，其美恰在虚实之间，在有无之间。它的美不只在于画作本身，更在于画外留给人甚至激发人生出无限的想象。这种美一旦在心灵中产生激荡，其想象便在远离画作之后仍能持续，并时时在脑海中形成一个个幻象。克勤先生的水墨画不仅把我带入了一个个的想象中，而且我脑海中甚至时而浮现出他在其得意的味绿居执笔作画的神情和仪态，那是我似曾熟悉的神情和仪态，又绝对是陌生的神情和仪态。作为普通的"艺术盲"，大凡具有心灵共鸣的水墨画，不仅让我有怦然心动的感觉，还会让我有想看又不敢多看的时刻，好像多看一眼便把它看跑了似的，或者准确一点儿说是，多看一眼便把它看实了。而看实了，虚幻的意境便被破坏了。这不禁让我想起周敦颐的爱莲名句"可远观而不可亵玩焉"，以及韩愈诗名句"草色遥看近却无"所传达的意境。其实，很多艺术形式都是如此，其美就在虚实之间，给人以想象的空间与余地，多一分则满而滞思，少一分则空而乏据。生活之美在于度，源于生活、超越生活的艺术，其美同样在度上。诚如《味绿居闲话》中所引一句戏谚所云："艺多了傻，术多了假。"克勤先生在观看实景版《牡丹亭》之《游园惊梦》时的感慨就是，"仿佛在梦境与现实中穿梭，似梦还真"。

以我完全不懂艺术的外行角度看，伟大的艺术家与普通画匠的分野，不在于所谓的技艺，而在于思想，即对自然世界的深刻理解和对人类命运的深切关怀。克勤先生水墨画所达到的境界，与其学问之气和踏遍山水之风是密切相关的。尽管在美术界他被称为是某一派某一方面的代表人物之一，而一般的社会经验告诉我，这通常标志着很高的"江湖"地位，但任何艺术圈内的评价对于我这个艺术门外汉而言，都没有任何意义。我对于他艺术成就的理解仅限于他对艺术的态度和他对艺术的洞见，以及为艺术的灵感而亲近自然与社会的追求。这与我个人在出版和学术领域的追求，颇有几分相似之处，我也常能从他那里得到启发和鼓励。他对艺术的态度，诚如他自己所言："绘画阴差阳错未能成为职业的选择，却成为我人生的一种态度；不是我社会角色的全部，却是我生活中'不可须臾离'的一个重要部分。"一个"不可须臾离"虽比不上其他豪言壮语之重，却真实而毫不逊色地道出了绘画对于他生命的意义。

　　几乎所有西方古典哲学家，其哲学研究都离不开语言、历史和艺术，文史哲不分家，其根本在于它们研究的核心都是人，它们努力揭示的都是人性。在古典哲学家看来，任何事物都是双重性的存在，即艺术存在和精神存在。所谓的艺术存在，指的是物质存在，物质是看得见摸得着的东西，是人创造的结果，"人造的"就是艺术的，这是"艺术"（Art）一词的本来意义，与其对应的是"自然"（Nature）。很多人包括一些艺术家认为，艺术的价值在于审美，而在大哲学家尼采看来，世界上无所谓美，美来自于人自身，只有人是美的；世界上也无所谓丑，只有退化的人的心灵是丑的。艺术就是创造，艺术让人成为人，艺术的根本在于揭示和表现人性，其价值不一定在于所谓的审美，揭露丑恶的艺术作品比比皆是，往往更有感染力。因此，真正的艺术也不在于追求所谓的真不真与像不像，而在于意义的表达。克勤先生认为："一个真正的艺术家的水平，不在技如何，而在意如何；不在像不像，而在笔墨之间产生的韵味。"而"意"之所得不仅在于书斋里的研习，还在于在自然与社会中的熏陶与体悟。克勤先生有着深厚的学养，这源于其自幼家庭环境的熏陶，名家大师的指点，勤奋研读古今中外各类艺术，以及成人之后受各种社会角色的浸染，常年笔耕不辍，等等，这一切因素集于一身，有如交响乐一般在他身上释放出来，其艺术"韵味"自然非同一般。

古往今来的大学问家多是大旅行家，艺术家亦不例外。大艺术家不是把自己关在屋里画出来的，而是在天地之间行走出来的。行必有思，必有感，有思有感之后才有表达的意愿和冲动，它们是艺术创造的动力和源泉。克勤先生同样酷爱旅行，他说："我是一个对旅游一往情深的人，旅游是我生活中最惬意的文化大餐和精神享受，也是最好的文明交流和文化体验。"关于他是如何在普通的旅行中获得艺术营养的，且听他坐高铁时油然而生的感慨："现在的高铁出行真应了'一日千里'的老话。岁月可以改变你的容颜，却抹不去沉淀于人心底的记忆。列车行驶过每一个站台，你总会有意无意地想起彼时彼地发生的大大小小的故事；窗前所闪现的每一幅画面，你总会在咀嚼与回味中感受到几分意趣。"记得几年前，我们曾经有过在去青海的旅行中"擦肩而过"的遗憾，虽然电话中相约同行，但最终却都免不了"身不由己"。好在遗憾倒也有美的留存，它留在了日后我们对这次旅行的交流中。

现在，退休的老严过上了神仙般的生活。旅行、作画、著书、讲学……诸如此类，退而不休，悠然自得，羡煞人也！或许，这让我们有机会期盼和欣赏更多的新作与新著。

　　克勤先生谦虚地邀我为他的新著《味绿居闲话》写序，我这个"艺术盲"哪敢应这个差。为感谢他赐稿，也为表达对他艺术成就的敬意，写下以上文字，不敢当序，就算作"老友新识"的一个纪念吧。

我画是我

　　我从小对艺术有一种神秘感，现在总是试图去理解，却总也找不到窍门儿。因此，对艺术从不敢多言。这些年来，细心的读者会发现，商务印书馆正加大艺术图书的出版力度，这包含着我自己对于艺术及艺术出版理解的因素。

　　在我看来，文学和艺术是文化中最灵动、最活跃的符号，甚至代表着一个国家和民族文化的走向，这是我们步入艺术图书领域的一个重要因素。另一个重要因素在于，中国的艺术界太需要理性思考和理论建构，这方面的图书显得太少。超越艺术和艺术图书本身而言，中国已经进入了一个文化发展的新时代。理解文化时代，用一句最通俗的话来说，文化时代就是超越为了生存、为了吃饭穿衣忙活的时代，而是进入到为了尊严活着的时代，是为了人活得更像人的时代。对艺术的崇尚与追求，必然成为文化时代的重要特征。

　　我们面临的文化建设任务非常艰巨，中国的文化在世界的影响还不够，中国的艺术作品和艺术家在世界上的影响和地位更不够。最重要的表现是，我们的世界观、价值观没有通过艺术的形式得到充分的传播，更没有得到充分的认可和接受。无论是世界观还是价值观，都不是客观存在的，一定都体现在一个民族和国家造物的水平、造物的能力和造物的呈现形式上。艺术就是人的创造，它和自然的造化，既有联系又有区别。所以，造物的意识和观念，体现出来的就是一种精神，是对世界和社会的理解，它最终凝聚成创造者的世界观和价值观。

艺术图书出版如何服务于国家的文化建设，这是新时代引发我们思考的问题。商务印书馆这些年来关于艺术方面的图书的出版，大概有几条线可循。第一条线是艺术经典，就图书而言，每个领域都有它的经典，在传统学科里我们并不少见，而有些学科领域里的经典著作几乎不被国人所熟知，艺术领域便是其中之一。所以，近些年来，商务印书馆出版了艺术方面的一些经典作品，比如匈牙利著名艺术社会史家阿诺尔德·豪泽尔的《艺术社会史》，这本书出来之后，赢得学界好评。何香凝美术馆"艺术史名著译丛"则包括英国学者尼古拉斯·佩夫斯纳《美术学院的历史》、迈克尔·波德罗《德语美术史家学案》、T. J. 克拉克《人民的形象——库尔贝与1848年革命》、E. H. 贡布里希《瓦尔堡思想传记》、弗朗西斯·哈斯克尔《历史及其图像》、意大利学者廖内洛·文杜里《艺术批评史》、德国学者马克斯·J. 弗里德伦德尔《论艺术与鉴赏》、奥地利学者奥托·帕希特《美术史的实践和方法问题》等。著名哲学家孙周兴先生对艺术情有独钟，他策划并主编了"未来艺术丛书"，包括德国当代艺术家安瑟姆·基弗的《艺术在没落中升起》，这本书反响非常好，接下来我们出版了阿瑟·丹托的《艺术是什么》、瓦格纳的《未来的艺术作品》、瓦尔特·比梅尔的《当代艺术的哲学分析》、苏珊娜·帕弛《二十世纪西方艺术史》（上卷）、乌尔里希·莱瑟尔和诺伯特·沃尔夫的《二十世纪西方艺术史》（下卷），以及尼采的《瓦格纳事件　尼采反瓦格纳》等。我觉得在艺术理论与思想这个领域，我们出版行业是可以大有作为的。

　　商务印书馆还出版了自然博物艺术领域的经典作品，把它们规划为"发现之旅""博物之旅""生肖日历"等系列。西方一个个伟大的自然博物学家、艺术家的手绘作品，包括古尔德、布封、奥杜邦和梅里安等，他们在中国不被多数人所知，现在通过出版的形式，把他们介绍给中国读者。此外还有中国的传统艺术，有书画作品，也有造型艺术作品，比如紫砂壶、折扇、古琴等，这些东西重点在于传承中国价值和艺术思想。另外，荣获中国出版政府奖的《中国设计全集》（20卷）和《中国当代设计全集》（全20卷），也是填补学术空白之作。

　　中国美术馆常务副馆长马书林先生的《我画是我——马书林艺术文集》收录了马馆长在艺术创作之余写成的文章和评论，还收录有对话和访谈等内容。作为艺术的门外汉，我是没有任何资格对艺术和艺术作品发表任何看法的，但我还想表达对马馆长两个艺术见解或观点的认同或赞成。一个正如书名《我画是我》所揭示出的，在马馆长看来，画如其人。艺术是关乎审美的，这或许不错，但不够全面，甚至不能切中本质。康德在其名著《判断力批判》中讲道：世界上存在着两种美，一种是自然的美，一种是艺术的美。即便是自然的目的，也构建在了人之本性的内部，人对目的的本能想法会决定人理解自然的路径；是人将法则强加给了自然。统一性是人的重要法则，人将统一性强加给自然的构建能力，达成这个统一性总是伴随着一种愉悦的感觉。艺术是一个"纯"形式的世界，每种艺术都达成了内在的完整，艺术作品……有其自身的基础，有其纯然内在的目标，它同时也为我们呈现了一个新的整体，呈现了现实的一个新形象。艺术的目的是要唤起"没有利益纠葛的愉悦"，很多人认同一些事物是美的，美对所有人都"有效"，这就是"主观的普遍性"。

另一位 19—20 世纪的哲学家怀特海也指出了艺术之美在于思维和思想，他说："各种艺术的整个氛围都反映出对周围事物的理解所产生的一种直接的喜悦。"他还举例说："原始的艺术可以把充满在思想家脑子里的观念加以象征化。中世纪前期的艺术具有一种无与伦比的、扣人心弦的迷人之处。它的使命超越了艺术自身为达成审美目的而存在的范围，成了深藏在自然界内部事物的象征，这便增强了它的内在品质。"除审美之外，康德从艺术中洞察了人生的目标，人被其内在本性驱使将统一性强加给了艺术，它允许人去强迫目的。在此过程中，人提升了自己，还能够与他人分享这种提升。这种提升可以理解成为自由，它是一种内在的提升，对人类的思想观念产生深刻的影响。在对艺术理解的驱动下，康德还将思想和抱负延伸到了为人类探究永久的和平。在康德看来，只有艺术家是天才，艺术精品只可能出自天才之手，只有艺术家的洞察力为人揭示了一条新的路径，作品的形式与艺术家所要传达的洞察力融为一体。艺术让人成为人，艺术最重要的是揭示和展示人性，揭示和表现人对宇宙万物的深刻理解和对人类命运的深切关怀。这种理解力和表现力是伟大的艺术家和普通的画匠的分水岭。当我看到《我画是我》这个书名的时候，心里不自觉地产生了一种共鸣之感。正如马馆长所说，什么样的人，画什么样的画，画如其人，恰如文如其人一样。

我高度认同的另一个观点是在序言里的一句话，艺术家要经历从"有了才画到画了才有"的过程。"有了才画"是照葫芦画瓢，这可能是初学艺者的必经门径，但艺术不是追求画得像不像，实际上也不存在像不像，画者若要是总想着有那个东西，就画不出神来。根据尼采的说法，所有的物中都有一个"我"存在，"我"已经先天性根植在物质中，只是画者能不能通过艺术作品把它反映出来、折射出来。要从"有了才画"进入到马馆长追求的"画了才有"，物质本身已经超然于外了，根据自己的脑力、智力尤其是自己的感悟和洞察力、捕捉力去画，才能在物质里折射出"我"来。"我"在生产和生活中所捕捉到的物质的"神"或神韵，早已积累和沉淀于"我"之中了，无需照葫芦画瓢了。达·芬奇在笔记本里写道："手掌粗糙的画家也会画手很粗的人，你有兽性，你的人物形象也会如此，毫不文雅。你身上具有的特征，不管好坏，都会部分地在你的人物个性中表现出来。"他还说："你去画那些举世公认的美人的面孔中讨人喜欢的部分吧，不要画你认为美的人，因为你会错误地选择跟你相似的人的面孔。确实，与自己相似的东西常诱惑着我们。如果你长得丑，你就不会在美人面前停留，你笔下的面孔就是丑陋的，就如许多画家笔下的人物常常像他们自己。"

艺术作品揭示的是人对宇宙万物和人自身的理解，最终凝聚成一种人文情怀，伟大的艺术家首先是伟大的人文主义者，这是我所深信的。

商务印书馆的艺术出版之路才刚刚起步，我们有更多追求，也有更多期待，在艺术本身，也超出艺术之外。

言出陕西　模范四方

2019年7月27日，《陕西方言集成》新书发布会在西安第29届全国图书交易博览会上隆重举行。这是商务印书馆近些年来在语言文化建设和乡土文化建设方面取得的另一个重大成果，代表着商务印书馆品牌创新的新努力和新方向。

商务印书馆自1897年创立以来，一直以"昌明教育　开启民智"为己任，竭力弘扬中华文化，积极传播海外新知。其中，语言学学术著作、语言工具书以及语言文化类图书始终占据着商务印书馆重要的出版位置，这是由语言在文化、教育中的特殊地位决定的。《马氏文通》开创了中国学术出版的先河；《辞源》揭开了中国现代辞书编纂的序幕；《新华字典》和《现代汉语词典》成为推广普通话和现代汉语规范化的"国典"或"母典"；《中国语言地图集》则是一部享誉海内外的学术文化精品，第二版更是一部具有多方面开拓价值的创新之作。方言类图书的出版也有很深远的传统。比如我馆从1919年开始陆续出版的《四部丛刊》中就收录出版了汉代扬雄的《輶轩使者绝代语释别国方言》，近几年已经陆续出版的有《方言调查字表》《汉语方言地图集》《中国方言学报》《新华方言词典》《新编北京方言词典》《庆阳方言词典》等一批方言类图书。

在新的历史时期，我们出版方言类图书，除了继承语言学和工具书的出版传统之外，还具有新的意义，那就是作为乡土文化建设的一个重要组成部分。乡土文化建设在城市化和现代化的浪潮中具有特殊的意义，随着城市化进程的深入，对乡土文化的保护成为一个非常严峻的问题，文化的根深深地扎在乡土里，城市化对乡土文化存在着"杀根"的风险，所以乡土文化的保护和传承便成为需要引起关注的重要问题。商务印书馆近些年来，加大了乡土文化方面图书的出版力度，出版了一批大部头的著作，例如《晋商史料集成》（88 卷）、《泉州文库》（100 卷）、《山西民间故事大系》（25 卷）等。语言类的工程则以《中国语言文化典藏》（20 卷）和《中国濒危语言志》（30 卷）等为代表。

《陕西方言集成》丛书共 10 卷，分为宝鸡卷、渭南卷、商洛卷（3 册）、西安卷、咸阳卷、铜川杨陵韩城卷、延安卷、榆林卷、汉中卷和安康卷。它是全国第一部由档案系统主持编纂的分省方言集成丛书，是有史以来陕西方言语音、词汇、语法、口头文化等最系统、全面的调查成果。这套丛书完整记录了陕西方言语音档案，具有以下几个主要特点：一是收录了丰富的地域方言档案。这些方言档案是重要的地方语言文化遗产，内容丰富，都是第一手方言资料，为陕西方言理论研究提供了宝贵的语料，也为汉语史研究提供了重要的佐证材料。二是有专业的编写团队。丛书由陕西省档案馆举全省档案部门之力，并邀请权威的方言专家把关，陕西各高校的方言专业研究者编纂。三是这套丛书作为重要的语言文化遗产，对保护陕西的方言及以方言为载体的文化遗产具有非常重要的意义。四是这套丛书是一部既能读又能听的方言工具书，所有的方言档案既能读又能听。书中附有发音人方言发音听书二维码，扫码即可听到书中收录的方言语音、词汇、语法、民间故事、谚语、歇后语、歌谣等无比亲切的乡音。

陕西是中华民族的文化福地和资源宝地，陕西的语言文化承东启西，自有其丰富而独特的风韵。陕西省政府审时度势，2016年下发了《关于支持开展方言语音建档工作的通知》文件，陕西省档案馆组织全省各级档案馆，在方言、普通话专家的学术指导下，历时三年，完成了陕西省以县（区）为单元的方言语音建档工作。《陕西方言集成》丛书，就是陕西省档案馆方言语音建档工作的重要成果。《陕西方言集成》丛书的出版具有多重价值。

其一是具有"留根保种"的价值，为文化基因建档。诚如丛书主编王建领先生所说，中华优秀传统文化的传承发展，离不开与文化相互依赖、相互影响的语言，方言作为汉语的独特表现形式，在语言文化、语言学中地位独特。放在中华五千年文明谱系中考量，中国人从哪里来，到哪里去，方言就是基因密码；寻找中华文明内涵特质和价值取向，方言就是文化解码。用中国话讲好中国故事，不仅意义重大，而且十分紧迫。回顾方言语音建档，一些地方选找正宗发音人已十分困难，颇费周折，一些非物质文化遗产传承人更是以个位计，可以说，抢救性保留方言时不我待。而保留下方言，就等于保留下了打开中华文明奥妙之门的钥匙，从这个意义上讲，《陕西方言集成》的出版发行，是档案人为历史负责、为社会负责、为民族负责的担当，是档案服务大局、服务陕西、服务民生的可喜成果。

其二是具有抢救性价值。专家学者们在谈到这套丛书的出版时指出，方言及其所承载的地域文化是国家重要的语言资源，是中华民族优秀传统文化的根脉。然而在城市化进程日益加快、共同语的影响与日俱增的当下，方言却在大量消亡。在此形势下，国家有关部门于 2015 年开始实施"中国语言资源保护工程"。面对语言资源迅速消失、地方文化日渐衰微的严峻情势，陕西省档案馆高瞻远瞩，积极应对，与"中国语言资源保护工程"同步开展了"陕西方言语音建档"工作，这是在共时平面上一次性地将全省的方言记录、保存下来的大工程。《陕西方言集成》就是陕西方言语音建档的阶段性成果。

其三是具有独特的学术价值。专家学者表示，"中国语言资源保护工程"已经对陕西 30 多个方言点的方言语料进行了科学系统的调查整理，陕西方言语音建档工作是更全面地对全省方言进行记录整理的大型工程，《陕西方言集成》丛书是陕西方言语音建档工作的后期成果，是陕西方言语音档案音频与文字汇总版，也是汉语方言地方资源库建设的有益尝试，承载着陕西方言研究者和档案工作者的高度责任感，寄托了热爱方言和地方文化的人们的美好愿望，是保护陕西方言、传承陕西文化卓有成效的形式。"中国语言资源保护工程"和陕西方言语音建档工作将大大促进对陕西方言的记录保护，全面推动陕西方言和西北方言的研究。它的学术价值远在于，它所探索的学术方法和工作方法将为其他省区树立样板，方法本身就是学术建设的重要组成部分。

其四是在出版形式上，具有多媒体出版、立体化传承文化的价值。《陕西方言集成》丛书是一套"既有文字，又有音频，一套能读能听的方言工具书"，也就是说，读者通过链接书中的听书二维码，就能立马听到与书中相对应的方言调查人的发音，不仅有这个地方的语音、词汇、语法，还有原汁原味的民间故事、歇后语、歌谣、民谚等。在信息化时代的今天，传统的纸质书出版，已经不能满足广大读者和社会的需求。因此，时代呼唤我们要在传统纸质书的基础上，做全媒体出版，做媒体融合。媒体融合是大势所趋，是必然之路，不变的是内容，变化的是形式和方式。为顺应新时代发展、新技术革命和新需求的萌生，商务印书馆正在着手建设媒体融合三大平台，包括全媒体生产运营平台、语言知识服务平台和人文社科知识服务平台。未来的商务印书馆将在传统出版模式的基础上再造一个数字的、科技的、智能的新商务。

　　《陕西方言集成》丛书的出版顺应了媒体融合之势，也为我们的知识服务平台增添了重要独特的内容，同时也为多媒体出版树立了新的典范。

构建世界文学版图　彰显中国学术价值

　　2017年1月5日，"当代外国文学纪事（1980—2000）"丛书发布会暨专家研讨会在北京外国语大学举行。该丛书是国家社科基金重点项目成果，总主编为北京外国语大学王佐良外国文学高等研究院院长金莉教授，由100多位外国文学研究领域的专家和优秀青年学者担任主编。

　　"当代外国文学纪事"丛书编写工作历时六年多才得以完成，不但体现了北外雄厚的人才资源和多语种优势，以及海纳百川的胸襟，更体现了学者们孜孜不倦、笔耕不辍的治学精神。金莉总主编和她率领的作者团队不仅奉献了中国外国文学研究领域又一重要的成果，更彰显了中国学界构建中国特色哲学社会科学体系的不懈追求。

　　从出版人和学人的角度，我看重这套丛书的价值有三：其一，它是我国第一套多国别、编年式大型文学百科工具书，填补国内空白。十卷本的"纪事"丛书，以最小的篇幅容纳了最大的内容和信息量，是一项了不起的编写工程。时间上，它贯穿了20世纪最后20余年；地域上，它涵盖了美国、英国、俄罗斯、西班牙、泰国、罗马尼亚、日本、法国、德国、奥地利和瑞士的部分地区，以及拉丁美洲的17个国家，共计28个国家和地区；语言上，它涉及了英语、西班牙语、德语、俄语、泰语、罗马尼亚语、日语和法语等八种语言。其二，它是由我国的外国文学研究学者独立编写，以服务于外国文学基础研究为宗旨的原创型文学工具书。其题材和视角独特、编撰理念新颖、内容具有前沿性和权威性，集中反映了我国外国文学研究的最新成果，标志着我国外国文学研究的一个新方向。其三，它不仅是中国学者的原创性成果，更反映出以学界为代表的中国人文历史观、世界观和价值观。纵观当代世界文学版图，作家作品汗牛充栋，涉及国别地区众多，选什么不选什么，是学术考量更是价值指向。中国的学术考量体现的就是中国的历史观、世界观和价值观，体现了构建具有中国特色的哲学社会科学体系，中国学界应该有的责任意识和价值追求。众所周知，现代科学，无论是自然科学还是人文社会科学，都是在西方文化背景和渊源下诞生的，都产生在西方社会，体现着西方的世界观和价值观。每个国家和民族都有自己独特的历史进程和文化传统，都应该有自己独立的学术体系，学术文化代表着国家文化建设的高度，代表着学术话语权。

正如丛书总序中所说："当代外国文学纪事"为外国文学基础研究丛书，旨在推动我国外国文学的基础性研究，为国内的广大外国文学研究者、学习者和爱好者提供 20 世纪最后 20 余年间外国文学创作和研究的基本信息，并以此推动外国文学教学与研究的学科建设。20 世纪后半叶，外国文学理论研究一度成为学界的宠儿，各种批评思潮蜂拥而至，造成"你方唱罢我登场"之势。在这一形势下，诸多学者倾向于理论的阐发和宏大叙事的建构，忽略了对于文学文本的关注，脱离了对于文学文本的解读，割裂了理论与作品之间的内在关系。此外，我国市场经济大潮的冲击和不尽合理的学术评价机制的流行，也导致了我国当下人文社会科学研究中存在着的盲目模仿、低水平重复的浮夸学风，造成真正的学术创新的缺乏和在学术界话语权的缺失，妨碍了人文社会科学研究的健康发展。本课题从文学文本出发，回归文学研究的本源，坚持把对于文学文本的解读和对于文学理论与批评的介绍相结合，力求从中国学者的视角和立场出发，对当代外国文学现状进行全景式的审视和考量，从而促进我国外国文学研究的良性发展。

"当代外国文学纪事"丛书作为国家社科基金重点项目，从立项之初就作为我馆的重点出版项目而受到多方面的重视：编辑力量的配备、编加过程的一丝不苟、排版技术的支持、校对人员的专业化、装帧设计的高品位追求、印制工艺和时间上的把握，各个环节都精益求精，紧密配合，从而保证了"纪事"丛书从内到外精良的品质。

"当代外国文学纪事"丛书的出版，也体现了商务印书馆在工具书出版方面的优势与外国文学出版的优良传统。商务印书馆被誉为"工具书王国"，而商务印书馆在外国文学出版方面的传统可能并不为太多人所熟知。据资料显示，仅是在 1897—1949 年间，商务印书馆就出版了包括剧本、小说、诗歌、散文、文学史、小说史、演说、书牍、日记等文类的外国文学作品 580 余种，地域上包括了美国、日本、英国、德国、奥地利、法国、意大利、西班牙、罗马、希腊、印度、俄国、丹麦、冰岛、瑞典、挪威、罗马尼亚、南斯拉夫、波兰、阿拉伯、匈牙利等；形式上有英文加注释读本和名著翻译。这些都反映了当时的学者选择译介的眼光与出版者的文化使命感，即使是在抗战时期极其艰难的情况下，商务印书馆也不曾放弃过外国文学的出版。经过时间的淘选，今天我们仍能从中看到那些闪光的经典作家，如美国的尤金·奥尼尔、华盛顿·欧文、纳撒尼尔·霍桑、爱伦·坡、马克·吐温、杰克·伦敦，英国的莎士比亚、华兹华斯、柯尔律治、弥尔顿、萧伯纳、吴尔芙、狄更斯、萨克雷、王尔德、康纳德、奥斯丁、勃朗特姐妹、哈代，法国的莫里哀、左拉、雨果、巴尔扎克、福楼拜、莫泊桑、卢梭，德国的歌德、席勒，至于俄国文学的伟大作家和经典作品就更是不胜枚举了。1949 年之后，我馆的外国文学出版传统仍然以不同形式保持和延续，并在改革开放后的今天，在不断的转型和发展中日益丰富起来。

回望历史，商务印书馆与北外在外语教育和文学领域的合作，可以追溯到 1962 年，当时的"北京外国语学院英语系课外阅读教材小组"为商务印书馆的一套"英语简易读物"做改写和选注；同年，王佐良、李赋宁、周珏良三位先生主编的《英美文学活页文选》由商务印书馆出版；1996 年王佐良先生撰写的《英国文学史》由商务印书馆出版，并一直受到广大读者的喜爱。"当代外国文学纪事"丛书的出版，不仅是商务与北外良好合作传统的延续，也是开启双方更深、更广合作的契机。教学研究与出版相互促进，共同发展。

2017 年是商务印书馆 120 周年华诞，我们始终不忘"昌明教育　开启民智"的历史使命，也在不懈地践行"服务教育　引领学术　担当文化　激动潮流"的新企业宗旨。在当今的出版业越来越受到市场制约而日益商业化的大环境下，我们仍然在坚守自己的学术使命和文化担当，坚持做有价值的好书，坚持把书做好，坚持服务教育与学界。"当代外国文学纪事"丛书的成功出版，就是我馆与学界又一次成功合作的成果。商务印书馆愿意利用国内最优秀的出版资源、联袂最优秀的学者和作者，合作开发出更多为读者所需要的好书，为我国的教育教学和学术研究尽一份微薄之力。

语言生活派　浓浓家国情

　　2015 年，《中国语言生活状况报告》走过了 10 余年历程，在它周围已经形成了一个小小的学术圈子，我非常羡慕语言学界有这样的学术氛围，有这样的奋斗精神，还有这样的生活气息，这是让我特别感动的。我真切感受到一个新事物——语言生活派，说句玩笑话，我知道麦当劳有一个食品，香芋派和苹果派，今天很荣幸感受到语言生活派，它具有迷人的芳香和独特的味道，很遗憾我 30 多年前没有选择学语言，因为我选择了学历史，好在我还有机会弥补这个遗憾，能为语言生活派做好服务。

　　大家知道无论中国还是世界，都到了文化发展的时代，现在文化比以往任何时候更加凸显它的重要性，语言是文化当中的重要组成部分，甚至是不可替代的部分。从个人层面上说，语言能力是个人能力的重要体现和重要保证。20 世纪世界三大哲学家之一的奥地利哲学家维特根斯坦曾经说，一个人语言的边界就是他个人世界的边界，语言世界有多宽，个人世界就有多宽。就民族和国家意义来说，语言是民族存在的标志和符号，有人认为语言和文化不仅是国家的软实力，还是国家主权的重要组成部分。从人类层面来说，另一个德国存在主义大师海德格尔曾经这样说，语言是人类作为生命物种存在的本有性事件，就是说语言不仅是人类交流的工具，更是人类存在本身，没有语言，人类就不称其为人类。

中国语言生活状况，无论在个人层面，在民族和国家层面，还是在全人类物种这个层面，都具有非凡的重要意义。《中国语言生活状况报告》自然也就具有不可替代的独特的价值。《中国语言生活状况报告》的十年历程，是中国语言学研究蓬勃发展的十年，是中国语言社会生活急速变迁的十年，更是语言对国家、社会产生巨大影响和深刻变革的十年。十年来，商务印书馆将对语言生活的关注与反映作为语言学出版的一个重要方面，投入大量的人力、物力资源，在国家语委的指导下倾力打造"中国语言生活绿皮书"，累计 21 种，并实现了英文版和韩文版的版权输出。与之相关的"语言生活蓝皮书"即将推出，"语言生活黄皮书"也已进入出版流程。我们更多地关注语言和国家、社会发展的关系，策划、出版了《中国语言生活状况报告 2015》《中国语言生活要况 2015》《中国语言规划三论》《家国情怀：语言生活派这十年》《语言与国家》等图书，从国家战略高度深入思考语言问题，为语言时政研判及政府工作决策提供参考和借鉴。

围绕语言生活这一主题，我们还陆续推出了衍生产品和品牌活动：研发、出版《全球华语词典》《全球华语大词典》等大型工具书；举办"中青年语言学者沙龙"和"海内外语言学者联谊会"；广泛凝聚学界资源，定期出版《中国语言资源动态》；至 2019 年，连续 14 年主办"汉语盘点"大型语言文化品牌活动，与电视、网络媒体深度合作，倡导全民参与语言生活。

在 2015 年北京国际图书博览会上，商务印书馆与国际顶级学术出版机构——英国卢德里奇出版公司签署了"汉语语言学丛书"项目合作协议，并正式签订《现代汉语词汇学》《汉语功能语法研究》的出版协议。这意味着今后我们会将更多的中国语言学优秀成果推介到海外，深入推进中外语言学学术交流，加快中国语言学"走出去"的步伐。

我们还成功获批出版我国第一份以语言政策和语言规划为主要内容的专业学术期刊——《语言战略研究》，并于 2016 年 1 月正式创刊。以此为基点，未来将建立"语言规划学科"，打造中国语言资源服务平台。此外"中国语言资源开发应用中心"也获批与国家语委共建。中心采取产学研协同创新模式，充分发挥各自在推广普及和规范使用国家通用语言文字方面的优势，力求把语言和语言知识转化为生产力和文化商品，更好地为学界服务，为社会服务。

今后，商务印书馆将一如既往地秉承"昌明教育　开启民智"的出版使命，在中宣部、国家语委等部门的指导下，在各位专家、学者的支持下，密切关注语言生活和语言学发展，以出版助力国家文化建设。

第六章

人情的温度

全家福：120 年的念想与回响

2017 年 6 月 20 日，商务印书馆老少近 600 人济济一堂，为庆祝商务印书馆创立 120 年拍了一张全家福。

自近代照相机传入中国，摄影留念作为一种文化就固定在中国的传统中。无论是官方还是民间，无论是大型组织还是私人家庭，重要活动和重要节庆日都要进行拍照留念。至今，我们参加各种大大小小的会议，摄影留念都是少不了的重要环节。商务印书馆就是中国摄影留念这种文化最早和最好的践行者，而且由于商务印书馆在中国近现代文化史上的特殊地位，商务人留下的图片记录不仅为自己留下了一份念想，更成为时代的一种回响。

商务从创立之初就有一个传统，每逢重要活动都要拍照留念，特别是在创业纪年，逢五逢十还要照全家福。这样一个传统，使我们得以从老照片所凝固的某一个瞬间，去回望和重温我们的历史，而商务的历史也因为有了这些老照片而变得更为鲜活和温暖。可以说，拍照留念是商务人记录自己历史的一个重要的方式，而在创业纪年拍全家福则是商务人致敬自己历史的一个隆重的仪式。看一看以前的老照片，照一张今后的老照片，记录历史，重温历史，了解昨天，把握今天，开创明天，对于我们自己来说，这应该是我们今天拍摄全家福的意义所在。

1897 年，上海江西路德昌里小小的印刷作坊应该是每一个商务人都要记住的原乡，商务印书馆就是从这样一个不起眼的小作坊开始，开启了中国现代出版的历史，开始了推动中国现代化进程的脚步。

1907 年，商务印书馆迎来了创业 10 周年。历经十年创业，商务已初具规模，设立了编译所、印刷所和发行所三大基础和核心机构，在国内设立了十几家分馆，在美国、日本、朝鲜、越南及南洋设了代理处，总人数已逾千人。购地三十亩在宝山路建造了新厂。为纪念创业十年，商务编印了《上海商务印书馆创立十年新厂落成纪念册》。其中有十年简史，有十年中出版的图书目录及有代表性的图书封面、教科书插图；此外，还附有彩印的各国国旗、年历、电报汉字编码、火车价目表、火车时刻表、中国度量衡表等。110 年前这样一本兼具纪念意义与实用价值的纪念册，完美地展现了商务前辈超前的经营理念，同时，也开启了商务以馆庆为契机梳理过去，致敬历史，打造品牌的传统。

1927 年，商务印书馆迎来了创业 30 周年。这时的商务印书馆正值鼎盛时期，举行了盛大的庆祝活动，召开了纪念大会，举行了庆祝游行，发行了印有商务鼎盛时期全景图的邮政明信片。为庆祝和纪念商务印书馆创立 30 年留下的一张照片非常珍贵，这是熟悉商务历史的人们都非常熟悉的一张照片，即 1927 年编译所全体同人的合影。这张照片现在就悬挂于商务印书馆二楼走廊，我每每经过常常会不由自主地停下脚步，去看照片上那一张张因年代久远而略显模糊的面孔。我不知向多少中外来宾介绍过这张照片，照片上的前辈们或穿西装，或着长衫，或留长辫，或削短发，风格迥异，却气氛和谐。这张老照片，非常真切地向我们传递了商务人兼容并包的精神气质——亦中亦洋，宜古宜今，以及脸上刻写着的坚毅和淡定。所以，我更看重它所彰显出的商务人海纳百川之气，雍容自信之度。只要眼睛从照片上一掠而过，脑海中就有"腹有诗书气自华"的诗句浮现。即使是百年后的今天，仍会让人浮想联翩，感佩不已。同时，这张照片也为我们展现了中国现代意义上第一代"知识分子"的群像。商务是在创业后5年的1902年设立编译所的，随后张元济入馆。这两件事对于商务迅速成长为国内出版巨擘是基础性的也是关键性的一步。商务的编译所建制一直延续到1932年，人数最多时达300余人，在学识上彰显了当时中国知识界的中西知识水平。

　　每个商务人都不应该忘记的是1932年，商务创业三十五年。头一年的9月商务出版了《最近三十五年之中国教育——商务印书馆创立三十五年纪念特刊》。书中所收文章，均由国内著名教育家撰著。蔡元培、吴研因、何炳松、黄炎培和黎锦熙等就我国各种教育，以及与教育有关的新文化、国语运动、印刷术、出版业等作了精辟论述。庄俞撰写的《三十五年来之商务印书馆》论述了商务创办以来对我国教育事业的贡献。不料正在筹备馆庆之时，"一·二八"事变爆发，上海商务总馆被日军炸毁，损失惨重。大灾之下，必图大志，商务人提出了"为国难而牺牲，为文化而奋斗"的口号，很快从"一·二八"日本侵略军轰炸后的废墟中顽强地站立起来，在战火中实现了"日出一书"的目标，以实际行动重申了自己以出版、以学术报国之宏志，贡献了当时全国年图书品种中52%计的图书量，以一肩之力担起了当时中国文化的半壁江山！在商务印书馆馆史陈列室中摆放着一张摄于1933年的老照片："影印《四库全书》开始工作纪念"，以王云五为核心的商务前辈们静静地站在镜头前，从他们脸上看不到总馆被毁的消沉、沮丧与颓唐，看到的只有平和而坚毅、自信而从容的气度——商务人百折不挠、心系家国、担当文化的风骨在这张普普通通的老照片里表现得淋漓尽致。这种始终坚持理想信念不动摇的精神，始终把自身的事业与民族、国家紧密相连的担当精神，经岁月锤炼，经时间淘洗，成为了商务人最可宝贵的精神财富。虽然由于战争的缘故，先辈们没能实现影印《四库全书》的理想，但商务人对这一理想的追求始终没变，并在2005年完成了文津阁《四库全书》的影印出版，近几年来又史无前例地完成了文津阁《四库全书》的原大、原色、原样复制工程。

在"文革"那个特殊的历史时期，也有老照片保存下来，其中一张合影很特别，是商务印书馆员工在咸宁五七干校拍摄的。湖北咸宁是当年文化部五七干校的所在地，1969年4月—1974年12月，共有6000余名文化工作者被集中到这片易名为"向阳湖"的荒湖野滩上，进行"重新学习"和"深刻改造"。当时干校下设5个大队，26个连队，商务员工主要在15连。现在咸宁干校的遗址已经被湖北省政府列为了重点文物保护单位。1997年，陈原先生重访咸宁干校时，曾经为这片土地题写了这样一句话："六千人的汗水、泪水、苦恼和忧虑，还有一点希望，汇成了向阳湖。"有学者曾经评价说：五七干校终于成为了他们心态史中一个极其重要的"驿站"，一个知识分子开始恢复其独立思考的重要"驿站"。没有这样的"一点希望"，他们便会颓然倒下；有了这样的"一点希望"，他们便会"死得其所"！商务人正是怀揣着这样"一点希望"，一俟从干校返京，就释放出巨大的出版热情。在向阳湖留下足迹和身影的老员工，有的至今还健在，还幸福地出现在今天120年纪念的全家福中。这不仅是他们个人之幸，更是我们这个令人羡慕的大家庭之幸。

1971 年，商务印书馆复业，当年即出版《新华字典》（修订重排本）；1972 年，全国十四家出版社联合译印国别史，商务印书馆分担四十一种；1973 年，内部发行《现代汉语词典》试用本，译印沙俄侵华史料，先后共出五十二种；1974 年，全国十七家出版社联合译印国别地理，商务印书馆分担二十种；1975 年，参与制订全国中外语文词典十年规划，出版《简明日汉科技词典》；1976 年，出版《爱因斯坦文集》《罗马史》《逻辑学》《西方哲学史》；至 1977 年，创业 80 年，商务印书馆以一系列汉译名著和工具书的出版重振了"书林一军"之雄风。

1997 年，商务印书馆创立 100 年。5 月 8 日在人民大会堂举行了隆重的商务印书馆百年暨中国现代出版一百周年纪念会、座谈会。朱镕基在中南海紫光阁会见了出席百年座谈会的代表。来自美国、英国、日本、韩国等海外嘉宾出席了纪念会。为纪念商务百年，全体员工在人民大会堂拍摄了全家福，就是现在在商务印书馆二楼西侧墙上挂的这张"商务印书馆百年纪念全体同仁合影"。在商务百年之际，香港联合出版集团总裁、香港商务印书馆董事长李祖泽提议，创作一首馆歌贺商务百岁。商务印书馆在这一年由陈原先生辑张元济、茅盾和叶圣陶诗句成词，邀请中央交响乐团作曲家袁音、胡海林作曲，便有了传唱至今的馆歌《千丈之松》。

2007 年，商务印书馆创业 110 年。6 月 6 日在人民大会堂召开了商务印书馆创立 110 年纪念会。商务印书馆创立 110 年图片展，在上海、沈阳、重庆等城市展出。《现代汉语词典》（第 5 版）、《故训汇纂》获得了第一届中国出版政府奖图书奖。为致贺和纪念商务印书馆创立 110 年，全体同仁又一次拍摄了全家福。现在我们的多数员工都出现在了 110 年纪念的镜头中，这样的镜头不同于普通照相的镜头，被镜头扫过就像被赋予了一种庄严而神圣的职责。一代有一代的主题，一代人有一代人的责任，如何顺潮流左右应付，如何稳渡过滩险浪急，考验着每一个商务人的智慧与毅力。对商务人来说，我们始终不变的责任，就是确保商务的精神传承久远，确保商务这艘文化大船，始终扬帆于时代的潮头，为中华之文化复兴与文化建设劈风斩浪，砥砺前行。

商务印书馆 120 年的历程，宛如一幅波澜壮阔的历史画卷，其间有高峰，有低谷；有风雨，有彩虹；有战争，有和平；有血泪，有笑容。它由一本本书、一件件事和一个个人编织而成，是一个个人赋予其精神、气韵和灵魂。今天，我们这一代人有幸进入了商务的历史画卷，我们各有所学，我们千差万别，是共同的理想和追求把我们编织在一起。回望过去，我们是历史的承继者；面向未来，我们是历史的书写者。120 年的全家福是我们共同的念想，共同的记忆，同时它也是一种提醒、一种激励。它将提醒我们，不忘初心，继续前行；它将激励我们，编织故事更多、更值得回味的美丽画卷。

愿这些画卷也同样能够成为后来人接续讲述的故事，成为他们继续前行的精神动力。这样的故事代代相传，商务印书馆更多的 120 年就可以期待。

120 年，有你们陪伴

今天是一个特别的日子，因为今年对商务印书馆来说是特别的一年。虽然我们每年都会如约在北京国际图书博览会（BIBF）相聚，但是今年是商务印书馆创立 120 年。商务印书馆创立 120 年，在我的心里，就是我们与海外的所有合作伙伴共同走过的 120 年。所以我今天在这里做一个简短的回顾，题目就是"120 年，有你们陪伴"。

大家都知道，商务印书馆 1897 年创立于上海。从创立的那一天起，商务人就以世界的眼光，拥抱一切的人类优秀文化成果，开启了中国现代出版的国际交流与合作。1898 年我们出版的第一本书叫《华英初阶》，就是引进的印度的蓝本；1902 年，我们设置了编译所，主要方向之一就是翻译介绍外国的名著；1907 年，在朝鲜汉城、日本东京、越南河内、美国旧金山及南洋群岛等地设立了代理处。1909 年，我们与英国泰晤士报社协议印行出版《万国通史》，这是中国出版社最早的对外合作。同时，我们不断派员赴英、法、德、奥、美、日等诸国考察，进行学习和交流。我们还参加了 1911 年的德国万国博览会、意大利万国博览会，1915 年美国巴拿马万国博览会，并获得了很多的奖项。所以可以说，从创办之初，商务印书馆的先辈们就开启了商务印书馆乃至整个中国出版业对外合作与交流的大门。

80 至 100 年前，据同期国外媒体的报道，我们的经营规模和业绩在亚洲首屈一指，跻身世界三甲。这个时期，我们成就了一个个中外学术与文化交流史上的佳话，流传至今。例如，我们邀请并资助了美国哲学家、教育家约翰·杜威（John Dewey），英国数学家、思想家、文学家罗素（Bertrand Russell），德国生物学家、哲学家杜里舒（Hans Driesch），以及印度诗人、哲学家泰戈尔（Rabindranath Tagore）来华讲学。我们出版了翻译介绍欧美、日本学术著作的《世界丛书》，首次在中国正式出版世界语课本。这时期还出版了赵元任译《爱丽丝漫游奇境记》、亚当·斯密的《国富论》等一系列文学和学术名著，一直流传到现在。这个时期，我们与美国经恩公司合作已经长达 10 年；我们是麦克米伦公司、中美图书公司、大英百科全书公司在中国的图书代理；我们请中美图书公司做中国古籍在美国的专门代理。

在 40 到 80 余年前，我们经历了战争时代和特殊的年代。在这一时代，我们成为了文化沙漠中的坚守者、捍卫者。这一时期，我们坚持介绍世界学术，为中国了解世界打开了一扇明亮的窗口，如出版了马克思的《资本论》《马可波罗行纪》、但丁的《神曲·地狱》、罗曼·罗兰的《约翰·克里斯朵夫》、亚里士多德的《政治学》、卢梭的《社会契约论》、黑格尔的《法哲学原理》、凯恩斯的《就业、利息和货币通论》和罗素的《西方哲学史》等。

40 余年前，我们迎来了改革开放的时期，商务印书馆成为了中国改革开放的见证者和参与者。1979 年，我们邀请牛津大学出版社辞书总编辑柏奇菲尔德来馆访问并讲学，开启了商务印书馆和牛津大学出版社合作的先河。在长达近 40 年的合作时间里，双方合作的在售图书产品达到 30 余种，APP 产品有数种，纸质图书年销量超过 150 万册，年销售码洋超过 2.5 亿元人民币。1980 年起，商务印书馆与日本小学馆签约，合作出版《现代日汉大词典》《汉日词典》《现代日汉大词典》等等，合作项目也长达 30 余年。在辞书出版方面，我们还与韩国斗山东亚、美国兰登出版公司、培生出版公司、法国的拉鲁斯出版社、德国的贝塔斯曼出版公司、朗根舍特出版社、日本岩波书店等国际知名出版机构展开合作。在学术出版领域，我们以学术图书的版权引进为基础，逐渐与世界范围内具有共同出版特色和旨趣的出版机构建立了良好的合作关系，如珀利蒂出版社、瑞科图书出版社、约翰·威利国际出版公司、芝加哥大学出版社、哈佛大学出版社、罗曼和利特菲尔德出版社、法国大学出版社、伽利玛出版社、色伊出版社、弗拉马里翁出版社，等等。

近十年来，我们更致力于双向出版合作，向世界传播中国学术和中国文化。我们准备以销量超过 6000 万册的《现代汉语词典》和印量近 6 亿册的获得"最受欢迎的字典""最畅销的书（定期修订）"两项吉尼斯世界纪录的《新华字典》为龙头，实施中国品牌辞书海外传播计划。我们与卢德里奇出版公司进行深度合作，我们合作的"汉语语言学丛书"项目和"国家治理丛书"项目备受期待。我们与很多国际知名的公司建立了双向合作的战略合作伙伴关系。2010 年，我们与荷兰威科集团签订战略合作协议；2012 年，我们与德国德古意特出版社签订战略合作协议；2014 年，我们与德国斯普林格出版社签订战略合作协议；同年，与亚马逊达成"纸电同步"战略合作；2016 年，商务印书馆与剑桥大学出版社签订战略合作伙伴协议；2017 年，就在今天上午，我们与荷兰博睿学术出版社缔结战略合作关系。此外，商务印书馆还有很多深度合作的伙伴，如日本小学馆、岩波书店、东方书店、三修社、卡西欧、创价学会，韩国斗山、多乐园，新加坡怡学、学而、名创教育出版集团、世界科技图书出版公司，香港三联书店、香港中华书局，台湾五南、读书共和国，法国的美文出版社，以及英国麦克米兰、培生、麦格劳希尔、企鹅兰登、苏尔坎普等等一系列的合作伙伴。

　　120年的旅程，因为有你们陪伴，我们才得以成就120年来的长久基业。未来的路，希望我们还能够携手同行。我们敬重每一位合作伙伴，更珍重每一段情谊。正如亚马逊全球资深副总裁罗素·高所言，商务印书馆永远是你们"值得信赖的伙伴"。

　　再次感谢你们长期以来对我们的支持，感谢你们出席我们今天的答谢会。

好领导 好老师 好作者——宋木文

2015 年 10 月 21 日，宋木文老署长与世长辞，走完了他 86 年的光辉历程，告别了他毕生为之奋斗的出版事业和跟着他脚步前行的人们。他的辞世，我们感到非常突然，更感到非常悲痛。

近半年来，我们常常深情地思念宋老，常常思念他对新时期出版事业的重要贡献，更常常思念他对商务印书馆的支持和厚爱。

宋老一生忠诚于党和人民的出版事业，长期担任国家新闻出版行政管理机关的主要领导，既有政治家的高瞻远瞩和神圣使命感，又有出版家的广博学识和智慧，为了出版事业，为了中国出版业的发展，为了整个文化的繁荣，不倦地追求、奋斗，直至生病住院期间仍在关心出版工作，将自己的智慧和心血全部倾注在我国的出版事业上。

宋老亲历了中国新时期新闻出版与版权的改革与发展，也曾经具体地影响和指导了一个时期的新闻出版工作；他既是中国出版业改革开放的亲历者，也是许多重要政策的制定者、参与者或执行者，对中国新闻出版业的改革与发展倾注了全部的心血，也表现出了巨大的改革勇气、智慧和责任。他能实事求是地处理许多复杂的问题，提出了不少有创见的思路和办法，推动了新时期出版业的恢复、发展与改革。当国家大局出现了新情况时，他能及时调整自己的思想，适应新形势；当面对复杂形势，众说纷纭时，他能保持清醒头脑，沉着应对；特别是在转折时期，他能抓住机遇，勇于面对挑战，提出新的思路和措施，顺势而为，他对发展我国新时期出版工作的历史性贡献，应当以浓重的笔墨写入当代中国新闻出版史册。宋老曾说过："我做出版，是把它当做为之献身的一项事业，并逐渐把个人追求与职责承担结合起来。出版是我为之献身的事业，岗位离开了，而事业还牵挂着。"每当我们读到这段文字，对宋老的敬仰之情就油然而生。

宋老是我们深为敬重的老领导，也是公认的出版界的智者和行家。他对商务印书馆的支持非常大、厚爱非常深，在商务印书馆发展的许多重要关头和重大事情上都发挥了重要作用。仅举数例。

"汉译世界学术名著丛书"是商务印书馆乃至中国的著名出版与文化品牌，它的编选和出版得到宋老的一贯支持和精心指导。特别是，1989年冬，在北京"政治风波"之后，全国宣传思想文化领域正处在批判资产阶级自由化，也涉及西方资产阶级思想理论的高潮中，"汉译世界学术名著丛书"屡遭质疑和责难。当时，商务印书馆特向新闻出版总署报送报告，详尽说明"汉译世界学术名著丛书"的编辑缘起与进一步规划的必要，请示可否召开新的"汉译世界学术名著丛书"规划会。宋老亲自批示同意召开这个会议，指出：即使在强调反对资产阶级自由化的背景下，也要遵循党的批判吸收一切有益文化的一贯方针，还要考虑这类学术著作所反映的资产阶级的思想理论观点同政治上的资产阶级自由化是有区别的，解决的政策和方法也是不同的，主要应在实施中适当选择和写好序文。宋老给胡乔木同志写了一封亲笔信，请他给予指导，最好能来参加会议，如果不能来，也能够有所指示。

胡乔木同志写了一封情词恳切的贺信，充分肯定"汉译世界学术名著丛书""在编辑出版方面所取得的重要成就"，称赞"汉译世界学术名著丛书"是"对我国学术文化有基本建设意义的重大工程"，并提出应对这项工程"由国家设立基金和保障奖励制度"。宋老还把会议的计划转报给中宣部，争取到了中宣部的支持和重视。开会时，宋老亲自与会并在开幕式上做了一个非常重要的讲话，指出：这是一项很重要的工作，一定要搞好；在思想理论问题上要进行百家争鸣，进行无拘束的讨论。宋老的讲话受到与会学者热烈欢迎和好评。在当时的情况下，出版界军心动摇，尤其是学术界，对这个书要不要做下去议论纷纷，宋老当时取得胡乔木对会议的支持，他自己也在会上表示新闻出版总署要尽职尽责，支持这套书的出版，这无疑给大家吃了一颗定心丸，为"汉译世界学术名著丛书"的规划和进一步发展起了非常关键的作用。特别难能可贵的是，宋老在当时情况下做出的这样一个举措，是非常具有胆识和智慧的。正是在宋老等前辈的大力支持和激励下，"汉译世界学术名著丛书"逐渐发展壮大，成为改革开放反映在文化风气上的标志，为中国的现代化建设提供了可资借鉴的思想资源。"汉译世界学术名著丛书"至今已出版了 15 辑 650 种，计划在今后十余年内出版至 2000 种，这也是我们对宋老等老一辈马克思主义理论家、宣传思想理论战线卓越领导人的最好的纪念。

商务印书馆国际有限公司的成立也得益于宋老的远见卓识和大力支持。1992 年，宋老参加两岸商务印书馆合作的一次展览，由此想到把北京商务和港台新马几家商务联合起来，合资组建一家出版社。他向当时的商务印书馆总经理林尔蔚先生提出这个方案，商务非常高兴，其他几家"商务"老总听到来自出版主管部门负责人的这个信息，也都很赞成。宋老对组建方案亲自修改，提请署党组讨论批准，争取中宣部、外贸部的支持，这家由北京、香港、台湾、新加坡、马来西亚五家商务印书馆合资的商务印书馆国际有限公司便正式成立了，而且出书和经营范围很宽，获得了其他出版单位难以获得的广阔的经营天地。在当时情况下批准成立一个中外股份制出版公司是具有极大创见性的，体现了宋老的远见卓识。现在商务印书馆国际有限公司欣欣向荣，我们更加缅怀宋老的重要贡献。

从张元济时代，商务印书馆就一直心存印行京师图书馆所藏之《四库全书》的宏愿，但因社会动荡、世事变迁，种种原因一直未能实现。20世纪80年代台北商务出版了文渊阁《四库全书》。为使保存在中国国家图书馆的文津阁《四库全书》在行将迁入新的石室金匮永久珍存前得以化身千百、造福学界，商务印书馆在本世纪初再次动议影印文津阁《四库全书》，迅即得到了宋老的大力支持，他亲自担任影印文津阁《四库全书》出版工作委员会主任，扶持这一出版盛举，以他丰富的出版工作阅历、经验和人脉，发挥了别人难以替代的作用，圆了商务印书馆的这一个世纪的梦想。

尤其令人感动的是，宋老把晚年两部非常厚重的著作交给了商务印书馆出版，这就是宋老在年逾古稀之年出版的《亲历出版30年：新时期出版纪事与思考》（70余万字）；在年近85岁时出版的《八十后出版文存》（40余万字）。这两部著作是宋老留给我们的宝贵财富，内容涉及中国新时期出版工作的各个主要方面，在高层次上阐述和记叙了一系列出版政策形成的过程和出版改革的历程，反映了新时期出版战线所走过的拨乱反正、改革开放和繁荣发展的轨迹，对新时期出版工作面临的重大问题以及针对这些问题采取的对策及解决办法等都有比较深入的阐述，其中有关于历史的回顾及对出版发展与改革的真知灼见与客观评价，也有重要事件的补叙，有综述、有专题，以其亲身经历、真实见证为中国当代出版业提供了重要的思想和宝贵的借鉴，为研究新时期出版史提供了详细的发展脉络和可靠史料，许多文章对当下的出版体制改革也具有极为重要的参考价值。书中还有宋老序书、荐书、读书、出书等出版实践的情况，以及记述个人成长与友情的文字，是一位智慧老人的政治信念、生活态度、处事原则、交友之道的真实写照。《亲历出版 30 年》入选了第二届"三个一百"原创图书出版工程。在出版这两部著作过程中，我们曾有机会与宋老亲密接触，聆听教诲，耳濡目染，深深为他的工作精神、工作态度和工作作风，以及他的思想品格、学识涵养、大家风范所感动、所折服，使我们获益匪浅，而他对基层出版人的关心和爱护、理解和信任，更令人感受尤深，至今难以忘怀。

斯人已去，音容宛在，风范长存，精神永驻。我们常常深情地思念着宋老。宋老对新时期出版事业的重要贡献和对商务印书馆的支持与厚爱，将永远铭记在我们心中，并将永远激励着我们前行。

为书而生的智者——陈原

　　陈原先生是中国当代著名出版家、语言学家、作家、翻译家，世界语运动拓荒者、活动家，是对我馆发展和我国文化出版事业做出过杰出贡献的前辈，是一代才识卓著、多有建树的文化大家。

　　陈原先生学生时代即投身救亡运动，参加世界语运动和拉丁化新文字运动。抗战时期，他辗转多地从事宣传和进步出版工作，先后参加新知书店、生活书店、三联书店从事进步文化出版工作。其间大量写作，出版了地理学、国际问题、外国文学、苏联音乐、散文随笔等著译数十种。1949年起，先后担任世界知识出版社副总编辑，国际书店副经理，人民出版社副总编辑兼三联书店编辑部主任，文化部出版局副局长，商务印书馆总编辑、总经理，中华全国世界语协会会长、名誉会长，国家语言文字工作委员会主任，中国出版工作者协会第一、二届副主席。在其近七十年的出版生涯中，他履尽了时代风雨与开创艰辛，对中国当代出版文化事业做出了重要贡献。

　　陈原先生于1972—1979年任中华书局、商务印书馆（联合机构）领导成员，并于1977年始任中华商务联营机构总经理、总编辑；1979—1983年担任商务印书馆总编辑、总经理。1984年退休后仍然担任商务印书馆顾问。"文革"期间，在他的主持下，商务突破阻力以试印本形式出版了《现代汉语词典》。改革开放之后，陈原先生编订商务印书馆五年（1980—1984）出版规划，结辑出版"汉译世界学术名著丛书"；陈原先生重视人才、培养人才，加强制度建设，重视制度建设，出版《商务印书馆馆讯》等记录历史、沟通工作信息的内部刊物；率先走出国门，与牛津大学出版社、小学馆等海外出版机构开展合作。退休之后关心商务工作，指导编订商务印书馆1984—1990七年规划，主持《赵元任全集》的编辑出版。陈原同志特别重视馆史工作，任内编印《商务印书馆图书目录》，亲自编写《商务印书馆大事记》，组织《张元济书札》《张元济日记》等整理出版，并撰写馆史研究文章多篇。百年馆庆之际联张元济、叶圣陶、茅盾之句辑成馆歌《千丈之松》，精确地表现我馆百年历程，总结凝练出商务的文化精神。

陈原先生曾说，干出版就是要"盯住前人，想着后人"。今天，我们站在巨人的肩膀上，传承商务的事业、发展商务的事业。陈原先生曾经结集出版的"汉译名著"，是改革开放在思想文化领域的标志性出版物，也是改革开放最重要的思想成果，聊以告慰先贤的是，这套书业已出版700余种，蔚为大观，真正反映着人类文明史上所达到的精神高度和思想精华。我们遵循先生的足迹，倾力打造了体现本土百年学脉的"中华现代学术名著丛书"，我们期望这套丛书能成为与"汉译世界学术名著丛书"交相辉映、比肩并进的学术出版品牌。作为语言学家的陈原，推动了《现代汉语词典》的首次出版。今天，经过一代又一代的努力，《现代汉语词典》已修订至第7版，成为国家文化重器、中国语言文化的标志性符号，对普及知识、促进汉语规范化和推广普通话，持续起着定海神针的作用；陈原先生参与过修订的《辞源》，如今已经在 2015 年完成了第三版修订，并首次实现数字化出版、全球同步首发；陈原先生呼吁立足中国社会生活实际，研究语言理论与实践，近年商务出版了《全球华语大词典》、《中国语言生活状况报告》、《汉语图解词典》、"中国语言学文库"、"中国语言文化典藏"等，创办语言期刊《语言战略研究》，正是对陈原语言学思考的历史响应；陈原先生曾经首开风气走出国门，开展对外合作。今天我们已经与海外十几家知名出版机构达成长期战略合作关系，与几十家知名出版机构成为合作伙伴，并设立国际编辑部，以期助力"一带一路"倡议，开拓国际传播的新局面；陈原先生研究新技术新理论，20 年前他曾预言信息时代将会深刻地影响出版工作与语言工作，呼吁年轻一代积极应对新技术革命对出版工作的挑战。可以告慰先生的是，近年商务努力探索数字时代的生产流程、组织架构、产品形态的升级转型，全面试行全媒体出版模式，完成"百种精品工具书"数据库，推进社科、语言学等专业"知识服务平台"建设。

　　陈原先生于我，像夏瑞芳、张元济和陈翰伯先生等一样，是灯塔般的存在，他们是我们后继者的指路明灯。陈原先生对我影响最大，或者说最激励我学习奋进的，是他超凡的胆识。首先是识，有识会才有胆。他的识源于以语言学为根基的博学，源于超越学问的眼界和人文情怀；他的胆源于对国家和民族命运的深切关怀，源于基于此的责任和担当精神。杨德炎先生跟我讲过一件事，我至今难忘。"四人帮"把《现代汉语词典》视为大毒草，姚文元打电话来，叫商务把《现代汉语词典》全部销毁。陈原先生把时任总编室主任的杨德炎叫到身边，叫他不要声张，悄悄地把《现代汉语词典》找地方封存起来，就说已经销毁了，并补充说，资源不能浪费，《现代汉语词典》将来必大有用处。

我们说，陈原先生是为书而生的智者，是为书而生的勇者。我们缅怀和纪念陈原先生，就是要向他学习，把先辈的事业继续下去，发扬光大，担负起我们这一代人应该担负起的新使命！

风雨平生　知行合一——冯其庸

2017年4月10日上午，"文化自信　学术报国——冯其庸先生追思会"在中国艺术研究院举行。冯其庸先生生于1924年，逝世于2017年。是江苏无锡人，中国著名文史大家和红学大家。历任中国艺术研究院副院长、红楼梦研究所所长、中国红楼梦学会会长、中国戏曲学会副会长、中国人民大学国学院院长和中央文史研究馆馆员等。1996年离休。荣获"中华文艺奖"终身成就奖和首届吴玉章终身成就奖。

来参加冯先生的追思会，令我感慨万千。说起来自己都难以相信，因为就在2017年的1月9日去看冯先生时，看到他身体状况还非常好，便很放心、很踏实地离开了冯先生府上，但是没想到那么快就听到了不幸的消息。

冯先生和商务印书馆交往实际上是在最近20年，也就是冯先生退休以后，他的学术成果交由商务来出版。我简单地把它分为三个阶段。

第一阶段是冯先生主编的《中国艺术百科辞典》，这个工程是1998年开始，到2004年我们出版完成的。在这期间，冯先生到商务来参加发稿会。我对这部书有印象，因为当时我在发行部工作，负责图书发行和销售，《中国艺术百科辞典》给我的印象较深。

　　第二阶段是《瓜饭集》的出版，这是冯先生的散文作品集，是励志之书，可供赏鉴之书。因为这本书的出版，冯先生 2009 年来参加我们的出版座谈会。

　　第三阶段就越来越丰富了，我们跟冯先生的交往和出版，大家看到包括《论红楼梦思想》《论庚辰本》和《风雨平生——冯其庸口述自传》等。还有一件事，我们一直在做，也是冯先生生前我接触他谈论最多的，就是《瓜饭楼外集》，一共 15 卷。在冯先生生前陆续修改，算是定稿完成了，这套书我们会尽快安排出版。

　　最近几年我每年都去看望冯先生，从他身上感觉到，作为晚辈学到了很多东西，三方面感触非常深。

　　第一个是学术报国，这一点我和很多人一样非常有感触。感触的原因是商务印书馆创立的时候，从张元济先生入馆以来就提出了商务印书馆的使命和存在的意义就是学术报国，所以在这点上，我们商务印书馆与冯先生是非常志同道合的。这可能也是我们愿意出冯先生的书，冯先生愿意把他后期非常重要的作品交给商务印书馆出版的原因。在这个过程当中，冯先生身上展现出来的一种无论什么时候都不退却的学术报国之志，也激励着我们出版人不断以出版好作品的方式来回报社会。

　　第二个感触比较深的就是他做学问的态度，即严谨、求实精神。比如《瓜饭楼外集》，冯先生亲自指定排版公司，亲自审订装帧设计的打样稿，这些他都亲自过问，要求非常严格，事事处处都追求完美。另一本《风雨平生》就更是了，由于是口述，大家知道口述记录下来的东西距离能够出版，距离冯先生自己的要求和期待不知还差多远。冯先生不厌其烦地反复改，直到自己满意为止。所以到最后，我去看他的时候，他很高兴地说，我终于改定了这个稿子。我问他记不记得改过多少稿了，他说真不知道自己究竟改过多少稿。在这样的情况下，我们很幸运地在他生前把这本书做出来了。

另外一次我看他的时候，他给我讲，去考察西域就是为了要实地调查玄奘取经返回的路线，他兴致勃勃地给我讲实地考察时的情景，对所取得收获的兴奋，这时我看到的是一位真学问家做学问应该有的态度，也看到了真学者有所窥见和发现时表现出来的率真。冯先生给我们树立了非常好的榜样，无论是学者的治学态度，还是学者的人生态度，都值得我们学习。

第三方面就是冯先生的博学，这也是我自己非常有感触的。冯其庸先生生前与各个领域的诸多顶尖人物都有广泛的交往，这实际上印证了冯先生在各个领域杰出的成就。这让我想到我们这样的一个时代，是专家很多但缺乏大师的时代，作为出版人来说感受很深。我学历史出身，从古希腊的亚里士多德，到欧洲文艺复兴时期达·芬奇，再到德国古典哲学家康德和赫尔德等，都是博学之才，所以才能够成为大师。我最近看了我们出的一套书《德国天才》，就介绍德国现代社会和现代学术形成，以及现代化进程中，发挥重要作用的伟大人物。里面有一句话特别打动我：所有用他们的思想改变了德国乃至世界进程的这些人物，至少每个人都是熟知三个以上专业的通才，他们都不是仅仅埋头在一个领域里面。我说冯先生在这方面也给我们树立了一个榜样，这也是这个时代的学界，这个时代的社会，所需要的通才。所以，我说冯先生留给我们的，可能是永远挖不尽的富矿。

我们出版人对冯先生最好的纪念就是出版好他的书，以致缅怀之情。

亦师亦友似家人——梁存秀

梁存秀先生又名梁志学，是我国著名的德国古典哲学研究专家和优秀翻译家。梁先生之于商务印书馆，既是作者、译者，又是学术上的咨询专家，更是风雨同舟几十年的老朋友，是我们的"家人"。

梁存秀先生是我馆"汉译世界学术名著丛书"的重要译者，翻译了《论学者的使命　人的使命》《自然哲学》《先验唯心论体系》《伦理学体系》《对德意志民族的演讲》《现时代的根本特点》等多部"汉译名著"。梁先生的译文准确、流畅，达到了信达雅的高度，堪称哲学翻译的楷模。梁先生主持翻译了《费希特文集》五卷，晚年更倾尽心力主持翻译《黑格尔全集》，这些翻译工程对中国的哲学乃至整个人文社会科学研究都具有重大和深远的意义，其品质亦堪称中国译介世界学术经典著作的典范。

梁先生对商务印书馆有着深厚的感情。几十年来，梁先生一直非常热心地支持和帮助商务印书馆的工作。他几乎参加了每一次的"汉译名著"论证会，为"汉译名著"规划出谋划策。我们的总编辑、编辑室主任和编辑们不时会收到梁先生手写的信件或是接到梁先生的电话，内容多是谈及选题推荐、介绍新的译者，以及对我们的出版物的建议等。他的各种建议和意见都给我们极大的启发和帮助。他不仅是著名的学者，还可以说是出版的行家。

在密切的交往中，梁存秀先生对商务印书馆的很多人员都非常亲切。他与商务历任总经理或总编辑如陈翰伯、陈原、林尔蔚、杨德炎和王涛等先生都结有深厚的交情。梁先生于我，可谓亦师亦友，更是对我关爱有加的长辈。他性格直率，对我们的编辑出版工作有什么想法或不同意见，往往写信或直接打电话给我，有时还亲自到办公室来和我面对面交流，有时我也到家中去看望他。在交流过程中，我们起初虽都各陈己见，但终能达成共识，梁先生丝毫没有盛气凌人的傲慢，他为人谦逊，让我感受到更多的，则是对晚辈的包容与关爱，我从梁先生身上学到了很多。

2009年，为纪念中华人民共和国成立60周年，决定出版"汉译世界学术名著丛书"（珍藏本），400种，490册。为彰显"汉译名著"新时代风采，封面设计和版式设计采取了多名设计师、多种方案相互竞争的方式，最终经过多次筛选、多次修改，确定了新的版式，最大的创新在于页码不似从前的标准本在页下标注，而是在切口的中央标注；不仅如此，在页码和上方还设计了代表"汉译名著"的标识图案"蒲公英"。梁先生从编辑那里看到了这个版式设计样，很不喜欢，直接把电话打到我办公室，说这个设计不好，破坏了"汉译名著"的庄重感，建议恢复原设计。我耐心地给梁先生解释，这次珍藏本的开本更大了一些，字号更大了一些，版面也会疏朗一些，页码和图标的安排使版面更活泼了一些，但不失庄重感，"汉译名著"本身读起来太难，甚至有些枯燥，版面多一些亲和力有利于鼓励阅读，激发更多的阅读乐趣；另外，新一代更年轻的学者和学子正在成长，他们应该更喜欢时尚一点的东西，这个新版式就算是我们面向新时代的新尝试吧。您是很开通、开明的学者，应该鼓励创新的尝试吧。听我这么一说，他的情绪平和了许多，但依然说："那你们就试试吧，看看市场反应如何，反正我不喜欢。"我说："谢谢您包容大度。"结果，"汉译名著"（珍藏本）出版后，封面和版式设计受到了一致的好评，我悬着的一颗心才放下。这是很不容易的，因为原来标准本的形象已经在人们的心里那样根深蒂固了。此后，我们见面就再也没提过装帧设计的事儿了。

此外，他与商务的几代编辑都在稿件的编辑往来中，结下了深厚的友谊。他肯定编辑们的学术水平和严谨态度，编辑们则是从梁先生的言行和作品中领会学术修养乃至获得悉心指导。我听不少编辑说过，编辑梁先生的稿子，是一个学习编辑规范的过程。他的稿子不仅文辞严谨，注释精确，甚至还清楚地标注出了排版的字体、字号、行距等。

梁先生还与我馆出版印制和财务的同志也都关系熟稔。他待人谦和诚挚，对出版严肃认真，是商务同仁敬爱的学者，知心的长辈。梁先生对商务的同志毫不见外，商务人亦以同仁待之。因此，梁先生的去世，于商务印书馆而言，诚为失亲之痛，是我馆的重大损失。

梁先生对我馆的鼎力支持与帮助，他严谨认真的治学态度、真诚坦荡的为人作风，以及正直高尚的人格，永远铭刻在我们心中，鞭策我们前行。

怀念先生最好的方式就是完成他的遗愿。我们知道，梁先生生前最大的心愿就是完成《黑格尔全集》的翻译出版工作。商务印书馆一定会努力协同学界，将《黑格尔全集》翻译出版工程完满完成，以告慰先生。

同道同仁总相随——曹先擢

清明时节，恰是祭祀先辈、感念至亲的时刻。我们在这样的时刻齐聚商务印书馆，共同纪念学界前辈、我们的作者、我们的员工曹先擢先生，以表达深切的思念之情。

曹先擢先生是我国著名语言学家和辞书学家，他还与商务印书馆有着不同寻常的缘分。今天我们与中国辞书学会、各位专家、各位亲朋一道，追思曹先擢先生，我愿意回忆曹先生与商务印书馆的几重关系，来表达我们对先生的感激之情、崇敬之情和怀念之情。

首先，我们在某种程度上可以称曹先擢先生为商务印书馆的老员工。在商务印书馆120余年的历史上，有很多功勋卓著的员工，他们不仅为商务印书馆的发展做出了重要贡献，更为我国的学术和文化教育事业做出了重要贡献。他们为商务供职的方式不一，供职时间的长短也各不相同。曹先生与商务印书馆的工作关系，可以追溯至三段缘分。第一段是因《新华字典》与商务结缘。1971年，商务印书馆为修订《新华字典》，成立了专门项目组，曹先擢先生作为项目组重要成员与其他同仁集中在商务印书馆（位于翠微路）一起做修订审校工作。另一段是因《新华词典》与商务再结缘。1971年，在周恩来总理的指示下，国务院委托北京市开始编写《新华词典》，商务印书馆的编辑也参与其中，初稿于 1973 年完成。此后《新华词典》的编纂工作受到严重干扰和破坏，词典的内容和编纂进度都受到极大影响，几乎陷入停顿状态。粉碎"四人帮"后，重新成立了《新华词典》编纂组，编纂工作转到商务印书馆进行，商务的编辑也更深度地参与编纂和编务工作。自此，曹先生转入商务工作，他不仅是编纂组的主要领导之一，还是实际编纂工作的主持人。曹先生的简历中明确标识着他1976—1979 年在商务印书馆主持该词典定稿工作的经历。《新华词典》是一部以语文为主兼收百科的词典，至今仍享有盛誉，畅销不衰。曹先生重回商务是在 1999 年，商务印书馆辞书研究中心成立，曹先擢先生受聘为特约研究员，为商务印书馆的辞书编纂和出版事业出谋划策。

其二，曹先擢先生是商务印书馆的重要作者。对于作者、译者与出版社的关系，出版人奉为圭臬的理念为"作译者是我们的衣食父母"，出版人对作译者永怀感恩之心。曹先生不仅主持过《新华字典》和《新华词典》等标志性工具书的修订和编纂工作，还亲自主编我馆品牌辞书《新华多功能字典》。曹先生与苏培成先生主编的《新华多功能字典》是一部多功能的中型汉语字典，于2005 年出版，它不仅体现了曹先生深厚的学养和功底，体现了曹先生最新的辞书编纂理念和学术思想，还实现了辞书编纂在结构体系等方面的创新。《新华多功能字典》一面世，便深受广大学生和语言工作者喜爱，影响至今。曹先生还不计名利得失，担任《现代汉语词典》（第 5 版）审订委员会主任和第 6 版审订委员会顾问。曹先擢先生的多部学术著作，包括《〈广韵〉反切今读手册》和《辞书论稿与辞书札记》等也由商务出版。

其三，曹先擢先生是商务印书馆志同道合的合作者。众所周知，曹先生曾经担任中国辞书学会会长，而正是在他担任会长期间，商务印书馆与中国辞书学会才有了更进一层的关系，即在2002年学会秘书处由武汉迁到北京，由湖北大学迁到商务印书馆。这一举动不仅大大便利了中国辞书学会开展日常工作，改善工作条件，促进了辞书学会进一步健全和完善工作机制，从商务印书馆的角度来看，还为我们更好地服务中国辞书学会，服务中国的辞书事业和文化建设，提供了难得的好机会，为商务印书馆向学界学习，向同行学习提供了便利的条件。在为中国的辞书事业和文化建设努力耕耘这方面，先生与商务印书馆可谓志同道合，先生主持中国辞书学会工作期间，勇于向劣质辞书宣战的亮剑精神，不仅有效地保护了《新华字典》《现代汉语词典》《辞海》和《汉语大词典》等品牌辞书免受劣质辞书的侵害，而且至今仍主导着中国辞书事业发展的方向，成为中国辞书学会的重要工作内容之一，影响和激励着一代代辞书人砥砺前行。

　　最后，尤为重要的是，曹先擢先生堪称商务印书馆的良师益友。曹先生对商务印书馆的人才培养和编辑队伍建设有着重要的贡献，在商务印书馆的编辑中，有他曾经的国家语委的下属，有跟他学习辞书编纂的学生，不仅他们深受先生学识、功力和治学精神的滋养，就连商务的其他编辑也有幸能利用工作机会得到先生不厌其烦的提点。先生还多次为商务的语言学和辞书编辑传道授业解惑，为年轻编辑的成长倾注心血。此外，曹先擢先生不仅为商务印书馆的重大辞书项目出谋划策、鼎力支持，还细致入微地给予具体指导。例如在《辞源》（第3版）修订期间，先生不仅高度评价了《辞源》作为现代辞书风向标和知识库的价值和意义，还提出了《辞源》修订的两个主要方面和方向的极具建设性的指导意见，针对资料、体例和音义等具体问题给予编辑细心指导。特别值得一提的是，《辞源》在申请国家出版基金资助的过程中，先生欣然撰写了推荐信，力陈《辞源》的重要性和修订的必要性与迫切性。先生还为商务的辞书事业给予宏观指导，为商务的辞书规划贡献智慧，是商务辞书事业的指路人。2002年，在一次会上，他说："商务的书要稳，步子不能迈得太大，不能出错，一定要有质量意识，商务荣誉感的意识。"

曹先擢先生虽然离我们而去，他与商务印书馆结下的友谊，与商务人结下的友情，以及他留下的宝贵的学术财富，他对中国辞书事业和文化建设做出的重要贡献，将永远激励我们前行。我们前进道路上留下的每一个脚印，都见证着像先生一样的先辈们的关爱和指引，也都印证着我们对先辈们的感激之情与怀念之情，我们将坚定地继续他们的事业，传播他们交至我们手中的知识的火种。

亦编亦学　堪称楷模——王以铸

　　王以铸先生是我国当代著名翻译家，古希腊古罗马历史研究专家，同时也是一名从事出版工作的优秀编辑。他在做好编辑工作的同时，还不放弃自己喜欢的翻译工作，并进而走进学术研究领域，在各方面都取得了令人称羡的业绩，为我们树立了学者型编辑的典范，是值得提倡和学习的楷模。

　　我对王以铸先生的仰慕始于学生时代，我在北京师范大学攻读世界古代史研究生期间，就经常翻阅王先生翻译的阿甫基耶夫《古代东方史》、希罗多德《历史》、乌特琴科《恺撒评传》和特威兹穆尔《奥古斯都》等书。幸运的是，当我毕业之后走上工作岗位，成为商务印书馆的一名编辑之时，我不仅成为王以铸先生的同行，而且他还成为了我的译者，我成为了先生翻译的《喀提林阴谋　朱古达战争》等书的责任编辑。先生穿着朴素，用现在世俗的眼光来看，甚至有些寒酸，说话谦虚、平易近人，与我想象中派头十足的大学者形成了强烈的反差，这种反差更让我增添了几分对先生的崇敬之情。

　　王以铸先生是对我国世界古代文明史研究卓有贡献的专家，这首先在于他卓越的翻译工作，先生长期专注于世界古代文明史领域的学术翻译。先生自20世纪五六十年代开始译书，几十年来，粗略统计，已有二十余种。先生精通多个语种，其译书有译自英文的，也有译自俄文、日文、希腊文、拉丁文、德文、法文、西班牙文的，等等。人们耳熟能详的希罗多德《历史》，塔西佗《历史》《编年史》和《阿古利可拉传　日耳曼尼亚志》，《普洛科皮乌斯战争史》以及《喀提林阴谋　朱古达战争》等西方古典史学经典名著均是由先生首次译成中文，多部译书迄今只有唯一中文版本。

王以铸先生的翻译事业，是与其独特的工作经历密切相连的。先生喜学聪慧，早年曾考入北京大学，但学校的课程无法满足他的求知欲，遂中途退学，自学自修。他曾经去黑龙江一所学校下放锻炼，学校领导见他学识不凡，转而聘他为教师，后调回北京，长期在人民出版社当编辑，直至退休。先生喜欢读书，喜好藏书，后转而从事译书，按先生的话说，翻译是件挺麻烦、挺费劲但挺有意义的工作。如此，先生一生便与译书联系在一起。先生对译书精益求精，一丝不苟，每本译书，都是参照了多个不同语言的版本，以期达到对原文的精确理解，不出现失误。而且许多译书都是多年的翻译成果，其间不断修订打磨。先生的译书几十年间一版再版，至今仍是学者的必备参考书，学生的必读书目，译文的高质量是最重要的原因。

然而先生很谦逊，谈及翻译希罗多德《历史》一书时说，他的译书是"给对历史、文学有兴趣的广大读者提供一部值得一读的世界古典名著，不是供专家研究之用，因而凡牵涉考证、研究性质的注释均未收入译出"。但几十年来，该书对于从事世界史研究，尤其是世界古代史研究的学者的价值，是不言而喻的。没有读过该书的人恐怕极少。

王以铸先生对世界古代文明史研究的贡献，还来自于他根据原始文献所做的学术研究，以及取得的丰硕成果。先生自谦不是古典史学的研究者，只是爱好者，但其筚路蓝缕之功当为后人铭记。依时下通行的标准，先生不是大学教授，不是"真正的历史学家"，但堪称"无冕的历史学家"。翻阅先生所译之书，书前有他写的多篇文章，但他从未称之为前言、序言或导言，而是谦称"译者的话""译者说明"或"译者赘言"，其实几乎每一篇均称得上高质量的学术论文。多篇文章长达几十页，如《战争史》的"译者赘言"，长达60多页，而《喀提林阴谋　朱古达战争》，全书不到400页，仅"前言"就有100多页，近10万字。这些文章不只是对于原著的内容、作者的经历等做介绍和考证，也是对作者的学术观点进行阐释，对希腊罗马历史的一些重大问题进行分析和论证。这些文章或高屋建瓴或严密考证，其逻辑的严谨性，观念的前瞻性，理论的深度广度，都显示出先生非同一般的学术功力。即使现在，仍对学术研究有重要的启示性，不失其学术价值。

　　王以铸先生与商务印书馆有着深厚的感情，他关于世界古代文明史的经典译著大部分交由商务印书馆出版。从20世纪五六十年代正式着手翻译希罗多德《历史》，直至2010年《战争史》正式出版，先生见证了商务印书馆"汉译世界学术名著丛书"从无到有，从起步到蔚为大观的出版历程。王以铸先生正是该套丛书最早的谋划者和参与者之一，为"汉译世界学术名著丛书"做出了重要贡献。20世纪五六十年代，国家提出要策划以全面介绍和继承人类优秀文化遗产为目的的世界社会科学学术名著的选题。先生参加了这一选题的拟定，随后又和几位学者代表国家级出版社，拿着中宣部的介绍信，到中南五省区（两广、两湖和河南），亲自调研，广泛征求该地区高校和有关学术机构学者专家的意见，并调查各地的外语翻译力量。可以说，这些都为商务印书馆"汉译世界学术名著丛书"的整体出版，提供了必要的准备工作。尤为可贵的是，先生身体力行，亲力亲为，主动承担起了难度极大的古典学术名著的翻译工作，其所译的大部分图书收入了该套丛书中。

其实，王以铸先生与商务印书馆结下的不只是半生缘，他与商务的缘分更早的还要从他的幼年说起。先生曾说，"南开和商务是我成长道路上和我有血肉联系的两个光辉的名字"。他所说的南开是他曾经就读并教过英语的天津南开中学，南开中学作为全国名校，为国家培养出大批人才，先生为之骄傲。而商务印书馆对于先生的感情，在他看来，则是因为商务印书馆"为中国的文化教育事业做出了不可磨灭的贡献"。先生写道："1929年我入小学，用的便是商务的新学制课本（已不是旧式启蒙教本），商务被炸之后在瓦砾中重新奋起，出了一套复兴教科书，记得教科书封面上就印着商务被炸后断瓦残垣的惨状，使我们这些小学生对国难终生不忘。总之，南开和商务保住了中华民族的气节，中国不亡，南开和商务也有一份功劳。"（《战争史·译者赘言》）

几十年的交往，王先生与商务几代编辑结下了深厚的感情。有些编辑早已退休，甚至作古，如我应算是与先生接触得最晚的几拨编辑之一。我们大家都从先生身上学到了很多东西，包括他的治学态度和奉献精神，其诲人不倦、勉励后学的热情更让我感动。记得有一次先生来馆送校样，看到我正在编辑加工蒙森的《罗马史》，便情不自禁地跟我谈起来蒙森和他的《罗马史》。他说，你知道蒙森和《罗马史》有多重要吗？蒙森凭借这部《罗马史》获得了诺贝尔文学奖，大家都知道现在诺贝尔文学奖多有影响吧？

我要告诉你的是，蒙森 1902 年获得诺贝尔文学奖时，已经是蜚声欧洲的大学者，而诺贝尔文学奖才刚刚起步，是诺贝尔文学奖沾了蒙森的光，而不是蒙森沾了诺贝尔文学奖的光。换句话说，是蒙森提高了诺贝尔文学奖的声名，而不是相反。

商务的编辑们每每谈及先生，最多的是他关注中国的翻译事业，关注古典学术研究，关注商务印书馆的发展。听闻有位编辑去家中拜访王先生，畅谈之中，谈及目前的译书现状，先生颇有感触，有喜有忧。回顾自己当初翻译的艰难，完成的译稿几乎被毁，几经周折才得以出版，很庆幸现在的便利和宽松时代；忧虑的是，目前的译者追求快，质量不能保证。学术的考核机制唯论文论，使得一大批优秀人才不愿意从事翻译工作。这是缺乏长远眼光的表现，还比不上民国时期的严复的眼光，让人痛心。情急中，年近八十高龄的先生主动要求再翻译英国著名历史学家伯瑞的七八十万字的《希腊史》，而且说，他手脚不便，如果有助手，他只是拿着原著，口述译文，半年左右时间应该就可以译完。初始编辑以为先生只是说说，未想到，几天后，他打电话让编辑找些每页 400 字的方格稿纸，他已决定翻译此书。不料几个月后，先生摔了一跤，住进了医院，译稿终成憾事。

于先生而言，商务印书馆有着不一样的情感和分量，商务印书馆也不时牵挂这位睿智长者。2017 年商务印书馆 120 华诞，特别设立了作译者终身成就奖，即"商务印书馆创立 120 年致敬作译者"，王以铸先生成为 12 位获奖者之一。待我们把荣誉证书送至其病床前，先生频频点头，不时双手合十。后不久得知，先生决定把其译书的版权永久性地交给商务印书馆。先生高风亮节，令人钦佩。

　　王先生的老伴崔妙因也是一位译者，《罗马盛衰原因论》的译者婉玲即是她。《喀提林阴谋　朱古达战争》《战争史》的部分译稿，最早也均是出自她的译笔，王先生作了修改和补译。这位毕业于北京辅仁大学英文系的高才生，一直从事中学教育工作。但王先生谦逊地说老伴的中文水平使得她可以胜任一定的翻译工作，然而细读崔先生译文，远非一般译者所比。伉俪情深，相扶相携，先生是幸福的。王坪若是先生长女，曾被评为北京"孝星"之一，正是她的悉心照料，先生才安享晚年。

　　2019 年 6 月 18 日，王以铸先生因病去世，遵先生遗愿，丧事从简，从其女儿口中得知王先生离世消息，已是几个月后了。王先生 1925 年出生，享年 95 岁，吾辈长者，英名一世，令人景仰。先生为中国学术翻译、出版与研究所做出的贡献，将永远被铭记，并激励后辈继续前行。

中外文征引书目

巴金：《真话集》，《随想录》第 3 集，人民文学出版社 1986 年版。

[英] 彼得·伯克：《知识社会史》（下卷），汪一帆、赵博囡译，浙江大学出版社 2017 年版。

[英] 彼得·沃森：《德国天才》1，张弢、孟钟捷译，商务印书馆 2016 年版。

[英]J.B. 伯里：《思想自由史》，周颖如译，商务印书馆 2014 年版。

[英] 伯特兰·罗素：《权威与个人》，储智勇译，商务印书馆 2014 年版。

[英] 罗素：《西方哲学史》（上卷），何兆武、李约瑟译，商务印书馆 2009 年版。

[英] 戴维·芬克尔斯坦、阿利斯泰尔·麦克利里：《书史导论》，何朝晖译，商务印书馆 2012 年版。

范军、何国梅：《商务印书馆企业制度研究（1897—1949）》，华中师范大学出版社 2014 年版。

[德] 费希特：《论学者的使命　人的使命》，梁志学、沈真译，商务印书馆 2011 年版。

[英]弗雷德里克·G.凯尼恩:《古希腊罗马的图书与读者》,苏杰译,
　　浙江大学出版社 2012 年版。

[美]哈里·兰德雷斯、大卫·C.柯南德尔:《经济思想史》(第四版),
　　周文译,人民邮电出版社 2018 年版。

[加]哈罗德·伊尼斯:《传播的偏向》(中文修订版),何道宽译,
　　中国传媒大学出版社 2015 年版。

[英]N.G.L.哈蒙德:《希腊史》(下册),朱龙华译,"汉译世界
　　学术名著丛书"(纪念版·分科本),商务印书馆 2017 年版。

[德]J.G.赫尔德:《论语言的起源》,姚小平译,商务印书馆
　　2014 年版。

[德]黑格尔:《世界史哲学讲演录》,刘立群、沈真、张东辉等译,
　　商务印书馆 2015 年版。

胡适:《四十自述》,浙江文艺出版社 2019 年版。

黄兴涛、胡文生:《论戊戌维新时期中国学术现代转型的整体萌
　　发——兼谈清末民初学术转型的内涵和动力问题》,《清史研
　　究》2005 年第 4 期。

[意]贾尼·瓦吉、[澳]彼得·格罗尼维根:《经济思想简史——
　　从重商主义到货币主义》(修订版),彭哲译,电子工业出版
　　社 2017 年版。

[法]卡特琳娜·萨雷丝:《古罗马人的阅读》,张平、韩梅译,广
　　西师范大学出版社 2005 年版。

[法] 孔狄亚克：《人类知识起源论》，洪洁求、洪丕柱译，商务印书馆 2010 年版。

[英] 莱昂内尔·罗宾斯：《经济科学的性质和意义》，朱泱译，商务印书馆 2016 年版。

[美] 理查德·H. 芬克编：《供给经济学经典评读》，沈国华译，上海财经大学出版社 2018 年版。

[美] 理查德·B. 谢尔：《启蒙与出版：苏格兰作家和 18 世纪英国、爱尔兰、美国的出版商》，启蒙编译所译，复旦大学出版社 2010 年版。

林志纯主编：《世界通史资料选辑（上古部分）》，商务印书馆 1985 年版。

陆费逵：《书业商会 20 周年纪念册·序》，《书业商会 20 周年纪念册》，中华书局 1924 年版。

陆尔奎：《〈辞源〉说略》，引自《商务印书馆九十五年》，商务印书馆 1992 年版。

[美] 罗伯特·达恩顿：《启蒙运动的生意——〈百科全书〉出版史（1775—1800）》，叶桐、顾杭译，生活·读书·新知三联书店 2005 年版。

《马克思恩格斯选集》第 4 卷，人民出版社 1997 年版。

[德] 马克思：《剩余价值学说史》（第 3 卷），生活·读书·新知三联书店 1957 年版。

[法] 帕斯卡尔：《思想录》，何兆武译，商务印书馆 2018 年版。

[美] 乔治·桑塔亚那《人性与价值》，陈海明、仲霞、乐爱国译，
　　商务印书馆 2016 年版。

[法] 让·华尔：《存在主义简史》，马清槐译，商务印书馆 1964 年版。

[法] 萨伊：《政治经济学概论》，陈福生、陈振骅译，商务印书馆
　　2010 年版。

[古希腊] 色诺芬：《回忆苏格拉底》，吴永泉译，商务印书馆
　　2017 年版。

《商务印书馆九十年》，商务印书馆 1987 年版。

司马迁：《史记》第十册，中华书局 1982 年版。

宋原放、李白坚：《中国出版史》，中国书籍出版社 1991 年版。

孙中山：《孙中山全集》第 1、5 卷，中华书局 1985 年版。

[古希腊] 塔西佗：《塔西佗〈编年史〉》（下册），王以铸、崔妙
　　因译，商务印书馆 2017 年版。

[德] 特奥多尔·蒙森：《罗马史》（第一册），李稼年译，商务印书
　　馆 2017 年版。

[英] 托马斯·孟、尼古拉斯·巴尔本、达德利·诺思:《贸易论（三种）》
　　顾为群、刘漠云、陈国雄、吴衡康译，商务印书馆 2017 年版。

[英] 托马斯·孟：《英国得自对外贸易的财富》，袁南宇译，商务
　　印书馆 2014 年版。

[英] 威廉·配第：《配第经济著作选集》，陈冬野、马清槐、周锦

如译，商务印书馆 2014 年版。

《习近平谈治国理政》（第一卷），外文出版社 2018 年版。

《习近平谈治国理政》（第二卷），外文出版社 2017 年版。

许慎：《说文解字》，汤可敬译注，中华书局 2018 年版。

[英] 亚当·斯密：《国富论》（上卷），郭大力、王亚南译，商务
　　印书馆 2018 年版。

张静庐：《中国现代出版史料》丁编，中华书局 1959 年版。

中共中央宣传部:《习近平新时代中国特色社会主义思想学习纲要》，
　　学习出版社、人民出版社 2019 年版。

Kramer, S.N. *The Sumerians, Their History, Culture and Character*,
　　Chicago: The University of Chicago Press, 1963.

Lepore, J., The Sharpened Quill, *The New Yorker*, 2010（6）.

责任编辑:涂　潇
装帧设计:石笑梦

图书在版编目(CIP)数据

出版的维度与跨度/于殿利 著. —北京:人民出版社,2019.12
ISBN 978 - 7 - 01 - 021664 - 5

Ⅰ.①出…　Ⅱ.①于…　Ⅲ.①出版工作-研究-中国　Ⅳ.①G239.2

中国版本图书馆 CIP 数据核字(2019)第 286733 号

出版的维度与跨度
CHUBAN DE WEIDU YU KUADU

于殿利　著

人民出版社 出版发行
(100706　北京市东城区隆福寺街 99 号)

北京雅昌艺术印刷有限公司印刷　新华书店经销

2019 年 12 月第 1 版　2019 年 12 月北京第 1 次印刷
开本:710 毫米×1000 毫米 1/16　印张:26.5
字数:270 千字

ISBN 978 - 7 - 01 - 021664 - 5　定价:88.00 元

邮购地址 100706　北京市东城区隆福寺街 99 号
人民东方图书销售中心　电话 (010)65250042　65289539